通信技术专业系列丛书

军事通信系统

童新海　赵　兵　　主　编
郭道省　王　桁　刘　贤　　副主编
龚玉萍　李永强　晋　军　蔡　君　　编

電子工業出版社
Publishing House of Electronics Industry
北京 • BEIJING

内 容 简 介

本书是军队高等教育自学考试通信技术专业规划教材。本书从系统性和实用性出发，较全面地介绍了现今信息战中广泛使用的几种军事通信系统。全书共分 8 章，主要内容包括绪论、光通信系统、短波通信系统、散射通信系统、移动通信系统、微波中继通信系统、卫星通信系统、军事通信系统综合应用等。每章后附有本章小结、习题和参考文献。

本书可作为普通高等院校通信工程、电子信息等相关课程的教科书和教辅书，也可供相关领域的工程技术人员学习、参考。

图书在版编目（CIP）数据

军事通信系统/童新海，赵兵主编. —北京：电子工业出版社，2020.1

ISBN 978-7-121-28334-5

Ⅰ. ①军… Ⅱ. ①童… ②赵… Ⅲ. ①军事通信－通信系统－高等学校－教材 Ⅳ. ①E96

中国版本图书馆 CIP 数据核字（2020）第 005484 号

责任编辑：王羽佳　　特约编辑：武瑞敏

印　　刷：三河市双峰印刷装订有限公司

装　　订：三河市双峰印刷装订有限公司

出版发行：电子工业出版社

北京市海淀区万寿路 173 信箱　　邮编：100036

开　　本：787×1092　1/16　印张：13.25　字数：335 千字

版　　次：2020 年 1 月第 1 版

印　　次：2024 年 8 月第 10 次印刷

定　　价：59.00 元

凡所购买电子工业出版社图书有缺损问题，请向购买书店调换。若书店售缺，请与本社发行部联系，联系及邮购电话：（010）88254888，88258888。

质量投诉请发邮件至 zlts@phei.com.cn，盗版侵权举报请发邮件至 dbqq@phei.com.cn。

本书咨询联系方式：wyj@phei.com.cn，（010）88254535。

出版说明

军队自学考试是经国家教育行政部门批准的、对军队人员进行的、以学历继续教育为主的高等教育国家考试，以个人自学、院校助学和国家考试相结合的形式组织学习和考试，同时也是部队军事职业教育的重要组成部分。军队自学考试自 1989 年开办以来，培养了大批人才，为军队建设作出了积极贡献。随着国防和军队改革的稳步推进，在军委机关统一部署下，军队自学考试专业调整工作于 2017 年启动，此次调整中新增通信工程（本科）和通信技术（专科）两个专业，专业建设相关工作由陆军工程大学具体负责。

陆军工程大学在通信、信息、计算机科学等领域经过数十年的建设和发展，积累了实力雄厚的师资队伍和教学实力，拥有 2 个国家重点学科、2 个军队重点学科和多个国家级教学科研平台、全军重点实验室及全军研究（培训）中心，取得了丰硕的教学科研成果。

自承担通信工程（本科）和通信技术（专科）两个军队自学考试专业建设任务以来，陆军工程大学精心遴选教学骨干，组建教材建设团队，依据课程考试大纲编写了自建课程配套教材，并邀请军地高校、科研院所及基层部队相关领域专家、教授给予了大力指导。所建教材主要包括《现代通信网》、《战术互联网》、《通信电子线路》等 17 部教材。秉持“教育+网络”的理念，相关课程的在线教学资源也在同步建设中。

衷心希望广大考生能够结合实际工作，不断探索适合自己的学习方法，充分利用课程教材及其他配套教学资源，努力学习，刻苦钻研，达到课程考试大纲规定的要求，顺利通过考试。同时也欢迎相关领域的学生和工程技术人员学习、参阅我们的系列教材。希望各位读者对我们的教材提出宝贵意见和建议，推动教材建设工作的持续改进。

陆军工程大学军队自学考试专业建设团队

2019 年 6 月

前　言

为了满足我军新时期通信技术人才培养的需求，兼顾官兵未来职业发展，体现军队特色，与普通高等学校相应学历层次水平和质量要求保持总体一致，以培养职业素养和职业能力为核心，以提高官兵岗位履职能力为重点，我们编写了本书。

本书不仅可以使通信技术专业的学生全面学习和了解目前信息化局部战争中广泛应用的 6 种典型军事通信系统，还适合军事指挥人员阅读。

本书共分 8 章。第 1 章为绪论，主要介绍了军事通信系统在信息战中的作用、能力需求、组成、分类、频段和相关技术指标，使读者对军事通信系统有一个初步的了解。第 2～7 章分别介绍了光通信系统、短波通信系统、散射通信系统、移动通信系统、微波中继通信系统和卫星通信系统的基本概念、信道特性、系统组成、关键技术、军事应用和发展趋势。第 8 章介绍了军事通信网的相关知识及军事通信系统典型应用案例。

本书有如下特色。

（1）军事特色较浓。本书在介绍各种通信系统基本概念的同时，将其在军事中的应用特点也做了重点介绍，并有针对性地根据“军事应用”要求，介绍相应的关键技术。

（2）难易适中，结论性强。本书涉及的理论推导不多，对于常用的知识点只给出结论性公式，对于实际工程应用有一定的指导意义。

（3）涵盖面广，重点突出。本书在内容安排上，既保证各个通信系统概念的完整性、独立性，又注重不同通信系统的内在联系与区别。

本书第 1 章由童新海、蔡君编写，第 2 章由赵兵编写，第 3 章由龚玉萍编写，第 4 章由刘贤编写，第 5 章由王桁编写，第 6 章由晋军编写，第 7 章由郭道省编写，第 8 章由李永强编写。全书由童新海负责审阅、赵兵负责统稿。

本书在编写过程中，得到了陆军工程大学职教中心及通信工程学院各级领导和同事的关心与支持，电子工业出版社的王羽佳编辑为本书的出版做了大量工作，在此一并向他们深表谢意。

由于军事通信技术发展迅速，作者学识有限，书中疏漏之处在所难免，望广大读者批评指正。

作者

2020 年 1 月

目　录

第1章 绪 论

通信，顾名思义，就是通达信息。

军事通信是军队为实施作战指挥、协同和武器控制，综合运用各种通信手段进行的信息传递，是军队实现信息化的可靠保证和战斗力的倍增器。

军事通信系统由通信装备、设施及通信人员组成，完成人与人、人与计算机、计算机与计算机、人与武器系统，以及武器系统与武器系统之间的信息传递，用以保障军队指挥、协同和武器控制。军事通信的实施离不开军事通信系统的支持，军事通信任务是通过各种军事通信系统完成的。

1.1 信息战与军事通信系统

1.1.1 信息战与 C^4ISR

军事领域是吸纳和运用高新科技成果最快、最多的领域，随着高新技术在军事领域的应用，新的武器装备大量出现，军队的指挥控制能力、远程攻击能力、快速机动能力、精确打击能力和毁伤能力都得到了空前提高。随着信息技术在现代战争中的广泛应用，信息技术的作用越来越突出，决定了21世纪的战争形态主要是信息化战争，其主要作战样式是信息战。

信息战强调的是制夺信息权，其目的就是抢占战场空间的信息优势，并将信息优势最终转化为决策优势和作战优势。未来的信息战就是以 C^4ISR（Command，Control，Communication，Computer，Intelligence，Surveillance and Reconnaissance）为核心争夺制信息权的全向交战方式。C^4ISR 是一个融侦察、监视、情报、通信、指挥、控制等系统为一体的战场信息基础设施，它集信息的采集、信息传输、信息融合、信息应用功能于一身，构成了未来信息战的核心。

在现代战争中，只有保持通信系统的灵便和有效运转，才能获得战场的主动权，才能获取制信息权。信息战的提出，使军事通信体系的建设成为了抢占制信息权的基石，是赢得现代战争胜利的保证。军事通信系统是信息系统和信息化武器系统的重要基础，是军队实现指挥控制的“神经系统”，是获得更快更准信息的最基本的基础性设施，是“系统集成”的“生命线”，是形成大系统的“聚合剂”和“融合剂”，也是整个军事体系的“神经系统”。

1.1.2 军事通信系统的能力需求

信息化战争要求军事通信系统具备10种军事能力：抗电子战的能力、安全保密的能力、机动通信的能力、协同通信的能力、快速反应的能力、单兵通信的能力、整体保障的能力、同武器平台的集成能力、同各种信息系统的综合集成能力、抗毁顽存能力。

为了实现上述的10种军事能力，现代军事通信系统应具有8种技术能力：多层次、全方位、大纵深、立体覆盖能力；多网络无缝连接能力；高速、宽带信息传输与交换能力；语音、数据、图像、视频多业务综合传输能力；互联互通、互操作的能力；全天候的可靠工作能力；通信与导航、气候、侦察、监视等系统的综合能力；恶劣电磁环境下的对抗能力。

1.2 军事通信系统的组成

通信的目的是将信息从发信者（信源）传输给另一个时空点的收信者（信宿）。

通信系统是指实现这一通信过程的全部技术设备和传输信息媒质信道的总和。

通信系统通过某种传输媒介（称为信道）将信息 $m(t)$ 从信源传送到信宿，经过信道传输恶化后在信宿得到的信息表示为 $\tilde{m}(t)$，通信系统的组成框图如图1-1所示。从信源来的信息可能是模拟信号也可能是数字信号，它需要相应的通信系统来传输。

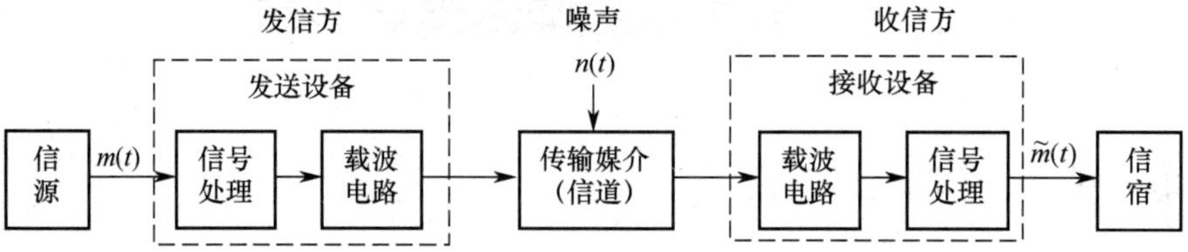

图1-1　通信系统组成框图

① 信源：发出信息的源，是产生消息的机构，消息（message）中包含的信息（information）是用户所关心的部分。信源输出的信号在系统其他部分被转换、复制、处理。

在实际生活中，消息的表现形式是高度复杂的物理现象，如人类的语言和文字、图像、声音，甚至各种传感器的输出。但是通信系统中所说的信源，其输出均为电信号。这些电信号是上述物理现象经过相应的能量转换器件转换后得到的。例如，声音的物理表现形式是声波，而拾音器（话筒）则将声波转换成表现声音的电信号，称为音频信号；又如，摄像机将一系列静止的或活动的景物转换成表现图像的电信号，称为视频信号，也称图像信号。信源既可以输出连续的模拟信号（称为模拟信源），也可以输出离散的数字信号（称为数字信源）。例如，拾音器和摄像机输出的就是模拟信号，而电传机和计算机输出的就是数字信号。模拟信号的特点是时间上连续或离散，但幅度上的取值无限。数字信号的特点是时间上离散或连续，但幅度上的取值有限，即具有有限个输出字符。

② 发送设备：发送设备中的信号处理单元对来自信源的信息做进一步的处理，使它能够更有效地在所选定的传输媒介上传输；发送设备中的载波电路完成信号处理单元送出的基带信号到适合于特定传输媒介发送的频带信号（在某些信道下也可能是基带信号）之间的转换。

例如，在数字通信系统中常用的语音编码器、视频编码器等，它们用来减少来自信源的冗余信息；在信号传输中用来检错和纠错的信道编码也在信号处理单元完成。在模拟通信系统中，信号处理通常就是一个简单的低通滤波器。在一个模数混合通信系统中，信号处理单元中通常包含模数转换电路，如常见的脉冲编码调制器（Pulse Code Modulation，PCM）。载波电路完成的主要功能有调制、变频、放大、发射等。调制是为了使信号在信道中传输时，信号特性与信道特性相匹配。例如，在进行射频传输时需要用信号对载波进行调制。调制方法通常可分为模拟调制（如调幅、调频、调相）和数字调制（如幅移键控、频移键控、相移键控）。又如，利用有线方式进行基带传输时，信号往往要进行码型变换以适应传输线的特性。在军用通信系统中，为了对抗敌方的有意干扰，需要采取扩频、跳频等措施，这些措施往往在调制解调器中实现。

③ 传输媒介：提供通信系统信号的传输通道。可以说所使用的传输媒介几乎决定了该通信系统的主要特征。传输媒介常统称为信道。

从物理特性来划分，传输媒介可划分为有线和无线两大类。典型的有线传输媒介有双绞线、同轴电缆、光纤、波导等；无线传输媒介有空气、海水等。当信号在传输媒介中传输时，会受到损耗、失真、衰落等影响，并会叠加传输媒介引入的各种噪声和干扰。由于受到传输媒介引入的各种效应影响，使得接收设备送到信宿的 $\tilde{m}(t)$ 表现出与发送方的 $m(t)$ 明显的差异，不同类型的通信系统对这种差异有不同衡量标准，如误码率、信噪比等，衡量的结果常用来判断一个通信系统的性能。

④ 接收设备：接收设备中的载波电路首先将来自传输媒介的信号能量接收，并完成频带信号到基带信号的转换。为了完成这种转换，载波电路的主要功能包括信号接收（如天线、光检测器）、低噪声放大、变频、解调，以及完成解调所需载波和定时同步等；接收设备中的信号处理单元完成发送方信号处理单元功能的逆过程。接收设备尽可能“净化”受到信道“污染”的发送信号，并将发送信号的最佳估计 $\tilde{m}(t)$ 送到信宿。

图 1-1 给出的通信系统是单向传输系统。广播是典型的单向通信系统，但一般来说，作为双方进行信息交互的通信系统通常是双向的，如电话。此时通信的两端都设置有发信设备和收信设备。当然，传输媒介也应当是能双向传输的。如果两个方向有各自的传输媒介，那么双方都可以独立进行发送与接收，但如果共享一个传输媒介，就必须用频率、时间或空间分割等办法来共享。

另外，通信也不只是点对点通信，很多情况下是多点之间的通信，以完成多点之间的信息传输与交换。这时，就涉及复用技术、多址技术和交换技术，构成一个完整的通信系统或通信网。

军事通信系统是通信系统的一种特殊应用，是针对军事要求用于军事目的的通信系统，它具有一般通信系统所有的特征。考虑到军事应用的特殊要求，军事通信系统与一般通信系统具有明显的不同。图 1-2 给出了典型军事通信系统的组成框图。

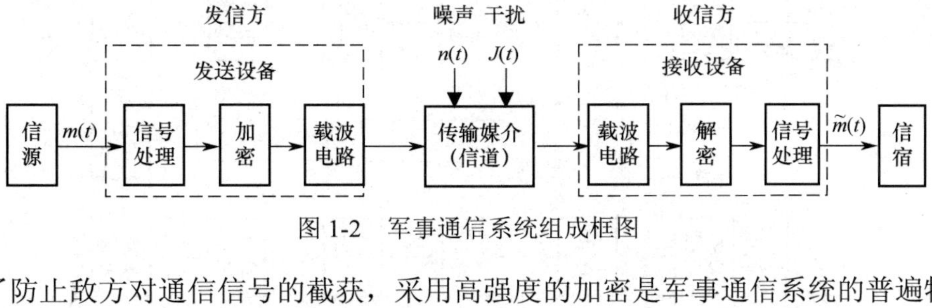

图 1-2 军事通信系统组成框图

为了防止敌方对通信信号的截获，采用高强度的加密是军事通信系统的普遍特征，从应用角度来看，通常有信道加密和信源加密两种方式，与加密对应，解密过程也不可或缺，信道加（解）密位于信号处理和载波电路之间，信源加（解）密位于信源（宿）与信号处理之间。在军事通信系统中，经过传输信道到达收信方的信号除了考虑一般通信系统的传输影响，重点需要考虑敌方释放的各种干扰。这种干扰同其他通信系统所遭受的雷电、汽车启动、同频干扰、邻道干扰有着明显的不同，它是敌方针对通信方信号样式而释放的人为干扰，目的是阻止通信的正常进行。此时，通信方则需要采用一些特殊技术手段保护己方通信不被截获和干扰，常用的方法有提高天线的方向性、降低正常工作所需的接收电平、采用猝发的通信方式等。

1.3 军事通信系统的分类

根据研究问题的角度或应用方式的不同，军事通信系统有不同的分类方法：按传输信号形式的不同，可分为模拟通信和数字通信；按通信方式划分，可以分为单工通信、双工通信和半双工通信；按传输信道划分，可以分为无线电通信（又分为短波、超短波、微波、卫星、散射等）、有线电通信（又分为架空明线、被覆线、同轴电缆等）和光通信等；按通信范围划分，可以分为战略通信、战役通信、战术通信；按通信业务划分，可以分为电话通信、电报通信、数据通信、图像通信、多媒体通信等；按通信终端运动状态划分，可以分为固定通信、机动通信、移动通信等。

1. 按传输信号形式分类

通信系统的发送电路将待传输信息进行载波电路映射处理后送入传输媒介，这种映射必须是单一的对应关系，即可逆的一一映射，否则接收端就无法恢复原来的消息。映射过程通常是将信息携带在正弦波或脉冲序列的某个参量或几个参量上，按该参量的取值方式可将映射后的信号分为模拟信号或数字信号。若该参量的取值范围是连续的、可有无限多个取值时，则为模拟信号；若该参量的取值为有限个数值时，则为数字信号。

根据信道中所传输的是模拟信号还是数字信号，相应地将通信系统划分为数字通信系统和模拟通信系统。

需要指出的是，并非模拟信号一定要在模拟通信系统中传输。若将模拟信号先变换为数字信号，则可按数字通信方式进行传输，但在接收端需要进行相反的变换，以还原出模拟信号。图 1-3 给出了典型的数字通信系统的组成框图。

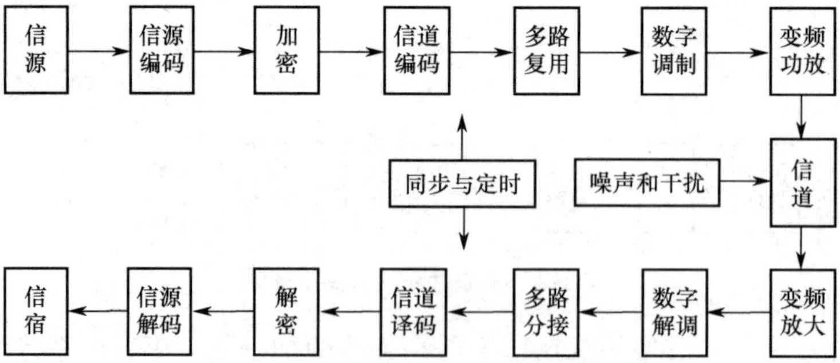

图 1-3　数字通信系统的组成框图

（1）信源编码与信源解码

在数字通信系统中，信源编码的作用是将信源输出的（模拟的或数字的）信号变换为适合数字通信系统传输的数字信号，在变换过程中应尽量去除信号中的冗余，提高编码效率，降低数字信号的速率，从而提高系统的传输效率，即实现数据压缩，如语音压缩编码、图像压缩编码、数据文本压缩编码等。信源解码是将信源编码器输出的信号恢复为信源编码器输入的信号。

（2）加密与解密

数字信号比模拟信号易于加密，且效果也好。加密器的作用是产生密码，并人为地将输入的明文数字序列进行扰乱；解密器对接收的数字序列进行解密，恢复明文。

（3）信道编码与信道译码

数字信号在传输过程中，由于噪声、衰落及人为干扰等的影响，会引起传输错误。信道编码的目的就是尽可能地减小错误概率。信道编码器通过适当地增加信号的冗余，在信息序列上附加一些监督码元，对传输的原始信息按一定编码规则进行编码，信道译码器则根据已知的编码规则进行解码，看其编码规则是否遭到破坏，从而发现错误或纠正错误，常用的信道编码有汉明码、格雷码、BCH 码、卷积码、RS 码、Turbo 码及 LDPC 码。

（4）数字调制与解调

数字调制是利用载波调制技术把待传输的数字基带信号转换成适合于信道传输的波形，即利用数字基带信号对正弦波的某些参量进行控制，使载波的这些参量随数字基带信号的变化而变化。解调是调制的逆变换，数字调制技术可分为幅移键控（ASK）、频移键控（FSK）、相移键控（PSK）、连续相位调制（CPM），以及它们的各种组合。

（5）同步与定时

同步与定时是数字通信系统的接收端不可缺少的一个重要组成部分，它关系到信息能否正确接收。对于点对点通信系统，同步包括载波同步、位同步和帧同步。如果进一步考虑通信网，那么还要包括网同步。虽然上述各种同步都要在接收端实现，但发送端在设计信号的传输波形时要为接收端实现同步提供必要的条件。

（6）多路复用

多路复用是将多个用户或通道的信息按有序的方式组织或组合起来，在一条线路上同时传输多个用户的信息，以合理有效地利用通信资源。多路复用可以在时域实现，也可以在频率域、空间域、极化域等其他信号域实现，相应的实现方式分别为时分复用（TDM）、频分复用（FDM）、空分复用（SDM）、极分复用（PDM），其中用的最多的是 TDM 和 FDM。

数字通信系统在近几十年来得到了非常迅速的发展，主要具有以下优点。

① 在远距离传输系统中，可用中继方式再生，中继器到中继器不存在噪声累积。

② 通过纠错和检错编码，可实现差错控制和错误纠正，提高系统传输可靠性。

③ 在数字信号上更容易实现复杂的加密，提高信息传输的安全性。

④ 语音、视频、数据能够在一个数字通信系统中实现综合传输，实现业务综合。

⑤ 数字电路的成本相对较低，集成度高，大规模生产一致性好。

⑥ 数字信号容许更大的动态范围。

⑦ 可以运用更多软件应用技术，研制多功能的通信设备。

目前，大多数通信系统都是数字通信系统，各种军事通信系统已基本实现了从模拟通信系统到数字通信系统的转换。

2. 按通信方式分类

在双向通信系统中按通信方式划分，可分为单工通信系统、双工通信系统、半双工通信系统。

（1）单工通信

单工通信是指通信双方都能进行发信和收信，但任何一方不能同时进行收信和发信，只能交替地进行。根据收、发频率的异同，又可分为同频单工和异频单工。单工通信示意图如图 1-4 所示。

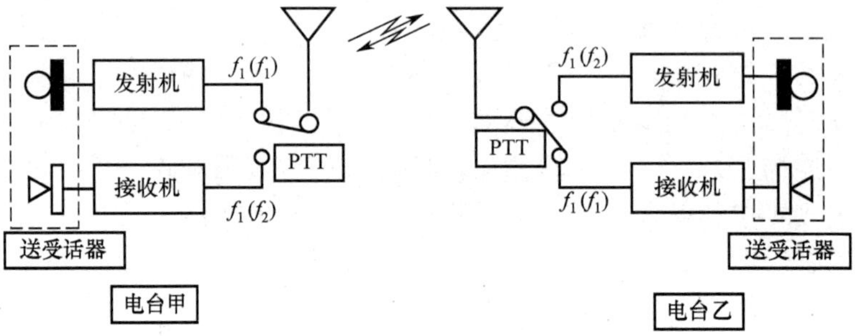

图 1-4　单工通信示意图

同频单工是指通信双方（图 1-4）使用相同的频率 f_1 工作，发时不能收，收时不能发，收发不能同时进行的工作方式。平常通信双方都处于接收状态，即把天线接至接收机等候被呼，需要发射时，按下发送讲话（PTT）按钮，即转换成发射状态。同频单工工作方式的收发信机是轮流工作的，故收发天线可以共用，收发信机中的某些电路也可共用，因而具有电台设备简单、省电，且只占用一个频点，组网方便等优点。但是，这样的工作方式只允许一方发送时另一方进行接收。例如，在甲方发送期间，乙方只能接收而无法应答，这时即使乙方启动其发射机也无法通知甲方使其停止发送，这非常不符合人们日常讲话的习惯。此外，当任何一方讲话完毕时，必须立即松开其按讲开关，否则将收不到对方发来的信号，因而使用也非常不方便。

异频单工通信方式，收发信机使用两个不同的频率分别进行发送和接收。异频单工与同频单工的差异仅仅是收发频率的不同。

（2）双工通信

双工通信是指通信双方可同时传输信息的工作方式，有时也称为全双工通信，如图 1-5 所示。图中，基站的发射机和接收机分别使用一副天线，也可以通过双工器共用一副天线，而移动台通常使用双工器。双工通信一般使用一对频道，以实施频分双工（FDD）工作方式。这种工作方式使用方便，与普通有线电话相似，接收和发射可同时进行。但是，在电台的运行过程中，不管是否发话，发射机总是工作的，故电源消耗较大，这一点对用电池作为电源的移动台而言是不利的。为缓解这个问题，在一些简易通信设备中可以采用半双工通信。

还有一种同频双工方式，收、发使用同一频率，但在不同时隙中进行，称为时分双工（TDD）工作方式，但是由于传输延时影响，通常在小区域中应用。

（3）半双工通信

半双工通信是指移动台采用“按讲”工作方式、基站采用收发同时进行的通话方式。该方式主要用于解决双工方式耗电大的问题，其组成与图 1-5 相似，差别在于移动台不采用双工器，而是按下“按讲”开关发射机才工作，但接收机是一直工作的；基站工作情况与双工方式完全相同。

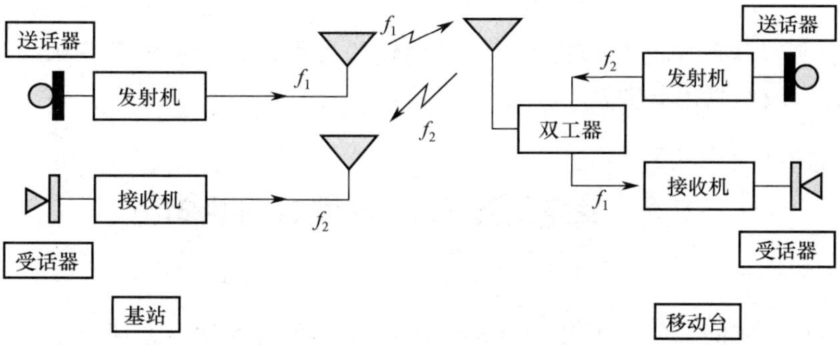

图 1-5　双工通信示意图

3. 按传输信道分类

军事通信的手段有无线电通信（即无线通信）、有线电通信（即有线通信）、光通信，各种通信手段既可以单独运用，也可以综合组织运用。

（1）无线电通信

无线电通信利用无线电波，可传输电话、电报、数据、图像等信息，它是军队作战指挥的主要的通信手段。对飞机、舰艇、坦克等运动载体，无线电通信是唯一的通信手段。无线电通信具有建立迅速、机动灵活等特点。

无线电通信系统主要有短波通信、超短波通信、微波中继通信、移动通信、卫星通信等。

无线电通信系统的不足之处是传输的信号易被敌方侦听截获、测向定位和干扰，无线电传播有不稳定性，严重时甚至会造成通信的中断。

（2）有线电通信

有线电通信专指利用金属导线、光纤或波导等媒介传输信息的通信方式，是保障军队平时和战时作战指挥的重要通信手段，可传输电话、电报、数据、图像等信息。由于信息是沿导线传输的，电磁辐射较少，不易被敌方截获，不易受自然和人为的干扰，保密性及通信质量好。但机动性、抗毁性较差，特别是暴露在地面上的通信线路易遭敌方火力的破坏。

按传输线路的种类，军用有线通信又通常分为野战线路通信（野战被覆线和野战电缆线路）、架空明线通信、地下（海底）电缆通信、光纤通信等。野战线路通信机动性较好，一般用于野战条件下近距离通信，通信容量小，易于敷设撤收。架空明线通信容量较大，可实施远距离通信，但抗毁性差，随着光缆的发展，架空明线通信将日趋被淘汰。

（3）光通信

光通信是指利用光传输信息的通信方式。光通信频带宽、保密性好、抗电磁干扰能力强。按所用的光传输媒介可分为有线光通信（即光纤通信）和无线光通信（如大气光通信、卫星光通信和水下对潜光通信等）。

光纤通信利用光纤作为传输媒介，是现代光通信的主要方式。光纤通信具有通信容量大、中继距离长、抗电磁干扰、无电磁辐射、稳定可靠、保密、轻小等优点，广泛用于国防通信网的干线和支线传输，军事机关、国防基地、要塞、机场等的内部通信网，还广泛用于指挥所、武器平台等的局域通信网；在战术环境也广泛运用光纤通信系统。近地自由空间中的光通信是以大气作为传输媒介的。大气激光通信设备轻便、保密性好、抗干扰性能好，但由于波束窄，收发天线难以对准，只限于视距范围，且易受天气和大气环境的影响。

每种传输信道具有各自不同的特点，给传输信号带来的影响也各不相同，从而对相应的通信系统在组成及采用的关键技术上的要求也各有差别。

1.4 军事通信系统使用的频段

对于使用自由空间（空气）作为传输信道的通信系统（如短波通信、卫星通信、超短波通信等），干扰和传输条件与所选用的频段紧密相关。理论上讲，任何类型的调制方式（AM、PM、FM）都可以在任何频段使用。但是，出于商业和政治上的原因，在频率使用上制定一定的秩序是必需的。国际上负责频率规划和协调的机构是国际电信联盟（ITU）下属的两个委员会，即国际电报电话咨询委员会（International Telegraph and Telephone Consultative Committee，CCITT）和国际无线电咨询委员会（International Radio Consultative Committee，CCIR）。在美国，制定无线电频率规划的是联邦通信委员会（FCC），而在中国，负责单位是国家无线电管理委员会。表 1-1 给出了无线电频段的划分、表示法、传输特性和典型应用。

表 1-1 主要通信频段划分

频率范围	表示法	传输特性	典型应用
3～30kHz	极低频（VLF）	地波传输	远距导航/对潜通信
30～300kHz	低频（LF）	地波传输	远距导航/对潜通信
300～3000kHz	中频（MF）	地波和天波传输	海事无线电/测向 应急通信/调幅广播
3～30MHz	高频（短波） （HF）	天波传输	业余无线电/国际广播 军用通信 远距航空航海通信
30～300MHz	甚高频（VHF）	视距传输	VHF 电视/调频广播 航空通信
0.3～3GHz 1.0～2.0GHz 2.0～4.0GHz	超高频（UHF） L S	视距传输	UHF 电视/战术通信 导航/蜂窝移动通信 卫星移动通信
3～30GHz 4.0～8.0GHz 8.0～12.0GHz 12.0～18.0GHz 18.0～27.0GHz	特高频（SHF） C X K_u K	视距传输 10GHz 以上较大降雨衰减 22.2GHz 有水汽吸收峰值	雷达 微波中继 卫星通信
30～300GHz 27.0～40.0GHz 26.5～40.0GHz 33.0～50.0GHz 40.0～75.0GHz 75.0～110.0GHz 110～300GHz	极高频（EHF） K_a R Q V W mm（毫米波）	视距传输 183GHz 有水汽吸收峰值 60GHz 和 119GHz 有氧分子吸收峰值	雷达 微波中继 卫星通信

（续表）

频率范围	表示法	传输特性	典型应用
10^3～10^7GHz	红外光 可见光 紫外光	视距传输 光纤传输	光纤通信 大气光通信 水下光通信

1.5　军事通信系统的主要性能指标

评价一个通信系统，往往要涉及其主要性能指标，也称主要质量指标，否则就无法衡量通信系统的优劣。从消息的传输角度来看，主要着眼于通信的有效性和可靠性。所谓有效性，主要是指消息传输的“速率”问题；而可靠性主要是指消息传输的“质量”问题。简言之，是“量”与“质”两方面的问题。

在模拟通信系统中，主要性能指标有两个：有效传输带宽和输出信噪比。

模拟通信系统的传输有效性可用每路信号的有效传输带宽来衡量。当信道的容许带宽给定后，每路信号的有效传输带宽越窄，信道内容许同时传送的信号路数越多，这种系统的传输有效性就越好。信号的有效传输带宽与调制方式有关，例如，在传输同一个消息时，由于调频波的带宽要比调幅波宽得多，因此调频通信系统的传输有效性不如调幅通信系统。

模拟通信系统的传输可靠性可用整个通信系统的输出信噪比来衡量。由于信道内存在着噪声，从而接收的波形实际上是信号和噪声的混合物，它们经过解调后同时在通信系统的输出端出现，因此噪声对模拟通信系统的影响可以用输出端上有用信号的功率与噪声功率之比来衡量，这就是输出信噪比。显然，输出信噪比越高，收到消息的准确性越高，通信质量就越好。例如，在电话通信时要求输出信噪比保持 40dB 以上，此时语音清晰度可以保证听清 95%以上的讲话内容。在收看电视节目时输出信噪比要求达到 40～60dB，才能将画面的细节看清楚。输出信噪比一方面与接收信号的功率与信道内噪声的大小有关，同时又与采用的调制方式有很大关系。这是因为对于不同的调制方式，接收端采用不同的解调器，而不同的解调器抑制噪声的能力是大不相同的。例如，在调频通信系统内采用鉴频器进行解调，它具有抑制噪声的能力，因此输出信噪比可以得到提高；而在调幅通信系统内采用包络检波器来解调，就没有提高输出信噪比的能力，因此调频通信系统的传输可靠性一般比调幅通信系统好。

在数字通信系统中，主要性能指标有两个：传输速率和传输差错率。

1. 传输速率

传输速率是衡量数字通信系统传输能力的性能指标，反映了系统的有效性。通常采用以下 3 种指标。

① 信息传输速率 R_b：简称传信率或比特率，表示单位时间（每秒）内传送数据信息的比特数，单位为比特/秒（b/s）。

② 码元传输速率 R_B：简称传码率或波特率，表示单位时间（每秒）内传输的码元（符号）个数，单位为波特（Baud），记为 B。

二进制传输时，码元传输速率和信息速率一致。对于 M 进制传输，其码元传输速率和信息传输速率可以通过以下公式来换算。

$$R_b = R_B \times \log_2 M \tag{1-1}$$

③ 通信系统的频带利用率对于频带受限的信道，常用“频带利用率”来衡量传输系统的有效性。它是指单位频带（1Hz）内所能实现的信息传输速率，单位为比特/秒/赫兹（b/s/Hz），或者单位频带内所能实现的码元传输速率。当信道的带宽确定以后，能实现的信息传输速率越高，则频带利用率越高。

$$\text{频带利用率} = \frac{\text{信息传输速率}}{\text{占用带宽}} = \frac{R_b}{W}(\text{b/s/Hz}) \tag{1-2}$$

或

$$\text{频带利用率} = \frac{\text{码元传输速率}}{\text{占用带宽}} = \frac{R_B}{W}(\text{B / Hz}) \tag{1-3}$$

式中，R_b 为用户信息比特速率；R_B 为用户信息码元速率；W 为信号传输时占用的带宽。

2．传输差错率

在数字通信系统中，传输系统的差错概率是衡量一个系统传输可靠性的重要指标，通常用比特或符号错误概率来衡量，即误比特率（也称为误信率）和误码率。

① 误比特率 P_b：在传输过程中发生错误的比特个数与传输的总比特数之比，即

$$P_b = \frac{\text{错误比特数}}{\text{传输总比特数}} \tag{1-4}$$

② 误码率 P_e：在传输过程中发生错误的码元数与传输的总码元数之比，即

$$P_e = \frac{\text{错误符号数}}{\text{传输总符号数}} \tag{1-5}$$

二进制传输系统时，有 $P_b = P_e$。

差错率的大小由传输系统的特性、信道质量及系统噪声等因素决定，若传输系统的特性、信道质量都很好，并且噪声较小，则系统的差错率就较低；反之，系统的误码率就较高。

在数字通信系统中，影响差错率的一个重要参量是接收端接收到的信噪比，通常有两种定义。

信号功率与噪声功率比定义为：测量参考点信号功率与信号带宽内噪声功率比值，通常表示为 S/N。

比特能量与噪声谱密度比定义为：测量参考点比特能量 E_b 与信号带宽内噪声功率谱密度 N_0 的比值，通常表示为 E_b/N_0。

在数字通信系统中，两者之间有如下转换公式。

$$\frac{S}{N} = \frac{E_b}{N_0} \times \frac{R_b}{W} \tag{1-6}$$

式中，R_b 为用户信息比特速率；W 为信号占用带宽。

本章小结

本章首先简要介绍了军事通信在信息战中的作用，以及信息战中军事通信系统所需具备的能力；然后重点描述了军事通信系统组成与分类，以及军事通信系统使用的频段；

最后给出了评价军事通信系统的主要性能指标。由本章讨论可知，从不同的角度或侧面出发，军事通信系统有不同的分类方法。本书后续章节将从传输信道划分角度，重点介绍了光通信系统、短波通信系统、散射通信系统、移动通信系统、微波中继通信系统及卫星通信系统。

习　题

1-1　什么是信息战？

1-2　简述军事通信系统的分类方法。

1-3　简述军事通信系统的组成及各部分的功能。

1-4　数字通信系统的优点是什么？

1-5　给出 3MHz～300GHz 的频段划分及表示法。

1-6　模拟通信系统的有效性和可靠性分别用什么来衡量？数字通信系统的有效性和可靠性分别用什么来衡量？

1-7　一个数字传输系统，信息速率为 4800b/s，占用带宽 10kHz，求该系统的频带利用率。

1-8　一个数字传输系统的信息速率为 4800b/s，工作 1 小时，接收系统收到 126 个错误比特，该系统的误比特率是多少？

1-9　某数字系统，信息速率为 2400b/s，采用四进制符号传输，该系统的符号速率是多少？

1-10　在强干扰环境下，某电台在 5min 内共正确接收到 7×10^5b，系统的信息速率为 2400b/s，试求系统的误比特率。

参考文献

[1]　张冬辰，周吉. 军事通信. 2 版. 北京：国防工业出版社，2008.
[2]　及燕丽. 现代通信系统. 北京：电子工业出版社，2001.
[3]　何非常. 军事通信——现代战争的神经网络. 北京：国防工业出版社，2000.
[4]　赵志法，鲁道海，冉隆科，等. 现代战术通信系统概论. 北京：国防工业出版社，1998.
[5]　吴诗其，朱立东. 通信系统概论. 北京：清华大学出版社，2005.
[6]　任有银. 现代战争与军事通信. 北京：解放军文艺出版社，2002.
[7]　张传富. 军事信息系统. 2 版. 北京：电子工业出版社，2017.
[8]　高秀峰. 军事信息技术基础. 北京：电子工业出版社，2017.
[9]　尹志忠. 世界军事航天发展概论. 北京：国防工业出版社，2015.
[10]　黄文准，杨亚东. 现代通信原理教程. 西安：西安电子科技大学出版社，2016.
[11]　宋铮，张建华，黄冶. 天线与电波传播. 西安：西安电子科技大学出版社，2016.

第 2 章　光通信系统

最早的光通信可追溯到中国古代的利用火光传递信息的烽火台通信，它是一种利用普通光的视觉光通信。烽火台通信的改进是利用不同颜色的烽烟组合来传递更复杂的信息。现在还在一些特殊场合使用的旗语通信也属于视觉通信的范畴。但这些通信方式都存在传输信息量太小的缺点，都不能称为现代意义的光通信。

现代意义上的光通信可追溯到 1881 年贝尔发明的“光电话”，但因为既没有可靠的高强度光源，也没有稳定低损耗的传输媒介，光通信的发展受到极大限制，这种情况一直持续到 20 世纪 60 年代。1960 年，世界上的第一台红宝石激光器诞生；1970 年，美国贝尔实验室研制成功了半导体激光器；1966 年，华裔科学家高锟博士提出了石英玻璃光纤可用于光通信的理论研究，并因此在 2009 年获得了诺贝尔奖；1970 年，美国康宁公司研制出了世界上第一根低损耗石英光纤。光源、传输媒介这两个制约光通信发展的最主要问题相继得以解决后，光通信也取得了飞跃式、革命性的进步。

目前，随着光通信的新理论、新技术、新设备和新应用的不断发展，光通信系统更是成为国家乃至全球最重要的信息基础设施。

2.1　光通信概述

2.1.1　光通信的基本概念

光通信就是利用光波来传送信息。现代意义的光通信是指利用特殊的技术手段使光波上承载高速的数据信息，提高通信容量；同时尽量降低光波传输过程中的损失，以延长传输距离。下面首先介绍光通信的一些基本概念。

1. 光波

光波是一种频率极高的电磁波，但一般习惯采用波长描述。光波波长与频率的关系可用下式表示。

$$\lambda = \frac{c}{f} \tag{2-1}$$

式中，λ为光波的波长，其物理含义是波在一个振动周期内传播的距离；c 为光波在自由空间中传播的速度，其值为 3×10^8m/s；f 为频率，其物理含义是交变电磁波在单位时间（每秒）变化的周期数。光波波长常用单位有微米（μm）（$1\mu m=10^{-6}m$）、纳米（nm）（$1nm=10^{-9}m$）和埃（Å）（$1Å=10^{-10}m$）。光波的波长为 10nm～100μm，对应的频率范围为 10^{12}～10^{16}Hz。

光波又可细分为红外线（也称红外光）、可见光和紫外（也称紫外光），它们各自的波长范围如图 2-1 所示。

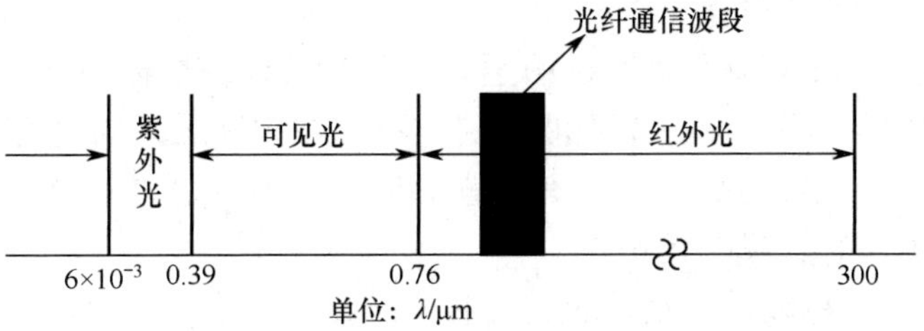

图 2-1　光波的波长范围

红外线波段（λ＞0.76μm）又分为近红外、中红外和远红外，该波段主要用于光纤通信、红外制导和天文学等；可见光波段（λ 为 0.39～0.76μm），是人眼实际可见的波长，如太阳光、白炽灯及许多激光源（如 He-Ne 激光器）等发出的光；紫外线波段（λ＜0.39μm），比人眼实际可见光的波长还要短得多，目前很少应用于通信。

无线光通信使用的波长按应用场合的不同可在紫外到近红外范围内选择。目前，光通信主要使用近红外光作为光载波，典型的波长为 0.85μm、1.31μm 和 1.55μm。例如，在波分复用系统（Wavelength Division Multiplexing，WDM）中，光波波长的选择就是在 1.55μm 附近的波长范围内。随着技术的发展，特别是光源与光检测器件的发展，光通信的波长范围也在不断被拓展。

2．光通信的分类

① 按照媒介不同，光通信可分为有线光通信和无线光通信。

有线光通信是指以光波作为载体，用光纤为传输媒介的通信方式，具有传输距离长、通信容量大等特点。

无线光通信是指以光波作为载体，不用光纤为传输媒介的通信方式，具有抗电磁干扰能力，相对于有线光通信系统来讲，无线光通信具有更高的机动性和灵活性。

② 按信号体制不同，光通信可分为模拟光通信和数字光通信。

模拟光通信是指调制信号为模拟信号的光通信。模拟光通信系统主要应用于微波复用信号传输、雷达信号传输和早期的 CATV 信号传输等场合。

数字光通信是指以数字信号调制光波的通信方式。数字光通信系统是目前使用最广泛、覆盖范围最大的光通信系统。

2.1.2　光通信的主要特点

1．有线光通信的主要特点

有线光通信通常是指光纤通信，与金属同轴电缆等有线通信方式相比，具有如下优点。

① 通信容量大。由于光纤的可用带宽较大，一般在 10GHz 以上，使光纤通信系统具有较大的通信容量。而金属电缆由于存在分布电容和分布电感的低通滤波影响，使得利用金属电缆的信号传输频率、带宽及信息承载能力受到限制。

② 传输距离长。光缆的传输损耗比电缆低，因而可传输更长的距离。光纤系统仅需要少量的中继器，光缆与金属电缆的造价基本相同，少量的中继器使光纤通信系统的总成本比相应的金属电缆通信系统要低。

③ 抗电磁干扰。金属电缆发生干扰的主要原因就是金属导体向外泄漏电磁波。由于光纤的材料是玻璃或塑料，不会产生电磁波泄漏，不存在相互之间的电磁干扰。

④ 环境适应性强。光纤对恶劣环境有较强的适应能力，比金属电缆更能适应温度变化，而且腐蚀性液体或气体对其影响较小。

⑤ 重量轻、安全、易敷设。光缆的安装和维护比较安全、简单，在易挥发的液体和气体周围使用而不必担心会引起爆炸或起火，比相应的金属电缆体积小、重量轻，占用的存储空间小，方便运输。

⑥ 保密性好。由于光纤不向外辐射能量，对光缆进行窃听的难度较大，因此光纤通信通常具有比铜缆更好的保密性。

光纤通信的缺点如下。

① 强度较差。光缆本身与同轴电缆相比抗拉强度要低得多。这可以通过使用标准的光纤包层 PVC 得到改善。

② 不能传送电力。有时需要为远处的接口或再生的设备提供电能，光缆显然不能胜任，在光缆系统中还必须额外使用金属电缆。

③ 专用的工具、设备及培训。需要使用专用工具完成光纤的焊接及维修；需要专用测试设备进行常规测量；光缆的维修既复杂又昂贵，从事光缆工作的技术人员需要通过相应的技术培训并掌握一定专业技能。

2．无线光通信的主要特点

无线光通信通常指自由空间光通信（Free Space Optical Communication，FSO），具有如下优点。

① 安装便捷、使用方便，适用于在特殊地形、地貌及有线通信难以实现和机动性要求较高的场所工作。

② 不挤占无线电频率资源、电磁兼容性好、抗强电磁干扰能力强等。

③ 与微波、毫米波通信相比，半导体激光通信系统在价格上也有较强的竞争优势，是一种易于被市场和用户接受的通信手段。

④ 是组建各种局域网和最后一公里接入的有效手段。

⑤ 是未来实现卫星之间通信和星地间通信的有效手段。在构筑外层空间通信网上，半导体激光自由空间通信将发挥重要作用。

⑥ 保密性好，具有很好的军事应用前景，这是因为大气光通信是利用极窄的激光束作为载波，其传播的发散角非常小，不易被截获。

受光波在自由空间传播特性的影响，以大气信道的空间光通信，还存在以下问题。

① 受大气影响造成的衰减随机性大（雨、雾、灰尘和自然辐射对光能的吸收和散射，使光的能量迅速衰减），需要补偿。

② 大气湍流现象使媒质折射率发生不均匀的随机变化，其结果使接收光斑发生所谓的闪烁现象和飘移现象。

③ 需要功耗低、转换效率高、输出功率大、调制带宽宽及伺服系统简单的激光发射器件。

④ 需要灵敏度高、噪声特性好，适用于常温环境下工作的接收器件。

⑤ 需要体积小、重量轻、光学特性好、便于安装与调整校准的光学收发天线。

⑥ 需要背景噪声滤除技术。

⑦ 在机动性要求高和工作平台方位稳定性差的场合应用需要自动跟踪瞄准。

2.2　光纤通信系统

光纤通信属于有线光通信，本节重点介绍光纤通信的系统组成、主要器件及关键技术。

2.2.1　光纤传输的原理与特性

1．概述

（1）光纤的结构

光纤是一种引导光沿特定方向传播的同心圆柱体，其结构如图 2-2 所示。中心部分是纤芯，其折射率是 n_1，纤芯外面的部分是包层，其折射率是 n_2。纤芯的折射率 n_1 高于包层的折射率 n_2，从而形成一种光波导效应，使大部分的光被束缚在纤芯中传输，实现光信号的长距离传输。外面的护套层仅起到保护作用，不会对光的传输产生影响。

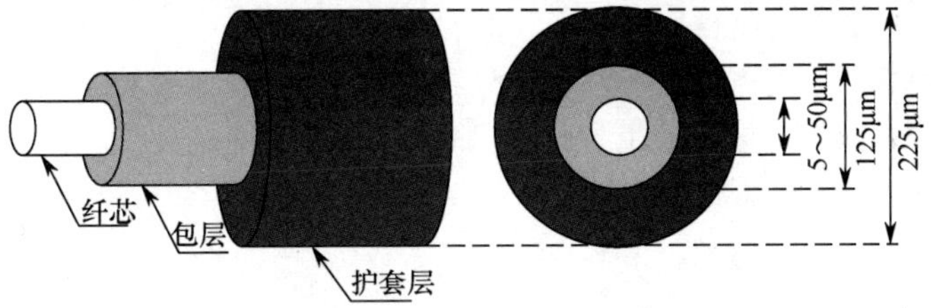

图 2-2　光纤的基本结构

光纤的几何尺寸很小，纤芯直径一般为 5～50μm，包层的外径为 125μm，包括防护层整个光纤的外径，也只有 250μm 左右。

常用的构成纤芯和包层的材料是高纯度的石英（SiO_2），它是生活中玻璃的主要成分。不过必须在石英中加入少量不同的掺杂剂，用以增大或减小石英的折射率，才能作为纤芯或包层材料，常见的掺杂剂有二氧化锗（GeO_2）、三氧化二硼（B_2O_3）等。

（2）光纤的分类

按照折射率分布不同，可将光纤分为两类：阶跃型光纤（SIF）和渐变型光纤（GIF）。阶跃型光纤又称为均匀光纤，其纤芯折射率是常数，而渐变型光纤的纤芯折射率是渐变的，不过阶跃型光纤和渐变型光纤的包层折射率都是常数。

按照光纤材料不同，可将光纤分为四类：石英光纤、石英芯-塑料包层光纤、多成分玻璃光纤和塑料光纤。其中，石英光纤损耗最低，在光纤通信中应用最广泛，本章的论述主要是针对石英光纤的。

按照传输模式不同，可将光纤分为两类：单模光纤和多模光纤。单模光纤的纤芯直径较小，为 4～10μm，只能传输单一模式，可以完全避免模式色散，适用于大容量、长距离的光纤通信。多模光纤的纤芯直径较大，约为 50μm，在一定的工作波长下可以传输多种模式，但会产生模式色散，限制传输距离，其优点是制造、耦合、连接都比单模光纤容易，适用于短距离通信及局域网等场合。

（3）光纤的标准

目前，国际上光纤主要采用国际电信联盟的 ITU-T 的 G 系列。与之对应，我国的光纤标准为国家标准 GB/T 15912 系列和信息产业部颁布的通信行业标准 YD/T 系列，具体如下。

① G.651：定义了渐变折射率多模光纤，主要是指 0.85μm 和 1.31μm 的多模光纤。

② G.652：普通单模光纤，指零色散波长在 1.31μm 窗口的单模光纤。

③ G.653：色散位移光纤，在 G.652 光纤的基础上，将零色散点从 1.31μm 窗口移动到 1.55μm 窗口，解决了 1.55μm 波长的色散对单波长高速系统的限制问题。但光纤非线性效应导致的四波混频在 G.653 光纤上对 DWDM 系统的影响严重，故 G.653 并没有得到广泛推广。

④ G.654：截止波长位移型单模光纤。这种光纤通过特殊设计使在 1.55μm 处的损耗系数降为 0.185dB/km，这主要是为满足海底光纤长距离通信的要求。

⑤ G.655：非零色散位移光纤。这种光纤是在 1.55μm 窗口有合理的、较低的色散，能够降低四波混频和交叉相位调制等非线性影响，同时能够支持长距离传输，而尽量减少色散补偿。

（4）光缆

光缆最主要的技术要求是保证光纤在制造成缆、敷设，以及在各种使用环境下光纤的传输性能不受影响并具有长期稳定性。

① 光缆的主要特性。

机械性能：包括抗拉强度、抗压、抗冲击和弯曲性能。

温度特性：包括高温和低温特性。

重量：每公里重量（kg/km）。

尺寸：外径尺寸。

这些特性中最关键的是机械性能，目的是保持光缆在各种敷设条件下都能为缆芯提供足够的抗拉、抗压、抗弯曲等机械强度，故必须采用加强芯和光缆保护层。

② 光缆的结构。

缆芯：光缆结构中的主体，其作用主要是妥善地安置光纤的位置，使光纤在各种外力影响下仍能保持优良的传输性能。多芯光缆还要对光纤进行着色以便于识别。另外，为防止气体和水分子浸入，光纤中应具有各种防潮层并填充油膏。

加强元件：有两种结构方式，一种是放在光缆中心的中心加强件方式，另一种是放在护层中的外层加强方式。

光纤护层：同电缆护层一样，是由护套等构成的多层组合体。护层一般分为填充层、内护套、防水层、缓冲层、铠装层和外护套等。

③ 光缆的分类。

从光缆的缆芯结构划分，可分为层绞式、骨架式、带状光纤和束管式四大类。我国和欧亚各国多采用前两种结构。

从光缆的应用角度划分，可分为中继光缆、海底光缆、用户光缆、局内光缆、无金属光缆、复合光缆及野战光缆等。可根据其应用场合选择以上四类结构的光缆。

2. 光纤的传输原理

（1）光纤的导光原理

光纤通信的基本问题是研究光信号如何在光纤中传输。

由于光具有波粒二象性，即波动性和粒子性，指的是光波既能像波一样向前传播，有时又表现出粒子的特性。这里避开用麦克斯韦方程组这种复杂的方法来解释光的传播特性，将光看成一条光线，即用几何光学的方法来分析其传播特性。当光从一种介质入射到另一种介质时，在两种介质的分界面上会发生反射和折射，如图 2-3 所示。若入射光在分界面处被全部发射回第一种介质中，则称为全反射现象。

光线在两介质界面处发生全反射必须满足以下两个条件。

① 光线必须由光密介质入射到光疏介质，即 $n_1 > n_2$。

② 入射角必须大于其临界角，即 $\theta_c < \theta_1 < 90^\circ$。

这里临界角 $\theta_c = \arcsin\dfrac{n_2}{n_1}$。

由光纤的结构可知，光纤纤芯的折射率 n_1 高于包层的折射率 n_2，当激光被耦合进入纤芯后，只要到包层和纤芯界面的入射角大于临界角，就会发生全反射，使光束在包层和纤芯的界面之间来回反射，从而使光束在光纤中传输下去。光纤的导光原理如图 2-4 所示。

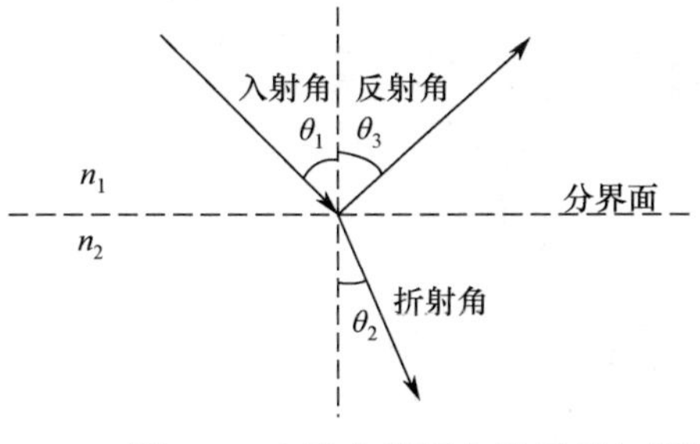

图 2-3　光线在界面上的反射与折射

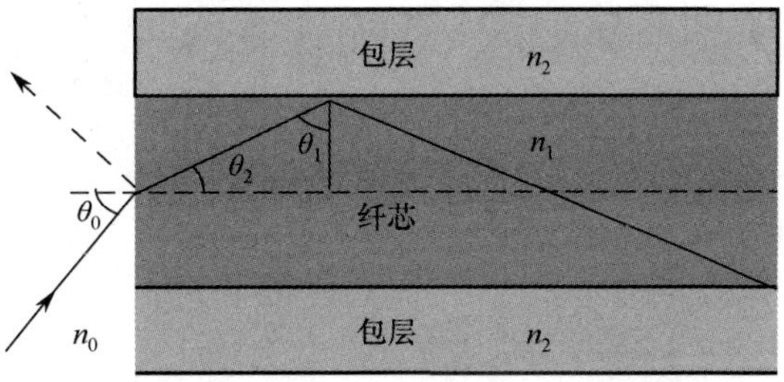

图 2-4　光纤的导光原理

根据光的反射和折射定理可知，当光线的入射角满足下式时，可在光纤中传播。

$$\sin\theta_0 \leqslant \frac{\sqrt{n_1^2 - n_2^2}}{n_0} = \frac{n_1}{n_0}\sqrt{2\varDelta} \tag{2-2}$$

式中，$\varDelta = \dfrac{n_1^2 - n_2^2}{2n_1^2}$，是光纤纤芯和包层的相对折射率差。

若光纤外为空气，则有 $n_0 = 1$，就有

$$\sin\theta_{max} = \sqrt{n_1^2 - n_2^2} = n_1\sqrt{2\varDelta} \tag{2-3}$$

（2）光纤的数值孔径（NA）

定义满足入射条件的最大入射角的正弦，即 $\sin\theta_{max}$ 为光纤的数值孔径（Numerical Aperture），记为 NA，即

$$\mathrm{NA} = \sqrt{n_1^2 - n_2^2} = n_1\sqrt{2\varDelta} \tag{2-4}$$

数值孔径NA是光纤的一个极为重要的参数，反映了光纤捕捉光线的能力。

NA越大，光纤捕捉光线的能力就越强，光纤与光源之间的耦合效率就越高。理论上讲，光纤的相对折射率差Δ应当取得大一些，但Δ太大会导致光纤严重的多径色散。实际工程中，单模光纤的NA取值在0.1左右，多模光纤的NA取值在0.2左右。

3. 光纤的传输特性

（1）光纤的损耗特性

光纤损耗的定义：光纤中传播的光信号能量随着传播距离而不断衰减。

光纤损耗的影响：决定了光信号在光纤中最大的传输距离。

光纤损耗的分类：吸收损耗、散射损耗和辐射损耗。其中，吸收损耗与光纤材料有关。例如，石英光纤本身的损耗主要由光纤的本征吸收、瑞利散射、杂质吸收等因素构成。

石英光纤的损耗随工作波长的变化如图2-5所示。通常将石英光纤的通信波段划分为三个波段，即850nm附近的短波长段、1310nm附近和1550nm附近的长波长段。

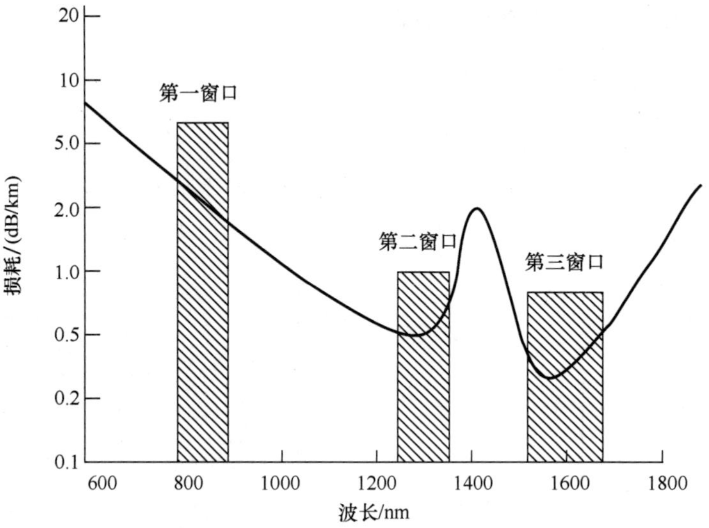

图2-5　石英光纤的损耗特性

目前光纤采用的低损耗光谱如表2-1所示。光纤的第一低损耗窗口位于850nm附近，第二低损耗窗口位于1310nm附近（即S波段），第三低损耗窗口位于1550nm附近（即C波段）。1561～1625nm范围定义为L波段或第四窗口。朗讯1998年推出了全波光纤即低水峰光纤，使1383nm的水峰几乎不存在（衰减小于0.31dB/km），打开了光纤的第五窗口，即E波段（1350～1450nm）。

表2-1　目前光纤采用的低损耗光谱

窗口	标记	波长范围/nm	光纤类型
第一		820～900	多模
第二	S	1280～1350	多模、单模
第三	C	1528～1565	单模光纤
第四	L	1561～1625	单模光纤
第五	E	1350～1450	单模光纤

（2）光纤的色散特性

光纤色散的定义：不同频率（或波长）的电磁波以不同的相速度和群速度在媒质中传播的物理现象。

光纤色散的影响：会导致光脉冲在传播过程中展宽，致使前后脉冲相互重叠，引起数字信号的码间串扰，从而限制光纤通信系统的带宽及容量。

光纤色散的分类：一类是波长色散，它与波长相关；另一类是模式色散，它与光波波长无关，是由于不同模式在光纤中具有不同的传播速度，因此造成光脉冲的展宽。

多模光纤中，模式色散起决定性作用，它最终限制了光纤的传输带宽，所以高速传输系统和长途通信线路中只用单模光纤作为传输介质。

单模光纤中，一般不存在模式色散，仅存在波长色散。这主要是由于光源发出的光脉冲不可能是单色光，即使是单色光，由于光波上调制的信号存在一定的带宽，这些不同波长或频率成分的光信号在光纤中传播时也会因速度不同引起光脉冲的展宽。由于光波的波长不同，其颜色也不同，因此又将这种色散称为色度色散。

（3）光纤的非线性特性

光纤非线性效应：当注入光纤的光功率较小时，光纤是线性介质，光纤的各个参量随光场强弱作线性变化；当光功率较大时，光纤将出现非线性变化。出现这种现象的原因是过大的光功率注入使得光纤介质产生了电偶极子，电偶极子反过来与光波产生相互调制，在光功率小时引起小的振荡即线性响应，在光功率大时引起大的振荡产生非线性响应。

光纤非线性的影响：产生功率损耗，引起各波长间的串扰，导致光信号传输失真。

光纤非线性的分类：受激拉曼散射、受激布里渊散射、四波混频效应和交叉相位调制等。

2.2.2　光纤通信系统的组成

1．组成框图

目前常用的是数字光纤通信系统，与模拟光纤通信系统相比，因为有模/数转换和数字复接设备，所以数字光纤通信系统对信道的非线性失真不敏感，不会产生误差积累，更适合长距离、大容量和高质量的信息传输。数字光纤通信系统主要由电端机、光发送机、光接收机和光中继器构成，系统组成框图如图 2-6 所示。

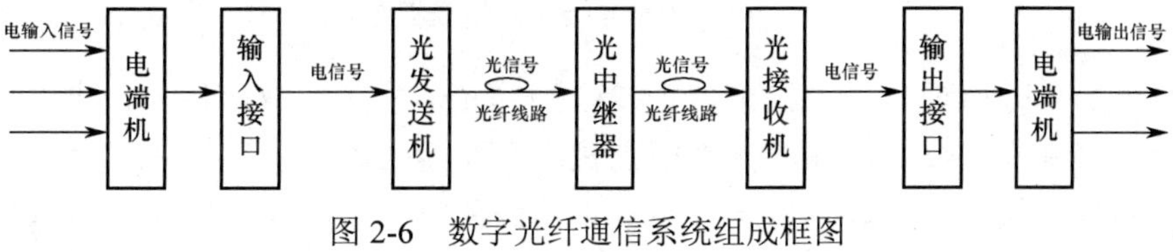

图 2-6　数字光纤通信系统组成框图

2．主要设备

（1）光发送机

光发送机的作用是光源的驱动、信号调制、线路编码、光源功率控制和温度控制。

光发送机的核心光器件是光源，它被用来实现信号的调制。

常用的光源有两类：发光二极管（LED）和半导体激光器（LD）。

图 2-7 所示为数字光发送机的组成框图。

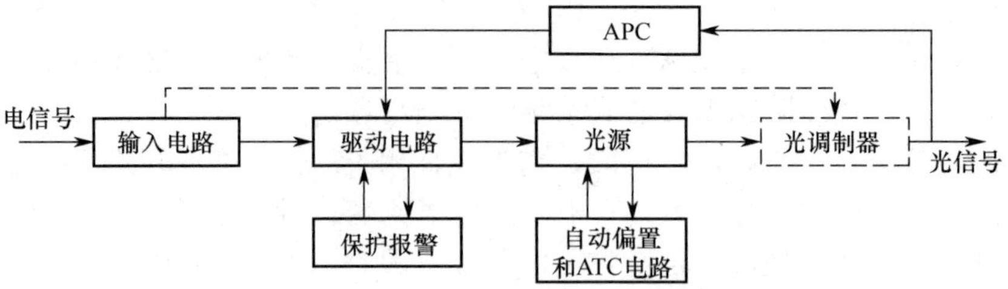

图 2-7 数字光发送机组成框图

光发送机的工作原理：在数字光纤通信中，输入电路将输入的数字脉冲信号进行整形，变换成 NRZ/RZ 码，再经扰码、线路编码后通过驱动电路调制光源（直接调制），或者送到光调制器，调制光源输出的连续光波（外调制）。对直接调制，驱动电路还要给光源加一直流偏置；而外调制方式中光源的驱动为恒定电流，以保证光源输出连续光波。控制电路包括 APC 电路和 ATC 电路，是为了稳定输出的平均光功率和工作温度。此外，光发送机中还有报警电路，用以检测和报警光源的工作状态。

光发送机的主要性能指标为光源性能、输出光功率及其稳定性、消光比，以及光脉冲的上升时间、下降时间及电光延迟时间。

（2）光接收机

光接收机的作用是以最小的附加噪声及失真，恢复经光纤传输后光载波所携带的信息，因此光接收机的输出特性综合反映了整个光纤通信系统的性能。

光接收机的核心器件是光电检测器，它被用来实现信号的解调。

常用的光电检测器有两类：光电二极管（PIN）和雪崩光电二极管（APD）。

图 2-8 所示为数字光接收机的组成框图。

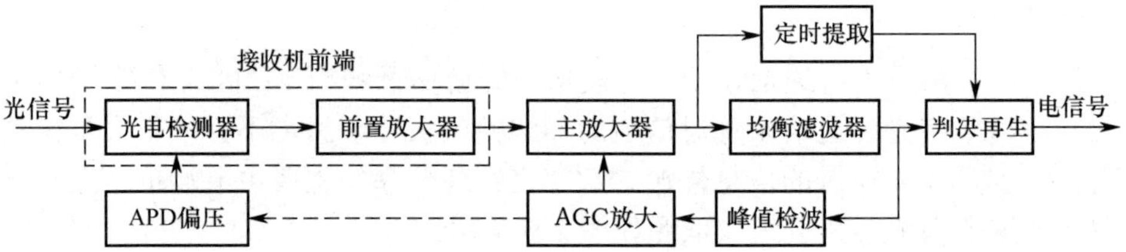

图 2-8 数字光接收机组成框图

光接收机的工作原理：光电检测器把接收到的光信号转换成电信号，光电检测器和前置放大器合起来称为接收机前端，其性能的优劣是决定接收灵敏度的主要因素。主放大器把前端输出的毫伏级信号放大到后面信号处理电路所需的电平。接收机的其余电路则对信号进行进一步的处理、整形，以提高系统的性能，最后解调出发送信息。均衡滤波器用来消除放大器及其他部件引起的信号波形失真，使噪声及码间干扰的影响减到最小。抽样所需的时钟则由定时提取电路恢复，自动增益控制（AGC）电路用来控制 APD 偏压及放大器增益，以提高接收机的动态范围。

光接收机的主要性能指标为灵敏度、误码率、动态范围。

（3）光中继器

光中继器的作用：补偿光信号的衰减，并对畸变信号进行整形，然后继续发送。

光中继有两种方法：直接放大法（使用光放大器）和光电混合中继器（光—电—光转换方式）。

图 2-9 所示为光电混合中继器的组成框图。

图 2-9　光电混合中继器组成框图

光电混合中继器的工作原理：先将光纤中送来的光信号转换成电信号，然后对电信号进行放大，最后将放大了的电信号转换成光信号送到光纤中。

光电混合中继器的分类：1R 中继器，只具有放大和均衡功能，用在传输模拟信号；2R 中继器，加上数字信号整形功能；3R 中继器，加上重新定时与判决功能。

2.2.3　光纤通信器件

光纤通信器件按照是否需要能源分为两类：有源光器件和无源光器件。

需要供电的光器件称为有源光器件，如光源、光电检测器、光放大器；不需要供电的光器件称为无源光器件，如光连接器、光耦合器、光环形器和光波分复用器等。

1．有源光器件

（1）光源

目前，光通信中常用的光源有两种：半导体激光器（Laser Diode，LD）和发光二极管（Light Emit Diode，LED）。

通常激光器由三部分组成：激光工作物质、泵浦源和光学谐振腔。

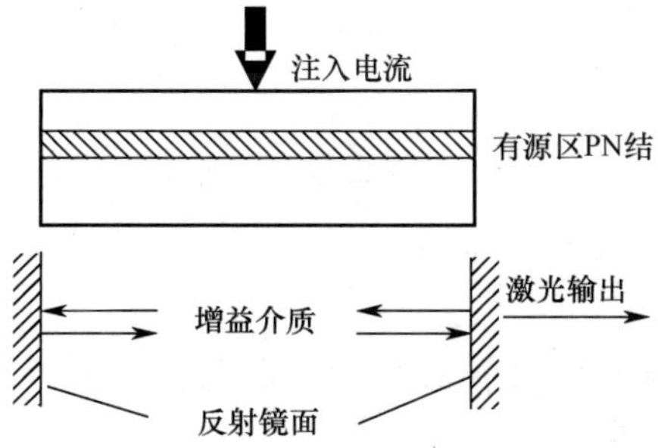

图 2-10　半导体激光器（LD）的基本结构

LD 是基于半导体 PN 结的受激辐射机制的一种发光器件，其基本结构如图 2-10 所示。半导体激光器是利用光学谐振腔产生光振荡的原理而获得激光，并且在高速率、远距离光通信传输系统中得到广泛应用。

LD 的工作特性如下。

① *P-I* 特性，LD 呈现阈值特性，当正向电流 I 大于阈值电流 I_t 时，激光器才发出激光，否则发出荧光，即光功率与工作电流是非线性关系。

② 光谱特性，LD 谱线宽度窄，相干性好。

③ 温度特性，LD 的阈值电流 I_t 和光输出功率都随温度而变化。

④ 调制特性，LD 优于 LED，它可以在几个吉赫兹的频率上实现模拟调制，或者每秒数吉比特速率的数字调制。对于一些特殊设计的激光器，调制频率已经达到了数十吉赫兹。

LED 的结构和原理：基于半导体 PN 结的自发辐射机制的一种发光器件，当注入正向电流时，注入的非平衡载流子在扩散过程中复合发光。LED 在中低速率、近距离传输系统中得到广泛应用。与 LD 不同，LED 不需要形成反射腔。适当材料的半导体 PN 结，加正向电压就构成了一个发光二极管。

LED 的工作特性如下。

① *P-I* 特性，LED 光功率与工作电流是线性关系。

② 光谱特性，LED 谱线宽度较宽，相干性不好。

③ 温度特性，LED 属于非阈值器件，温度特性好，不需要加温控电路。

④ 调制特性，由于 LED 高频调制特性较差，调制的最高频率通常只有几十兆赫兹至几百兆赫兹。

图 2-11 所示为 LD 与 LED 的典型输出光功率和驱动电流之间的关系。需要强调的是，不同 LD 的阈值电流也不一样，一般都是在数十毫安量级。图 2-12 所示为工作在 1310nm 波长的 InGaAs-DH 激光器随温度变化的 *P-I* 特性曲线。

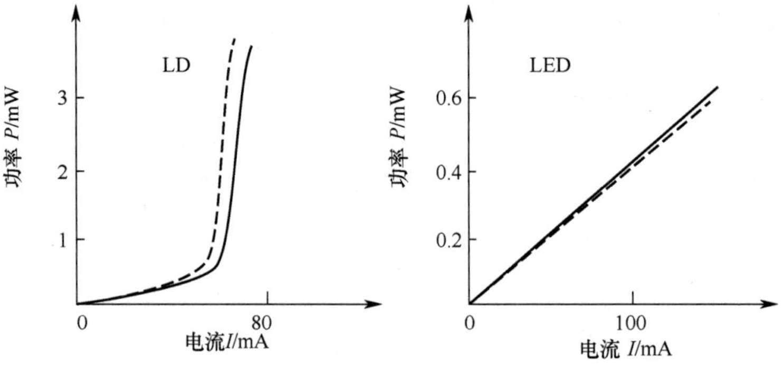

图 2-11　LD 与 LED 的 *P-I* 曲线

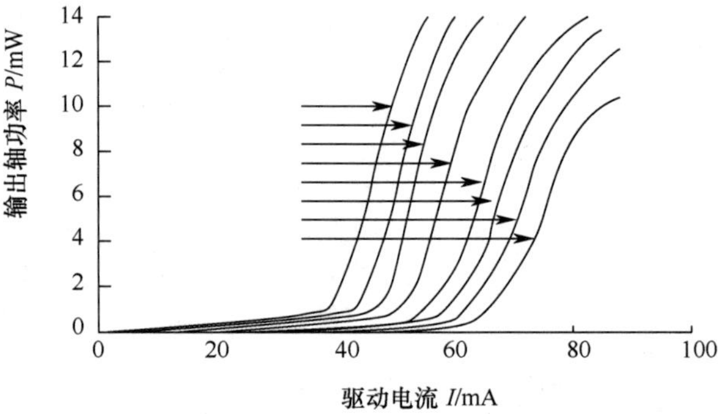

图 2-12　工作在 1310nm 波长的 InGaAs-DH 激光器随温度变化的 *P-I* 特性曲线

（2）光电检测器

目前，光通信系统中常用的光电检测器有两种：PIN 型光电检测器和雪崩光电二极管 APD。这两种器件都是基于 PN 结的光电检测器。

PIN 型光电检测器的工作机制：PIN 光电二极管与基本的 PN 结型光电二极管的区别就是在位于 P 区和 N 区之间的区域有一层较厚的本征半导体材料，称为 I 型区。其工作过程可概述为材料在入射光照射下产生光生载流子，然后光电流与外围电路之间相互作用并输出电信号。

APD 雪崩光电二极管的工作机制：其工作过程可以概述为材料在入射光照射下产生光

生载流子，载流子输运或在电流增益机制下的倍增，光电流与外围电路之间相互作用从而输出电信号。

（3）光放大器

光放大器是一种不经过任何光电、电光转换而直接放大光信号的光器件，可以很好地改善因功率损耗导致的传输距离限制问题。

目前光通信系统中常用的光放大器有两种：半导体激光放大器和光纤放大器。

半导体激光放大器的工作机制：利用受激辐射来实现对入射光信号的放大，即利用处于粒子数反转状态的半导体 PN 结对光波的增益效应实现对光信号的放大，但没有反馈机制，所以不能产生相干光输出，性能一般。

光纤放大器的工作原理：在光纤的纤芯中掺入能产生激光的稀土元素，通过激光器提供直流光激励，使通过的光信号得到放大。例如，20 世纪 80 年代后期出现的掺铒光纤放大器（EDFA），就是在制造光纤过程中，把铒（Er）这种稀土元素掺进光纤，这种光放大器放大的光谱范围是 1550nm 波段，正好与石英光纤的最低损耗波长区吻合，同时具备高增益、低噪声和宽频带等优点，容易与光纤耦合，在当今光纤通信系统中应用最广泛。

2．无源光器件

（1）光纤连接器

光纤连接器的作用：光纤与光纤之间进行连接的器件，它是把光纤的两个端面精密对接起来，使发射光纤输出的光能量最大限度地耦合到接收光纤中，并使由于其介入光链路而对系统造成的影响减到最小。

光纤连接器的分类：按接头形式可分为 FC 型、SC 型、ST 型、LC 型等，如图 2-13 所示。

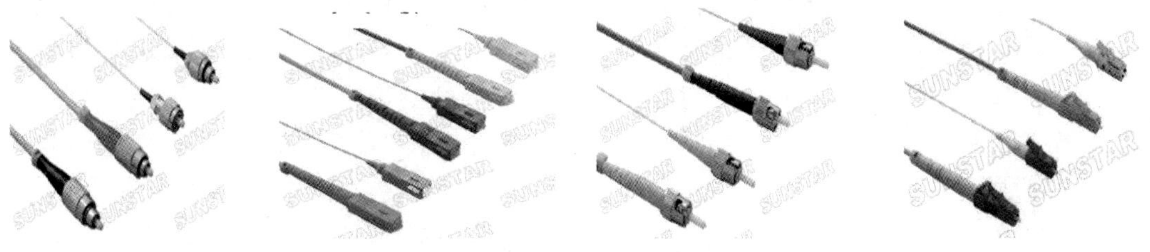

（a）FC 型光纤连接器　（b）　SC 型光纤连接器　（c）　ST 型光纤连接器　（d）　LC 型光纤连接器

图 2-13　光纤连接器

（2）光纤耦合器与光波分复用/解复用器

光纤耦合器的作用：在光纤通信和光纤测量中，有时需要把光信号在光路上由一路向两路或多路传送，有时需把 N 路光信号合路后再向 M 路或 N 路分配，能完成上述功能的器件就是光纤耦合器。

光纤耦合器根据输入输出端口数量不同可分为不同规格，最基本的是 4 端口的耦合器，也就是 2×2 耦合器。图 2-14 所示为熔锥技术制作的 2×2 耦合器示意图。

光波分复用/解复用器的作用：把多个波长不同的光载波合成一路或重新分开，其性能及评价方法与普通耦合器有相似之处，它其实是一种特殊的耦合器。

（3）光隔离器与光环形器

光隔离器的作用：利用磁光晶体的法拉第效应，只允许单向光通过，阻止反射光给系统性能带来恶化，光隔离器是一个双端口光器件。

光环形器的作用：工作原理同光隔离器，只允许光沿特定方向通过。但它是一个多端口器件，常用的有 3 端口和 4 端口环形器。

（4）光开关

光开关的作用：转换光路，以实现光信号的切换，如系统的主备切换等。图 2-15 所示为机械式 1×*N* 单模开关光纤。

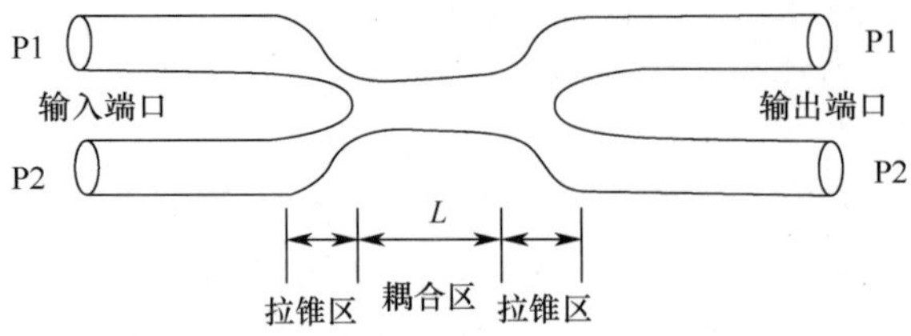

图 2-14　熔锥技术光纤耦合器示意图

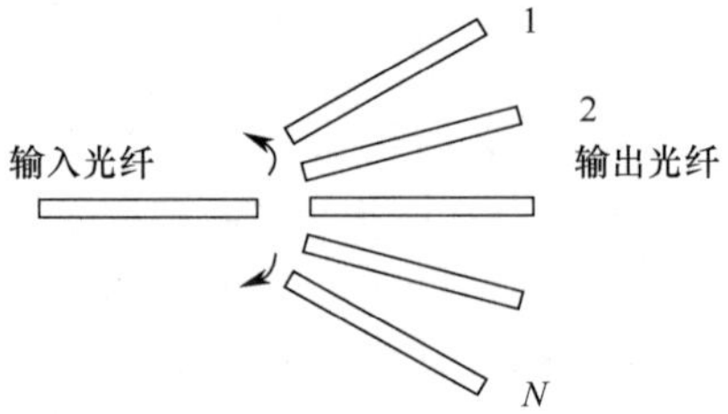

图 2-15　机械式 1×*N* 单模开关光纤

2.2.4　光纤通信同步传输体制

1. SDH 网络

SDH（同步数字体系）是为不同速率数字信号的传输提供相应等级的信息结构，包括复用方法、映射方法，以及相关同步方法组成的一个技术体制。SDH 克服了传统的 PDH（准同步数字体系）的不足，既适用于光纤传输，也适用于微波和卫星传输，并大大增强了它们的网络管理能力。

SDH 网由一些 SDH 网元组成，在光纤上进行同步信息传输、复用、分插和交叉连接的网络。SDH 最基本的模块信号是 STM-1，其速率为 155.520Mb/s。更高等级的 STM-N 信号可以是将基本模块信号 STM-1 同步复用、字节间插的结果，其中 *N* 是正整数。目前 SDH 只能支持一定的 *N* 值，即 *N* 为 1、4、16、64 和 256。ITU-T G.707 建议规范的 SDH 标准速率如表 2-2 所示。

表 2-2　SDH 标准速率体系

等级	速率/（Mb/s）	通称
STM-1	155.520	155M 系统
STM-4	622.080	622M 系统
STM-16	2488.320	2.5G 系统
STM-64	9953.280	10G 系统
STM-256	39813.120	40G 系统

2. SDH 典型设备

SDH 设备共有 4 种类型：终端复用设备（TM）、分插复用设备（ADM）、再生器（REG）和数字交叉连接设备（DXC）。

（1）复用设备（TM 和 ADM）

TM 是一种把多路低速信号复用成一路高速信号，或者反过来把一路高速信号分接成多路低速信号的设备。

ADM 是一种能把部分信号从网络节点上“分”下来，或者把某些信号“插”进网络传输系统中的设备。

TM 和 ADM 的共性是要从高速的 STM-N 信号中分插出 STM-M（$M<N$）信号、PDH 信号（140Mb/s、34Mb/s、2Mb/s）；不同点是 TM 设备是高速信号 STM-N 的终结，而 ADM 设备还要继续往下传送 STM-N 信号。TM 和 ADM 的模型如图 2-16 所示。

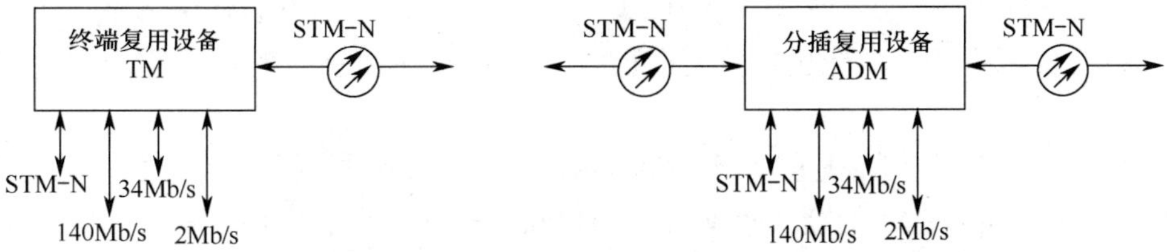

图 2-16　终端复用设备（TM）和分插复用设备（ADM）的模型

（2）数字交叉连接设备（DXC）

DXC 是一种可以在任何端口速率信号同另外端口速率信号之间实现可控连接和再连接的设备，其功能相当于一种无信令处理的通道交换机，具有规定的一种和几种速率端口，交换的信号速率可以等于端口速率，也可以低于端口速率。

（3）再生器（REG）

REG 是一种构成 SDH 长距离链路的网络单元，其结构比复用设备简单，再生器的基本作用是补偿光纤传输引入的衰减损耗，重新产生新的光信号继续传输。再生器的工作过程是将收到的光信号经光/电转换、抽样、判决、再生整形和电/光转换后，再发送出去。再生器模型如图 2-17 所示。

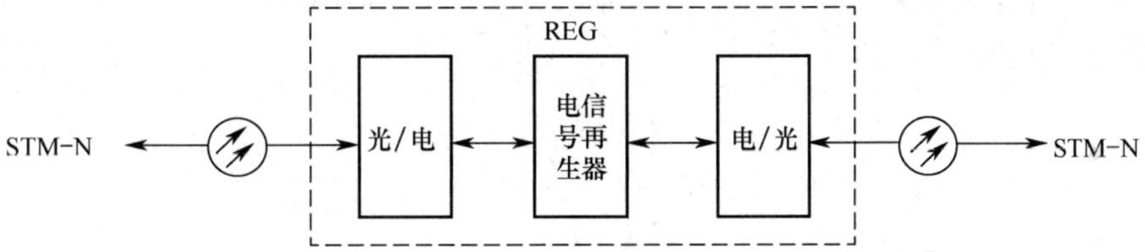

图 2-17　REG 模型

3. SDH 的主要特点

SDH 的特点主要体现在以下几个方面：

① 有全世界统一的数字信号速率和帧结构标准。

② 同步复用。

③ 强大的网络管理能力。

④ 有标准的光接口。

⑤ 具有兼容性。

⑥ 按字节复用。

2.2.5　光波分复用技术

1. WDM 概述

光波分复用（Wavelength Division Multiplexing，WDM）技术是在一根光纤中同时传输

多波长光信号的技术，其基本原理是将不同光纤通信系统终端的光线路信号变换成不同的波长，通过合波器耦合在同一根光纤中传输，在接收端通过分波器分解出各个波长的光信号，送往各自的终端。

WDM 和 SDH 之间是服务层与客户层的关系。WDM 系统的客户层信号都是基于 SDH 系统，但 WDM 系统与业务无关，可以承载各种格式的信号。SDH 和 WDM 的相同点是都建立在光纤这一物理媒质上，利用光纤作为传输手段。SDH 和 WDM 的本质区别是 WDM 更趋近于物理媒介的系统，是在光域上进行复用；SDH 则是在电路层上实施的光同步传送技术。

WDM 可分为三类：粗波分复用（CWDM）、密集波分复用（DWDM）和光频分复用（OFDM）。其中，CWDM 的通带间隔 10～100nm 波段，只能容纳 2～5 个 WDM 系统；DWDM 的通带间隔 0.1～10nm 波段，能够容纳 8 个以上的 WDM 系统；OFDM 的通带间隔小于 0.1nm，能够容纳上百个 WDM 系统。

2. WDM 系统组成

WDM 系统组成包括光发送机、光中继放大、光接收机、光监控信道发送器和网络管理系统 5 个部分。图 2-18 给出了 WDM 系统框图，可以看到这 5 个部分都是建立在 WDM 光器件基础上的，其中 OUT 是光转发器，BA 是光功率放大器，LA 是线路放大器，PA 是前置放大器。

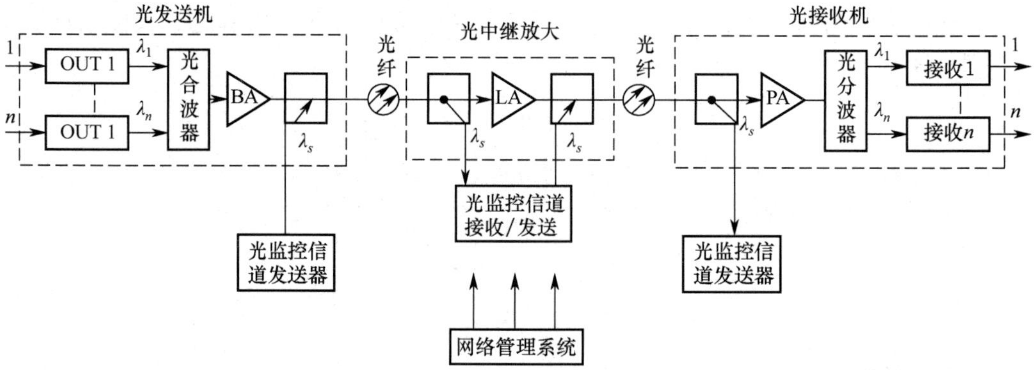

图 2-18　WDM 系统框图（单向）

① 光发送机：主要完成 3 个任务，即波长转换、合波、信号放大。

② 光中继放大：主要任务是对光信号进行光中继放大。目前常使用掺铒光纤放大器（EDFA），在放大时还必须采用增益平坦技术，使 EDFA 对不同波长的光信号具有相同的放大增益。

③ 光接收机：主要完成 3 个任务，即信号放大、分波、接收。

④ 光监控信道发送器：将波长 λ_s 设为专门的光监测信道，用于传输网管信息、帧同步信息等。

⑤ 网络管理系统：通过光监控信道物理层传送开销字节到其他节点或接收来自其他节点的开销字节对 WDM 系统进行监控、管理，实现配置网络、故障管理、性能管理、安全管理等功能，并与上层网管系统相连。

3．WDM 系统的基本形式

波分复用系统的基本结构主要有两种形式：双纤单向传输和单纤双向传输。

（1）双纤单向传输

双纤单向传输 WDM 系统，是指一根光纤只完成一个方向光信号的传输，反方向的信号由另一光纤完成，如图 2-19 所示，在发送端将载有各种信息的、具有不同波长的已调光信号 $\lambda_1, \lambda_2, \cdots, \lambda_n$ 通过光合波器组合在一起，并在同一根光纤中沿着同一方向传输。由于各个光信号是调制在不同光波长上的，因此彼此间不会相互干扰。所以，同一波长可以在两个方向上重复利用。

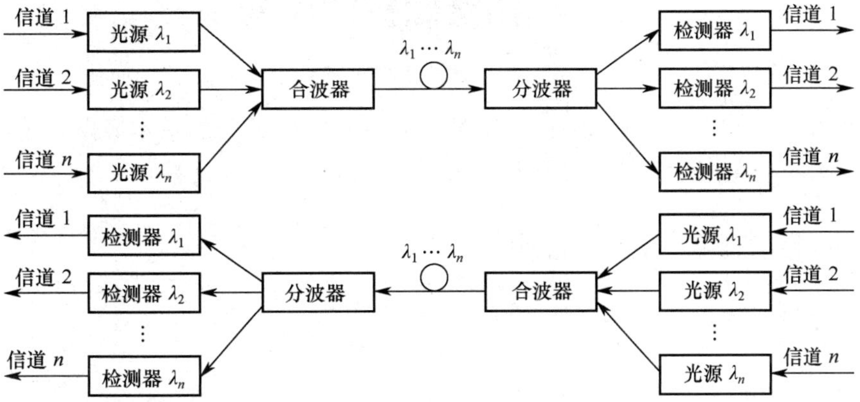

图 2-19　双纤单向传输 WDM 系统原理图

双纤单向传输的特点如下。

① 需要两根光纤实现双向传输。

② 在同一根光纤上所有光通道的光波传输方向一致。

③ 对于同一个终端设备，收、发波长可以占用一个相同的波长。

（2）单纤双向传输

单纤双向传输 WDM 系统是指光通路同时在一根光纤上有两个不同的传输方向，如图 2-20 所示，所用波长相互分开，因此这种传输允许单根光纤携带全双工通路。与双纤单向传输 WDM 系统相比，单纤双向传输 WDM 系统可以减少光纤和线路放大器的数量。但单纤双向传输 WDM 系统设计比较复杂，在该系统中为消除双向波道干扰，两个方向的波道应分别设置在红波段区（长波段区）和蓝波段区（短波段区）。另外，该系统对于同一终端设备的收、发波长不能相同。

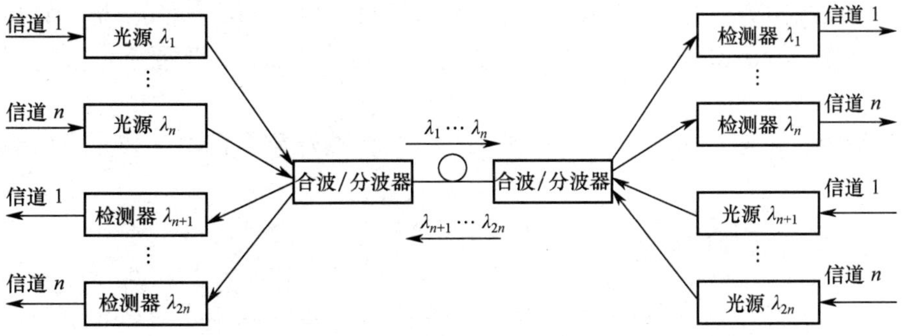

图 2-20　单纤双向传输 WDM 系统原理图

单纤双向传输的特点如下。

① 只需要一根光纤实现双向通信。

② 在同一根光纤上，光波同时向两个方向传输。

③ 对于同一个终端设备，收、发需占用不同的波长。

④ 为了防止双向信道波长的干扰，收、发波长应分别位于红波段区和蓝波段区，且在设备终端需要进行双向通路隔离。此外，在光纤信道中需采用双向放大器实现两个方向光信号放大。

2.3 自由空间光通信系统

自由空间光通信属于无线光通信，本节将介绍空间光通信的基本概念，重点介绍以大气信道为传输媒介的空间光通信的系统组成、主要器件及关键技术。

2.3.1 自由空间光通信概述

1. 自由空间光通信的分类

从光可以有一定穿透能力的介质来看，光在自由空间的传播介质有 3 种，即大气（近地）、星间（外太空）和水下，光在自由空间的传播介质如图 2-21 所示。因此，根据其传输信道特征可分为大气激光通信、星间激光通信和水下激光通信。

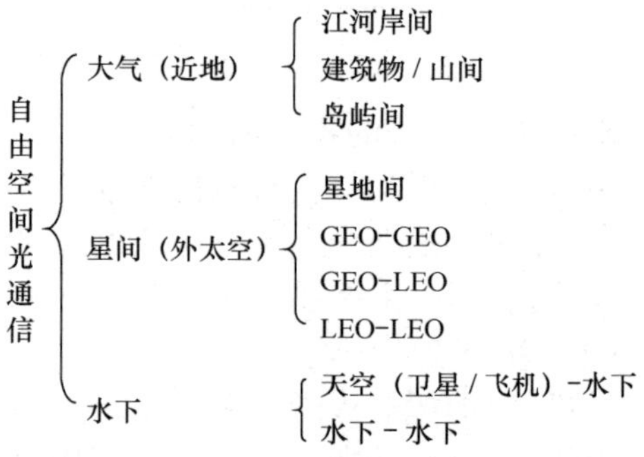

图 2-21　光在自由空间的传播介质

2. 自由空间光通信的波段

以激光光波作为载波、大气作为传输介质来传输光信号的空间光通信，通常采用红外激光脉冲。在太赫兹光谱范围内，波长为 850nm 或 1550nm 的光波信号，只要在收、发两端之间无遮拦的视距路径和足够的光发射功率，就可以进行通信。

以激光光波作为载波、海水作为传输介质来传输光信号的空间光通信，通常采用蓝绿激光脉冲，波长范围为 400～580nm 光波信号。这里提到的 400～580nm 波段，在水质较好的时候损耗可低于 0.05dB/m，这个波段被称为海水的蓝绿窗口，非常利于实现军用对潜水下通信。

由于篇幅所限，本节中仅重点介绍以大气作为传输媒质的自由空间光通信系统及关键技术。

3. 大气对激光束传播的影响

大气是由大气分子、水蒸气及各种杂质微粒组成的混合物，它对激光束的传播有很大的影响，主要体现在以下 4 个方面。

① 大气吸收：大气在紫外、可见光和红外区域对光具有吸收作用，主要的吸收分子是 H_2O、CO_2、O_3、O_2，以及少量的 CO、CH_4、N_2O 等。

② 大气散射：指由大气中不同大小的颗粒的反射或折射所造成的，如大气的气体分子、灰尘和大的水滴等。纯散射不会造成光波能量的损失，但会改变光波能量的传播方向，使部分能量偏离接收方向，从而造成接收光功率的下降。例如，瑞利散射就具有波长选择性，波长越长散射越小。

③ 大气湍流：指大气中局部温度、压力的随机变化而带来折射率的随机变化。

④ 热晕效应：指大功率激光束在大气中传播时，激光束路径上的大气分子或悬浮微粒因吸收部分激光能量而发热，且足以导致空气折射率发生变化，从而使激光束发生附加的弯曲和畸变等现象。

2.3.2　自由空间光通信系统的组成

一个完整的数字空间光通信系统包括电端机、线路编/解码、光调制/解调、自动功率控制、光学收/发天线等若干基础单元构成，远距离系统还需考虑激光束的自动跟瞄和自适应光学波前校正。数字空间光通信系统组成框图如图 2-22 所示。

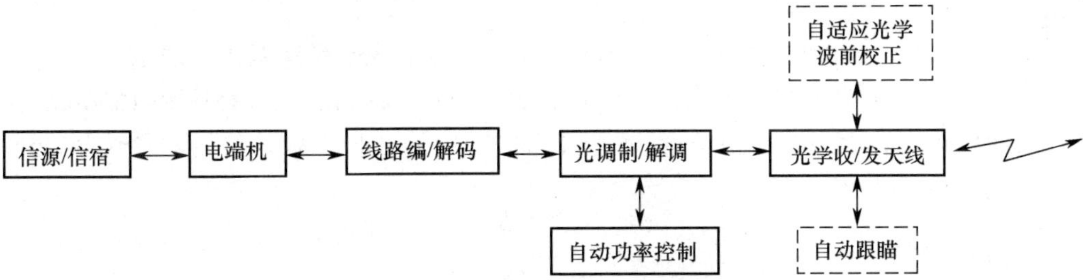

图 2-22　数字空间光通信系统组成框图

① 电端机：实现对信息的编码和还原。

② 线路编/解码：实现纠错，减少大气信道不稳定性带来误码。

与长距离光纤通信（越洋通信）不同的是，空间光通信中误码主要表现为突发误码，即在一段时间内激光束传播受大气湍流影响或被移动物体短时遮挡，导致接收机误码率突然上升。

③ 光调制与解调：实现信号的电-光/光-电变换。

目前大多系统使用半导体激光器作为光源、PIN 或 APD 作为光电检测器。从降低应用成本角度出发，空间光通信系统多采用 IM/DD（强度调制/直接检测）方式，采用的编码方式多为开关键控、曼彻斯特编码和 PPM 等方式。空间光通信发送机中的激光器驱动、保护电路和接收机中的前放、主放、AGC 电路，以及后续的时钟恢复、抽样判决等电路与光纤通信中的光端机电路并无大的不同。

④ 自动功率控制：自动调整发送光功率，降低对接收机 AGC 电路的动态范围要求。

激光束在大气中传播时，天气情况及大气中悬浮微粒的多少对光束传播损耗影响很大，当大气能见度从 2km 变化到 500m 时，对 1550nm 工作波长的激光束传输 1km 距离，大气衰减将从 4.3dB 变化到 34dB。这意味着接收光功率有大约 30dB 的变化量。如果这样的接收光功率变化全部需要由接收机的主放 AGC 来吸收，则 AGC 需要有 60dB 的动态范围，事实上，较好的 AGC 电路动态范围也很难超过 40dB，完全由 AGC 电路来吸收因大气状况不同而造成的接收光功率变化是不现实的。因此，在空间光通信端机中，通常应设置自动功率控制电路，在不同的大气衰减条件下，使系统能够正常工作。

⑤ 光学收/发天线：接收光学天线的任务是将一定面积内的信号光汇聚到光电检测器上，目的是增大接收光信号功率；发送光学天线的任务是压缩光束发散角，降低激光束在大气中传播时的发散损耗。

2.3.3 自由空间光通信的关键技术

实现自由空间光通信需要有一系列器件和技术的支持。下面重点介绍其中的光源、光电检测器、调制解调、光学滤波器和光学天线等关键器件和技术。

1. 光源

在空间光通信中，大气的“通信窗口”仍然是工作波长选择的重要根据。光纤通信中，光纤是一个相对封闭的信道，通常不会有杂散光侵入。但大气光通信系统不一样，大气信道中存在背景光，因此在选择光源的工作波长时，不仅要考虑低损耗窗口，还要注意避开背景光的高辐射谱段。

一般认为 200～280nm、810～860 nm、1550～1600 nm 都是无线光通信中可以选择的通信波长，从更好地抑制背景光噪声的考虑出发，200～280nm 的日盲区和 1550nm 附近是更适合的通信窗口，且 1550nm 与目前光纤通信使用的波长一致，可用器件选择余地大、制造水平高，价格也比较便宜。

2. 光电检测器

由于光在大气中的强散射特性和吸收特性，到达接收端的光强已经十分微弱，因此需要光电检测器具有很高的灵敏度和较低的暗电流。除了在光纤通信中常用的光电检测器（PIN）和雪崩增益光电检测器（APD），在大气光通信中还常使用光电倍增管（PMT）。

光电倍增管是将光电发射和次级发射相结合，把微弱的光信号转变并放大为电信号的真空器件。光电倍增管具有灵敏度高、暗电流小、光电转化能力强、动态响应速度快、信号检测能力强、稳定性和可靠性好的特点。光电倍增管的倍增增益可达 10^5～10^7；响应度可达 62A/W，其暗电流极低，约为 0.1nA/cm^2；响应时间较快，约为 20ns。其检测面积也较大，可达数平方厘米。PMT 各方面的技术性能优于 APD，但是体积大、易破碎、功耗高，而且 PMT 的小型化较困难。

3. 窄带光学滤波器

大气信道中存在众多背景噪声光源，如太阳光、云和建筑物反射光、人工光源等。要提高系统的工作性能，必须采取措施对这些背景光源进行抑制。一种措施是采用不同的焦点成像或加长天线套筒对背景光进行有效的遮挡；另一种是采用光学滤波技术对背景光进行抑制。在光电检测器前设置光学滤波器，使信号光能够很好地透过，同时滤除其他波长的背景光。

光学滤波器是一个放置在光束通道上用来控制各种不同波长光透过率的材料或元件，

其作用与在通信系统中使用的任何类型的前置滤波器完全一样。通常在空间光通信中可以使用价格相对较低的 DFT 干涉型光学滤波器。另外，使用光纤布拉格光栅（FBG）光学滤波器也是一种可行的方案。

FBG 光纤布拉格光栅利用光纤内部的特殊结构（折射率的周期扰动）形成对特定波长光的强反射，其滤波谱可以达到小于 1nm。由于 FBG 是有选择地对某一波长范围的光波进行反射，因此还需要使用光纤环形器调整光传输方向，使反射的光波能够到达光电检测器。在空间光通信系统中应用 FBG 实现光学滤波的工作原理框图如图 2-23 所示。

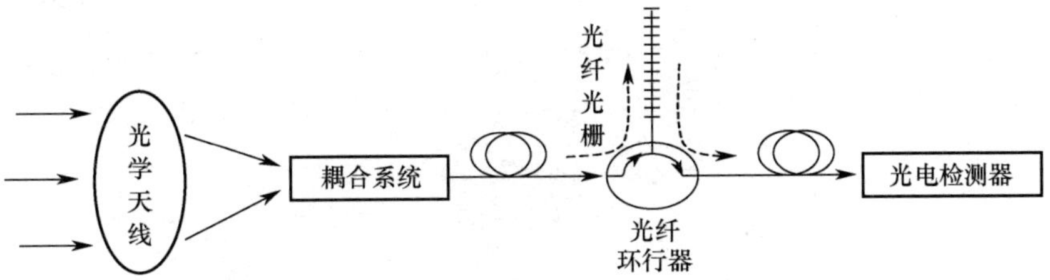

图 2-23　光纤布拉格光栅实现光学滤波的工作原理框图

4．光学天线

在空间光通信中，光学天线的作用主要表现在以下两个方面。

① 在发送端，对激光束实现扩束，增大激光束的束腰半径。

② 在接收端，增大接收面积，压缩接收视野，减少背景光干扰。

上述两种作用都可以充分提高大气光通信光接收机的信噪比，延伸系统的通信距离。

实际上光学天线相当于一个物镜系统，通常有 3 种结构形式：折射式天线、反射式天线、折反射组合式天线。

在近地的大气光通信系统中，主要出于成本方面的考虑，通常选择折射式光学天线。折射式光学天线通常由一组透镜构成，如图 2-24 所示。

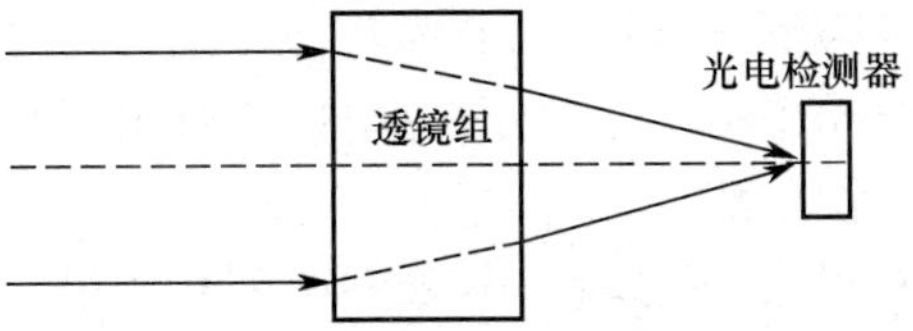

图 2-24　折射式光学天线示意图

折射式光学天线的主要优点是制作成本较低，光不会被遮挡，加工球面透镜工艺成熟，通过光学设计易消除各种像差，且物镜组牢固稳定，长期使用不变形。为减少表面反射，通常各透镜还需要镀上一层或多层针对工作波长的增透膜，如采用多层镀膜技术，实际上此时该透镜还起到了一定的光学滤波作用，可有效地减少背景光的干扰。

在星间、星地激光通信中，应用比较多的是反射式天线。按反射镜面的个数可以把反射式天线分为单反射面天线和双反射面天线，最常用的是双反射面天线，如图 2-25 所示。其中，卡塞格伦式天线是卫星光通信系统中最常用的光学天线形式。

反射式光学天线的特点是发射光束的形成依靠对光波几乎全反射的旋转抛物面，对光能量的吸收损耗很小，并且具有对材料要求不高、重量轻、成本低、光能损失小、不存在色差等优点。

5．调制与解调

目前的数字光通信系统大多设计为强度调制/直接检测（IM/DD）系统。应用于强度调制/直接检测光通信系统中的调制方式有很多种，其中最一般的形式是开关键控（OOK）和曼彻斯特编码。为了进一步提高传输通道抗干扰能力，应用于大气信道的光通信系统多采用脉冲位置调制（PPM）。PPM 是一种正交调制方式，相比于开关键控（OOK）调制方式，它的平均功率降低了，但为此付出的代价是增加了对带宽的需求。

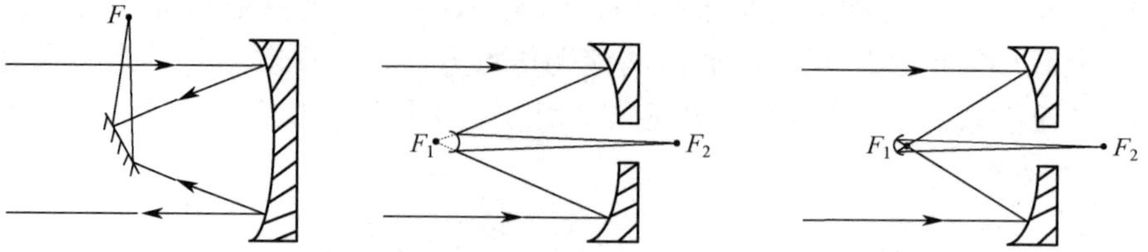

(a) 牛顿式　　(b) 卡塞格伦式　　(c) 格雷果里式

图 2-25　3 种双反射面天线

2.4　光通信的军事应用及发展趋势

2.4.1　光通信的军事应用

光通信为现代军事通信提供了保密性好、生存能力强的战场通信链路，且其体积小、重量轻、宽带大的特点也大大提高了军事通信的机动性和灵活性。

1. 光纤通信系统在军事中的应用

概括来讲，光纤通信系统在军事中的应用可以包含 3 个方面，分别是光纤通信在战术通信系统中的应用、舰载光纤通信系统和机载光纤通信系统。

（1）光纤通信在战术通信系统中的应用

美国陆军战术 C^3I 系统中的通信系统主要采用了有线通信和无线通信两种方式，光纤通信系统由于其优点突出，已在有线通信方式中起着重要作用，主要的应用形式有局域网（LAN）系统、远距离战术通信系统和短距离本地分配系统等。

表 2-3 给出了光缆系统与 CX-11230 同轴电缆系统性能的比较。从表中所列数据可以看出，在同等传输距离和传输速率的情况下，在中继器数、系统造价和重量方面光缆系统都明显优于同轴电缆系统。

表 2-3　光缆系统与 CX-11230 同轴电缆通信系统的性能比较

项目	CX-11230 同轴电缆		光缆系统	
距离/km	8	64	8	64
速率/（Mb/s）	19.6	2.3	19.6	2.3
中继器数/个	19	39	0	7
总线路造价/美元	22000	92000	9000	77600
系统重量/kg	1100	8700	280	1900
装车量	四辆两吨卡车		一辆两吨卡车	

（2）舰载光纤通信系统

现代舰船（如航空母舰）装备了大量的雷达、导航、传感器系统及武器指挥系统等电子设备，虽然使舰船的现代化程度越来越高，但大量电子设备不仅结构复杂、体积庞大，限制了通信系统的布置空间，而且在运行时带来的电磁干扰、射频干扰等问题，严重影响到舰船内部各系统之间的通信质量。

目前，舰载光纤通信系统已经得到了广泛而重要的应用，其中以美国的水平最为先进。图 2-26 所示为安装在尼米兹舰上的雷达光纤传输系统示意图。

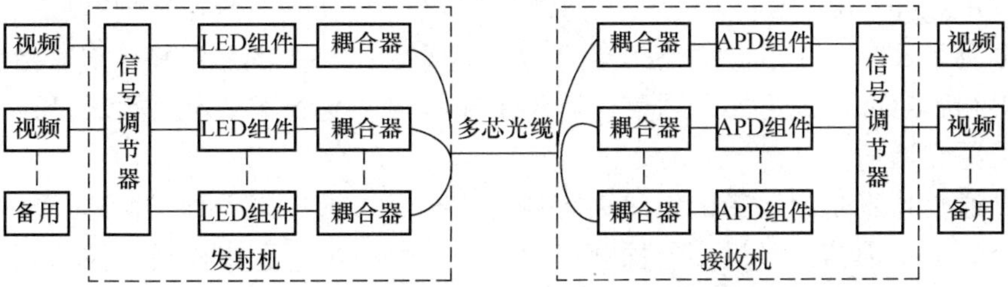

图 2-26　安装在尼米兹舰上的雷达光纤传输系统示意图

（3）机载光纤通信系统

光纤通信技术给飞机带来的好处，最突出的是光纤系统的体积小、重量轻、宽带大和抗电磁干扰能力。机载光纤通信系统在近 10 年来发展迅速，以不同的具体形式在飞机的通信系统中得到重要应用。

机载航空电子系统的结构示意图如图 2-27 所示。它能把火控系统、通信、导航和敌我识别系统、电子对抗系统，以及飞行控制系统等综合到一起进行统一管理和综合控制，并且承担监控飞机上电源系统、发动机、燃油系统等辅助系统的任务。

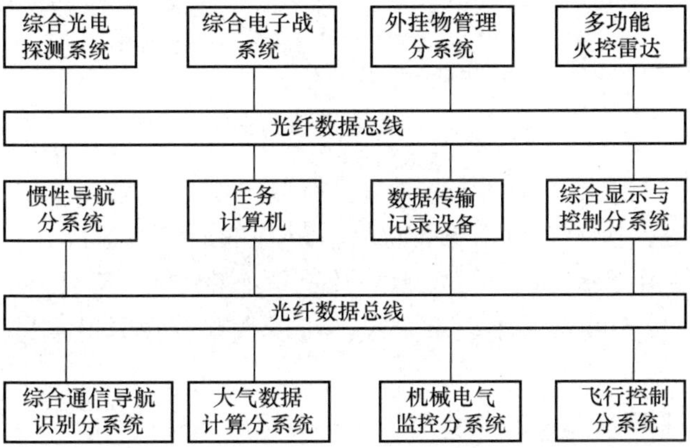

图 2-27　机载航空电子系统的结构示意图

2. 自由空间光通信在军事中的应用

空间光通信有着保密性能好、传输速率高、安装架设快捷的优点，但同时存在着通信距离近、受天气影响大的缺点，这些特点决定了其应用范围有一定的限制。综合考虑，空间光通信在军事中的应用主要有以下几个方面。

（1）短距离无线光通信

近地大气光通信系统可以架设在边防哨楼或两个高地之间，实现边防观察警戒通信；

也可以架设在海岸、岛屿或舰船上实现跨江、跨海的短距离无线通信。根据采用波长的不同，短距离无线光通信一般可以分为红外空间光通信和紫外空间光通信。

① 红外光通信一般采用红外波长的激光器，是一种视距（Line Of Sight，LOS）光通信系统。通常应用在相对固定且能通视的场合，如建筑物之间、海岛与大陆之间、高地之间等。我国的边防线很长且沿海岛屿众多，驻岛部队与岸上部队进行通信是不可能架设有线线路的，这时在岛屿与海岸上分别架设固定式红外光通信系统，就可进行高速保密通信。

② 紫外光通信是利用空气粒子的强散射来实现收发信机之间信息传输的一种非视距（Non-Line Of Sight，NLOS）通信系统。紫外光 200～280nm 波段在近地区域受太阳辐射影响小，被称为“日盲区”；同时该波段由于波长较小，空气中的悬浮粒子对其散射较强，可以在有障碍和不对准情况下实现通信，近年来在国内外受到了军事通信研究的广泛关注。

（2）卫星光通信

卫星光通信技术是一种新的卫星大容量通信技术，近年来得到了快速发展。利用光波段来进行空间卫星通信，经过多年探索已取得突破性进展。卫星光通信技术利用人造地球卫星作为中继站转发激光信号，从而实现在多个卫星之间及卫星与地面设备之间的通信。图 2-28 所示为卫星光通信的常用分类。

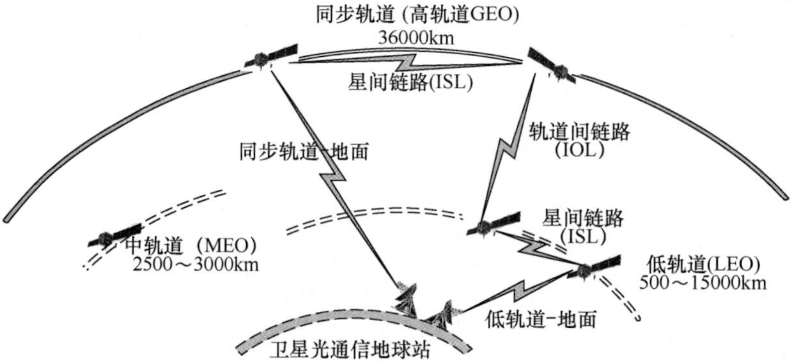

图 2-28　卫星光通信的常用分类

与传统的微波通信相比，星间激光通信具有以下明显优势。

① 光载波频率高，因而其可用频带极宽、潜在的通信容量巨大。

② 激光通信系统中所用的半导体光源功耗小、转换效率高，因而对电源要求低。同时由于光波波长短，收发天线尺寸小、重量轻，可以大幅减轻卫星重量、提高其有效载荷，降低其费效比。

③ 用作信息载体的激光光束发散角极小，不易被截获，因而用于军事通信具有极好的保密性。

④ 激光束不受射频电磁场的干扰，其抗干扰能力是毋庸置疑的，同时还可抗击高能电磁脉冲武器的攻击，提高了卫星的生存能力。

正是因为卫星激光通信具有上述优势，所以很多发达国家都在投入巨资竞相进行卫星光通信技术的研究。

美国是最早开展卫星光通信研究的国家。最主要的研究部门有美国国家航空航天局（National Aeronautics and Space Administration，NASA）和美国空军（United States Air Force，USAF），NASA 的 JPL 实验室早在 20 世纪 70 年代就一直进行卫星激光通信的研究工作。

欧洲是卫星光通信研究领域的另外一支重要研究力量，他们以欧洲航天局（European Space Agency，ESA）为核心整合了大部分主要欧洲国家的资源，先后研制了以不同星间链路为背景的一系列卫星光通信终端。日本是从 20 世纪 80 年代中期，才开始卫星光通信的研究工作，主要的研究单位是邮政省的通信研究室（CRL）、宇宙开发事业团（NASDA）和高级长途通信研究所（ATR）的光学及无线电通信研究室。

中国在 20 世纪 90 年代初才开始了卫星光通信技术研究，起步较晚，但发展速度快。在国家的大力支持下，仅用十多年时间就取得了突出的成果。截至 2017 年，我国已完成高轨卫星-地面间实验和高轨卫星-低轨卫星间实验，激光通信技术进入了高速卫星通信网络应用阶段。到 2020 年，我国的卫星光通信技术将成为卫星高速通信网络的关键手段之一，我国在卫星激光通信领域也将达到世界领先水平。

（3）蓝绿激光对潜通信

蓝绿激光对潜通信是指在海水低损耗窗口波长上的蓝绿激光，通过卫星或飞机与深水中潜行潜艇的通信，也包括水面舰只与潜艇之间的通信。一般来说，蓝绿激光对潜通信系统可分为陆基、天基和空基 3 种方案。

① 陆基系统。陆基系统由陆上基地台发出强脉冲激光束，由空间轨道上的卫星担任反射任务，将激光束反射到所需照射的海域，实现与水下潜艇的通信，这种通信也称为反射镜卫星通信方式。

陆基系统工作时，可通过星载反射镜将激光束扩束成宽光束，实现一个大范围内的通信，也可以压缩成窄光束，以扫描方式通信。陆基系统工作灵活，通信距离远，可用于全球范围内光束所能照射到的海域，通信速率也高，不容易被敌方截获，安全、隐蔽性好。此外，由于激光器置于地面，更换与修理也很方便，电源限制小，因此对激光器的寿命和效率要求较低。

② 天基系统。天基系统将大功率激光器置于卫星上完成上述通信功能，也称为激光卫星方式。地面通过电通信系统对卫星上的设备实施控制和联络，还可以借助一颗卫星与另一颗卫星的星间通信，实现让位置最佳的一颗卫星与指定海域的潜艇通信。天基方案的优点是结构简单、隐蔽性好，跟踪扫描较容易。由于大功率激光器需要放在卫星上，其体积、重量、功耗、寿命都受到更严格的限制和要求，实现难度更大一些。

③ 空基系统。将大功率激光器置于飞机上，当飞机飞越预定海域时，激光束以一定形状的波束扫描目标海域，完成对水下潜艇的广播式通信。例如，飞机高度为 10km，以 300m/s 速度飞过潜艇上空，激光束在海面上扫过一条 15km 宽的照射带。在飞机一次飞过潜艇上空约 3s 的时间内，可完成 40～80 个汉字符号信息量的通信。这种方法实现起来较为容易，在条件成熟时，这种方法很容易升级到天基系统之中，其缺点是飞机的飞行易受敌方监视，因此潜艇隐蔽性低，有可能危及战略核潜艇的生存。

2.4.2　光通信的发展趋势

20 世纪 70 年代至 90 年代，光波技术的发展是以光纤通信为主线的，基本上以提高光纤链路传输速率和延长传输距离为目标。20 世纪 90 年代以后逐渐进入光网络时代，光网络是以网络节点互联而成的全光透明网络。目前，光通信技术面临流量快速增长、运维管控复杂、业务开通速度慢、成本和功耗高等挑战，光网络设备也将向高速、大容量、分组、智能、绿色和低成本方向发展。

此外，相干光通信、光孤子通信、纳米光通信、量子光通信等新技术的不断涌现与快速发展，都在光通信领域产生了一场场深刻的变革。下面简要介绍两种目前光通信研究的热点方向：光孤子通信及量子光通信。

1．光孤子通信

（1）基本概念

光纤的“色散”使光信号的脉冲展宽，而光纤的“非线性”特性会使光信号的脉冲变窄。若使光脉冲变宽和变窄这两种效应正好互相抵消，光脉冲就会像一个个孤立的粒子那样形成光孤子，能在光纤传输中保持不变，从而实现超长距离、超大容量的通信。光孤子（soliton）就是这种能在光纤中传播的长时间保持形态、幅度和速度不变的光脉冲。

（2）光孤子通信的关键技术

光孤子通信的关键技术主要有适合光孤子传输的光纤技术、光孤子源技术、光孤子放大技术、光孤子开关技术。

（3）光孤子通信的发展前景

全光式光孤子通信是新一代超长距离、超高码速的光纤通信系统，更被公认为光纤通信中最有发展前途、最具开拓性的前沿课题。光孤子通信和线性光纤通信比较有一系列显著的优点，具体如下。

① 传输容量比最好的线性通信系统大 1～2 个数量级。

② 可以进行全光中继。由于孤子脉冲的特殊性质使中继过程简化为一个绝热放大过程，大大简化了中继设备，使中继更加高效、简便和经济。

光孤子通信和光纤通信相比，无论在技术上还是在经济上都具有明显的优势，光孤子通信在高保真度、长距离传输方面，优于光强度调制/直接检测方式和相干光通信。当然，实际的光孤子通信仍然存在许多技术的难题，但目前已取得的突破性进展使我们相信，光孤子通信在超长距离、高速、大容量的全光通信中，尤其在海底光通信系统中，有着光明的发展前景。

2．量子光通信

（1）基本概念

在人们现有的有关宇宙知识中，认为没有任何一种物体可以被加速到超过光的传播速度（光速 $c=3\times10^8$m/s）。但是以量子态作为信息载体的量子通信，可以远超光速进行远距离“传输”。

量子光通信（Quantum Optical Communications，QOC）也被简称为量子通信（Quantum Teleportation，QC），是指利用量子纠缠效应进行信息传递的一种新型通信方式。现有的量子通信实验一般都是以光子为量子态载体，其表现形式即光子态传输，是让光量子携带数字信息来实现通信。

量子纠缠（Quantum Entanglement，QE）是粒子在由两个或两个以上粒子组成的系统中相互影响的现象。虽然粒子在空间上可能分开，甚至相距遥远，但一个粒子的行为将会影响另一个粒子的状态，当其中一颗被操作（如量子测量）而状态发生变化时，另一颗也会立刻发生相应的状态变化。

根据实验验证，具有纠缠态的两个粒子无论相距多远，只要一个发生变化，另外一个也会瞬间发生变化，利用这个特性实现量子光通信。当今，已通过对于有相互纠缠的光量子进行的实验研究。专家们从实验得出：任何隐蔽信号传送到不同地点，仅仅需要一百万兆分之一秒（10^{-12}s）。这一传输速率保证了接收站能够准确地检测到光量子所处的量子态，并由此推测出基于纠缠态的信息传输速率至少是光速的 1 万倍。

按所传输的信息，量子光通信可分为两类：用于光量子密钥的传输；用于光量子隐形传态及纠缠的分发。

这里的隐形传态指的是脱离实物的一种“完全”的信息传送。

量子光通信的主要特点是信息效率高，信噪比低，非局域性，具有窃读可知性，无电磁波辐射，通信隐蔽性好。

（2）量子光通信系统及关键技术

量子光通信系统的主要部件包括量子态发生器、量子通道和量子测量装置，如果长距离传输，还需要量子中继器，以实现对传输的量子能量放大。若所传送的信息为经典信息，则一般用来传输量子密钥；若所传送的信息为量子信息，则一般用来分发量子隐形传态及量子纠缠。量子光通信系统原理如图 2-29 所示。

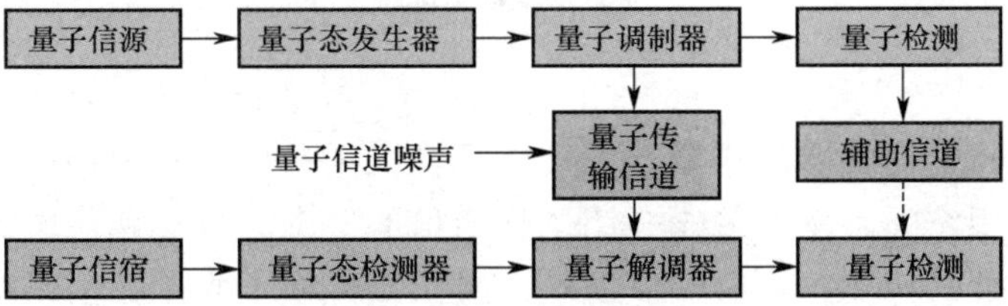

图 2-29　量子光通信系统原理图

图 2-29 中，量子信源是消息产生器；量子信宿是消息的接收者；量子调制器用于把消息变换成量子比特，用量子态作为消息载体以传输量子信息；量子解调器用于把量子信息比特转换成消息；信道包括量子传输信道和辅助信道两个部分：量子传输信道就是传输量子信号的通道，辅助信道是指除传输信道和测量信道之外的其他附加信道，如经典信道，图中的虚线所示。量子信道噪声是环境对量子信号影响的等效描述。

量子光通信的关键技术如下。

① 光子计数技术。

② 光量子无破坏测量技术。

③ 亚泊松态激光器。

（3）量子光通信的军事应用

量子光通信是一门面向未来的全新通信技术，在安全性、高效性上具有经典通信无法比拟的优势，已引起各国国防部门的充分重视，其典型的军事应用如下。

① 用于建立通信密钥生成与分发系统。

② 用于建立战区安全通信网。

③ 用于建立核心加密信息链。

④ 用于建立超高速信息网络。

⑤ 用于建立深海军事通信。

⑥ 用于建立远程通信网。

（4）量子光通信的国内外发展现状

美国对量子通信的理论与实验研究开始较早，是最先将量子通信技术列入国家战略、国防和安全研发计划的国家。20 世纪末，美国政府便将量子信息列为“保持国家竞争力”计划的重点支持课题。欧盟也推出了用于发展量子信息技术的“欧洲量子科学技术”计划及“欧洲量子信息处理与通信”计划，这是继欧洲核子中心和航天技术采取国际合作之后，又一针对重大科技问题的大规模国际合作。日本对量子光通信技术给予高度重视并每年投入 2 亿美元，并计划在 2020—2030 年建成绝对安全保密的高速量子通信网。

中国的量子通信在 2000 年以前，一直处于学习研究阶段。2013 年 5 月，中国科学院第一次完成了星地量子密钥分发的全方位地面实验。2016 年 8 月，我国发射了世界上第一颗量子通信卫星“墨子号”，并在“天宫二号”上测试成功，为建立全球的量子光通信网络奠定了坚实的基础。2017 年年初，量子保密通信“京沪干线”全线贯通，把北京、济南、合肥、上海的城际量子通信网紧紧地连在了一起。预计到 2030 年，我国将实现亚洲与欧洲的洲际量子密钥分发，建立连接亚洲与欧洲的洲际量子通信网。

本章小结

光通信作为现代通信技术的重要支撑技术，在民用领域得到了极为广泛的应用，在军事领域也有较大应用空间。本章首先介绍了光通信的概念、分类和基本特点。然后重点介绍了光纤的导光原理和传输特性，并从系统角度出发介绍了光纤通信系统的组成、设备和典型光通信器件，还介绍了 SDH 和 WDM 两种关键技术的相关原理。由于光纤通信受传输信道（光纤）的限制，只能在固定通信中发挥作用，很难满足军事应用中机动灵活的要求，而空间光通信可以满足此要求。接下来简要介绍了空间光通信的基本概念、系统组成和关键技术。最后分析了光通信的军事应用及发展趋势。

习　题

2-1　什么是光通信？光通信如何分类？

2-2　光纤通信的主要特点是什么？

2-3　自由空间光通信的主要特点是什么？

2-4　光纤可分为哪几类，其传输特性又有哪些？

2-5　目前光纤通信系统中常用的光源有哪两种？常用的光电检测器有哪两种？

2-6　光纤的低损耗窗口分别指哪 3 个波段？

2-7　什么是色散，对光通信传输有什么危害？

2-8　画出一个基本数字光纤通信系统的构成框图，并说明各单元的功能。

2-9　光纤通信器件可分为有源光器件和无源光器件，请分别列举主要器件并说明功能。

2-10　简述 WDM 波分复用技术的原理。

2-11　画出大气光通信系统的构成框图，并说明各单元的功能。

2-12　为什么卫星光通信系统常使用卡塞格伦天线？

2-13　为什么水下对潜光通信需要使用蓝绿激光？

2-14　请分别列举光纤通信和无线光通信在军事中的应用场合。

参考文献

[1]　朱勇，王江平，卢麟. 光通信原理与技术. 北京：科学出版社，2011.

[2]　黎洪松. 光通信原理与系统. 北京：高等教育出版社，2008.

[3]　Gerd Keiser. 光纤通信. 3 版. 李玉权，译. 北京：电子工业出版社，2002.

[4]　文杰斌，谭毅. 光通信传输技术及设备. 成都：西南交通大学出版社，2018.

[5]　于思源. 卫星光通信瞄准捕获跟踪技术. 北京：科学出版社，2016.

[6]　孙学康，毛京丽. SDH 技术. 北京：人民邮电出版社，2002.

[7]　王廷尧. 量子通信技术与应用远景展望. 北京：国防工业出版社，2013.

[8]　尼古拉·吉桑. 跨越时空的骰子. 周荣庭，译. 上海：上海科学技术出版社，2017.

第 3 章　短波通信系统

短波通信是人类最早发现并使用的无线通信手段，在相当长一段时期内，它是唯一的远距离直接通信方式。在一些黑白战争电影片中，报务员用一种庞大的设备，通过莫尔斯电报将信息发送出去，他们采用的就是短波通信。随着技术发展，特别是卫星通信的发展，20 世纪六七十年代，短波通信陷入了困境，发展缓慢。20 世纪 80 年代开始，随着数字通信技术的发展，短波通信又重新受到重视，得到了迅速发展和更为广泛的应用。

3.1　短波通信概述

短波通信也称为高频（HF）通信，是指利用波长为 10～100m（频率为 3～30MHz，属于高频波段）的电磁波进行的无线电通信。短波通信具有通信距离远、适应性强、成本低廉、抗毁性强等优点，一直以来被广泛应用于政府、军事、外交、气象、商业等部门。

现代无线通信技术起源于麦克斯韦 1873 年发表的《电磁通论》，建立了经典电磁场和电磁波传播理论，预言了电磁波的存在。15 年后，人们才第一次证实无线电波的存在。1888 年，赫兹用实验证实了电扰动能产生电磁波，验证了麦克斯韦无线电波的特性。

赫兹的实验结果启发了马可尼开始用莫尔斯电码发送无线电报的最初实验。1896 年，马可尼实现了几千公里的无线通信，成为验证长距离无线通信的第一人。1901 年，在加拿大的纽芬兰，马可尼检测到来自 3000km 以外英格兰康沃尔的电报信号。他所使用的天线是一段 120m 长的电线，用简易的风筝悬挂空中。当时，人们普遍认为大气中的无线电波是直线传播的，而地球表面是圆弧形状的，因此认为超地平面通信是不可能实现的。那么，马可尼远距离无线通信到底是怎样实现的呢？人们百思不得其解。

最后，一位英国物理学家爱德华·阿普尔顿解决了这个问题。他发现地球上空的电离层中的电离粒子能反射无线电波。到 20 世纪 20 年代，科学家们已经开始运用这一理论，并研究了一套方法，用以检测和预测电离层中的电磁波反射特性。

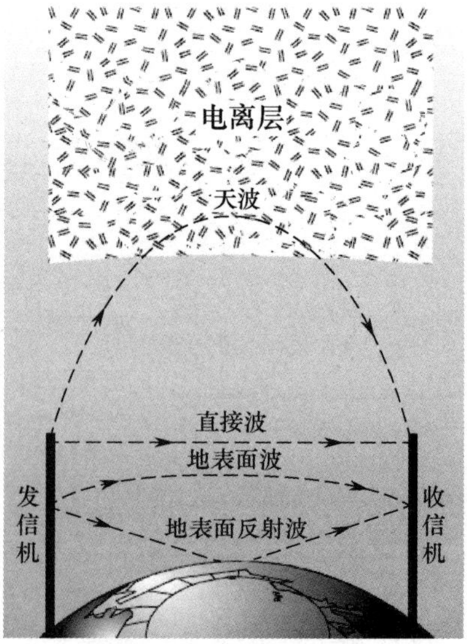

图 3-1　短波传播路径

3.1.1　短波电波的传播特性

短波电波传播有两种基本模式：地波和天波。顾名思义，地波是沿地球表面传播，天波是电波经电离层反射回地面的一种传播方式。图 3-1 给出了短波通信电波不同的传播路径。

1．地波传播

地波传播是短波通信近距离传播的方式，当天线架设较低且最大辐射方向沿地面时，主要是地波传播。地波又可以分成直接波、地表面波和地表面反射波。

① 地表面波：沿地球表面进行传播。由于传播过程中的扩散和吸收，最终地表面波完全被地球吸收。无线信号以地表面波形式传播的距离主要依赖于发送机功率、接收机灵敏度、天线特性和传播路径。在给定通信收发设备条件的情况下，地表面波的有效传播距离主要取决于电波频率和地表的传导性。频率越高，地面吸收造成的衰落也越大，即传播距离越近。同时，地表面波的传播距离取决于地表的传导性，由于海水的导电性最好，海洋上的电波传播损耗最小，因此，短波通信以地波方式在海面传播距离能达到 300～400km，而同样的设备，在干旱、岩石、导电性差的地形条件下，传播距离可能不足 30km。

② 直接波：以直线方式进行传播，其信号强度随着通信距离的增加而衰减。直接波可能会被大气折射，从而扩展其传播距离略超过地平线。采用直接波方式通信时，发射和接收天线必须互相“可见”，即不能被地球曲率所遮挡，因此直接波通信有时被称为视距通信。所以，天线的高度直接决定直接波的传播距离。

③ 地表面反射波：指经发射机和接收机之间地面反射传播的一部分电波。

地波传播的特点是信号比较稳定，基本不受气象条件的影响。地波在传播过程中，能量逐渐被大地吸收，很快减弱，因而传播距离不远。由于地表对电波的吸收作用，电波的能量随传播的距离而衰减。工作频率越低，电波传播的损耗越小，传播距离越远。所以，采用短波地波传播时，尽可能采用低端频率，如 1.5～5MHz，可以传播到较远的距离。

不同频率地波传播的场强–距离变化曲线如图 3-2 所示，可以看出，地波衰减随着频率的升高而增大，同时随距离迅速增加，因此短波地波传播只适用于近距离通信。

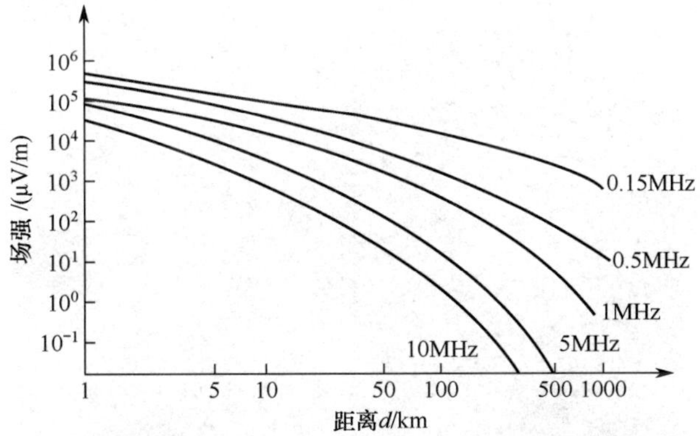

图 3-2　不同频率地波传播的场强–距离变化曲线

受地形地物的影响，短波地波传播存在反射和绕射，在发射点和接收点之间可能存在多条传播路径。多径传播造成多径传播效应，导致多径衰落和多径时散。多径衰落表现为接收信号的强度起伏变化；多径时散会引起码间串扰，为了避免这种现象出现，必须采用抗多径技术才能提高数据传输速率。

2. 天波传播

天波传播使超视线通信成为可能。根据时间、频率和电离层条件，信号可在地面和电离层之间一次或多次反射，通信距离可达几百到数千千米。由于电离层是不断变化的，与地波传播相比，实现远距离通信的天波传播信道很不稳定。因此，为了达成可靠的远距离短波通信，需要对电离层有进一步了解。

（1）电离层

电离层是在地球大气层中一个带电粒子或气体的特殊区域，主要分布在地面上空 50～600km。电离是在太阳辐射作用下，原子和带电体电离出电子的过程。电离层电离现象很严重时，甚至可能使气体发出可见光，也就是北极光和南极光。

电离层对电波有吸收作用，当电波进入电离层时，电离层会吸收电波的能量，使电波的能量衰减。衰减的大小与电离层的电子密度和电波频率有关。电子密度越大，电离层对电波能量的吸收作用就越大，电波的衰减也就越大；电波频率越低，电离层对电波能量的吸收作用也越大。

电离层除了对射入的电波有吸收作用，还有反射作用。电波在电离层中的传播速度是电子密度的函数，电子密度越大，电波传播速度也越大。电离层的电子密度随着距离地面的高度增大而增加，因而电波在电离层的传播速度也是不断增加的，这就使得电波在电离层内传播轨迹是弯曲的，弯曲到一定程度时，电波将反射回地面。

影响电波反射的因素除了电子密度，还有电波的频率。将电波发射到电离层时，有些频率的电波完全被电离层吸收，有些频率的电波则反射回地球，还有一些频率的电波穿透电离层传到外太空。

电波进入电离层的角度称为入射角，如图 3-3 所示。电波从电离层反射回来的反射角与入射角相同，因此入射角决定了通信距离。通信距离远时需要相对大的入射角，而对于近距离通信，入射角就需要相对小一些。

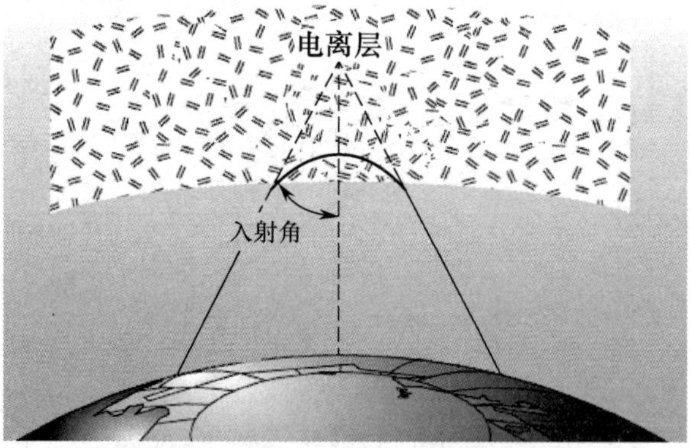

图 3-3　电波入射角

如果电波的入射角太小，即电波接近垂直于电离层方向入射，那么它可能穿透电离层，无法反射回地球；如果电波的入射角太大，那么电波进入电离层后，可能在到达较稠密的电离层上部前，就被完全吸收，而无法反射回来。因此，入射角不能太大也不能太小，要保证电波不穿越电离层，也不会被完全吸收，才能反射回地球。

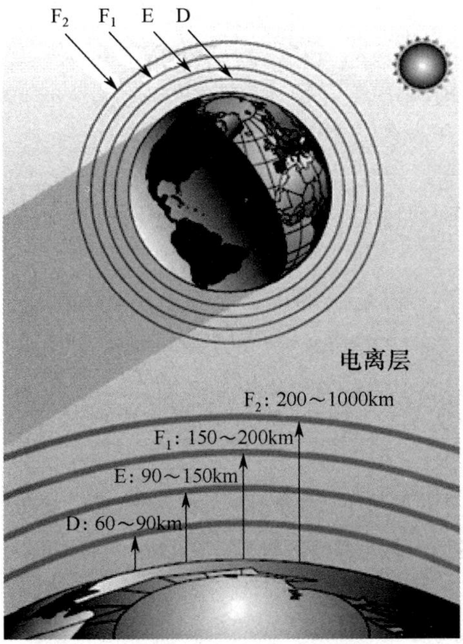

图 3-4　电离层结构

（2）电离层结构

在电离层内部包含 4 层不同的结构，如图 3-4 所示。由于电离是在太阳辐射作用下发生的，因此通常高层电离层的电离程度比较大，而低层电离层的电离程度较小。在 20 世纪 20 年代，阿普尔顿最先发现的电离层命名为 E 层。后来，人们又相继发现 D 层、F 层和偶发 E 层。

在电离层中，D 层是最底层，出现在地球上空 60～90km 处，最大电子密度在 80km 处。D 层只在白天出现，当太阳光在其顶峰时期电离作用达到最大，而后在傍晚时分迅速消失，故夜间不再对短波通信产生影响。在大多数情况下，D 层电子密度不足以反射短波，所以短波以天波传播时将穿过 D 层。在穿过该层的这个过程，电波将遭到严重的衰减，且频率越低，衰减越大。因此，D 层也称为吸收层。

E 层出现在地球上空 90～150km 处，最大电子密度发生在 110km 处，白天基本不变。在线路设计和计算时，通常都以 110km 作为 E 层的高度。与 D 层一样，E 层出现在太阳升起时，在中午电离作用达到最大值，之后逐渐减小。夜间 E 层无法反射短波信号。E 层可以反射高于 1.5MHz 的频率。此外，在 120km 高度处的电离层偶尔会有很高的电子浓度，称为偶发 E 层，记为 Es 层。偶发 E 层电子浓度很高，反射效果很好，能传播短波和超短波频段的电波。但由于其出现是偶发性的，因此无法为时效性要求高的系统所用。

对于短波通信来说，F 层是最重要的。在一般情况下，远距离短波通信都选用 F 层作为反射层。与其他层相比，F 层的高度最高，反射传播的距离最远，习惯上称 F 层为反射层。F 层在白天有两层，即 F_1 层和 F_2 层。F_1 层位于地球上空 150～200km 处，F_2 层位于地球上空 200～1000km 处。

需要注意的是，F 层的高度在不同季节、一天内的不同时刻都会发生变化。F_1 层只在白天出现，且冬季基本消失，对短波通信并不重要。F_2 层在中午时电离程度最大，与其他层不同的是，在 F_2 层高度上的空气非常稀薄，离子和电子复合非常缓慢，在日落后尽管电离程度逐渐减小，但并不会完全消失。

在白天，利用 F 层反射进行天波传播要求频率足够高，可以穿透 D 层和 E 层而不被完全吸收，但同时又要求频率不能过高，否则有可能会穿透 F 层无法反射回地面。到了夜间，仍可利用 F_2 层实现天波传播，但是夜间 F_2 层的电子密度较白天还是降低了一个数量级，能反射的频率远低于白天的频率。如果使用同样的频率，就会穿透 F 层到达外太空。

可见，电离层的高度和电子密度随昼夜、季节、年份的不同而变化，因此短波通信选用的工作频率也要相应地改变。白天电离层电子密度较大，可用较高的工作频率，夜间电离层电子密度较小，宜用较低的工作频率，一昼夜需数次改变工作频率，才能保障通信顺畅。特别是在拂晓和黄昏时，电离层电子密度变化较大，更需及时改变频率，否则将导致通信中断。

（3）电离层变化规律

电离层的变化分为规则变化和不规则变化。由于太阳辐射强度是周期性变化的，电离层也随之周期变化。可根据太阳辐射强度的周期性，预测电离层变化，选择合适的工作频率。电离层的规则变化包括日夜变化、季节变化、11 年周期变化和随地理位置变化。

① 日夜变化。由于太阳照射强度的不同，白天的电子密度比夜间大，中午又比早晚大，在日落以后电子密度减小至第二天日出前降至最低。到日出以后，各层的电子密度又开始增加，到正午前后达到最大值。

② 季节变化。在不同的季节，太阳的照射不同，一般夏季的电子密度大于冬季。但 F_2 层例外，冬天的电子密度反而比夏季大，其原因至今还不清楚。春季和夏季的日照时间较长，电离层的电离程度较高，导致天波穿过 D 层和 E 层的吸收效益增强。而秋季和冬季的日照时间较短，到达 D 层和 E 层的太阳辐射较少，其电离程度较低，吸收效益减弱，到达 F 层时信号强度反而得到了提升。

③ 11 年周期变化。太阳的活动性一般以太阳一年的平均黑子数来代表，黑子的数目每年都在变化，变化周期大约是 11 年。黑子数目增加时，太阳所辐射的能量增加，因而各层的电子密度增大。在太阳黑子活动性较低时期，由于 E 层和 F 层电离太弱，不足以反射信号，因此高于 20MHz 的频率往往无法使用。然而在太阳黑子活动高峰期，30MHz 的信号都能实现反射。

④ 随地理位置变化。不同地点上空受太阳辐射的程度存在差别，赤道附近太阳照射强，南北极弱。赤道附近上空的电子密度大，而南北极最小，因此电离层的特性随地理位置不同而变化。

电离层除了上述几种规则变化，有时还发生一些电离状态随机的、非周期的、突发的急剧变化，称这些变化为不规则变化。

① 偶发 E 层。它是发生在 E 区高度上的一种常见的较为稳定的不均匀结构。Es 层的出现是偶然的，一旦形成则在一定时期内非常稳定。在中纬度区域，Es 层在夏季出现较多，白天和晚上出现的概率相差不大。从全球来看，远东地区 Es 层出现的概率较大。

② 电离层暴。太阳黑子数增多时，太阳辐射的电磁波和带电微粒都极大地增强，正常的电离层状态遭到破坏，这种电离层的异常变化称为电离层暴或电离层扰动。电离层暴通常在太阳耀斑爆发 20～40 小时发生。太阳耀斑致使 D 层强烈电离，导致其吸收了大部分的短波信号。此外，电离层暴发生时，常使得 F_2 层的临界频率大大降低，如果不改变工作频率，那么原来可用的电波会穿透 F_2 层，导致通信中断。电离层暴持续几小时到几天。

3.1.2 短波信道的主要特点

短波传播方式分为地波和天波两种。地波传播比较稳定，信号强度随传输距离而迅速衰减，主要用于近距离通信。而天波传播由于损耗小，可用较小的发信功率实现远距离通信，是短波通信的主要传播方式。天波传播信道极不稳定，信号在传播过程中受电离层变化、路径衰耗、多径效应等不利因素的影响。

1. 传播模式

短波通信传播模式如图 3-5 所示。其中，地波的传播距离与大地传导性有关，在陆地

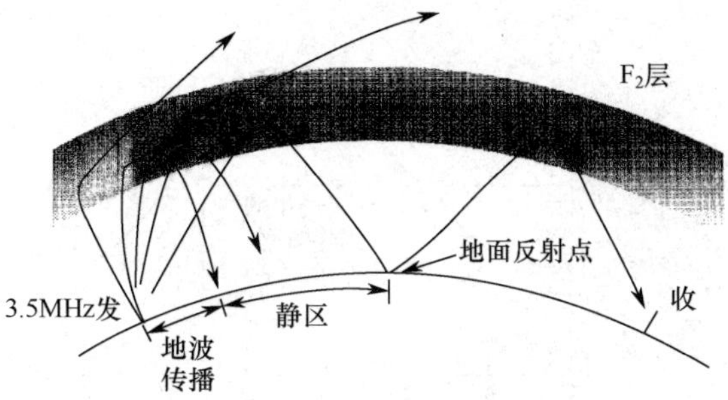

图 3-5　短波通信传播模式

一般为 30～70km。在天波传播中，电波除了经电离层反射后直接到达通信对方的单跳模式，往往还存在着多跳模式，即电波经电离层和地面间多次反射。天波传播距离与入射角度及反射次数有关，一般一跳的最近距离为 100km 左右。

表 3-1 中列出了在不同通信距离时可能存在的传播模式。其中，数字表示跳数，字母表示由哪一层进行反射。例如，电波经过两次 F 层反射（两跳），称为 2F 模式。

表 3-1　不同距离可能存在的传播模式

通信距离/km	可能存在的传播模式
＜2000	1E、1F、2E
2000～4000	2E、1F、2F、1E2F
4000～6000	3E、4E、2F、3F、4F、1E1F、2E1F
6000～8000	4E、2F、3F、4F、1E2F、2E2F

在短波传播中，存在着地波和天波均不能到达的区域，这个区域称为“盲区”，也称为“静区”。为了缩小“盲区”，可选用高仰角天线减小电波到达电离层的入射角，同时选用较低的工作频率，使得在入射角较小时电波不至于穿透电离层。

2. 最佳工作频率

电离层对不同频率吸收效益不同，频率越低吸收越严重。若频率过低，则会被电离层完全吸收，无法反射回地面实现通信。若频率过高，则电波可能穿过电离层，也无法实现通信。因此，确定可用频率对于短波通信至关重要。

给定电离层条件下，在某特定路径上能实现短波通信的最高频率称为最高可用频率（MUF）。比 MUF 更高的频率将穿透电离层，只有比 MUF 低的频率才可能被电离层反射回地面。

随着频率的降低，D 层对信号的吸收不断增加，直到降至某频率，信号完全被电离层吸收，这个频率称为最低可用频率（LUF）。比 LUF 低的频率将被电离层完全吸收，无法反射回地面。

如图 3-6 所示，可用频率介于 LUF 和 MUF 之间。MUF 还和反射层的电离密度有关，所以凡影响电离密度的因素都会影响 MUF 值。当选用 MUF 作为工作频率时，只有一条传播路径，传输性能较好。但考虑到电离层随时间而变化，为了保证较为稳定的接收，降低电波穿透电离层的概率，一般低于 MUF 的最佳工作频率（FOT），其取值如下。

$$\text{FOT}=0.85\ \text{MUF} \tag{3-1}$$

选用最佳工作频率后，能保证线路的可通率达到 90%，但由于工作频率较最高可用频率下降了 15%，接收点的场强也会有所下降。

图 3-7 给出了某特定链路全天 MUF 和 FOT 随时间变化的曲线。一般情况下，白天选用一个较高的频率，夜间选择 1～2 个较低的频率。

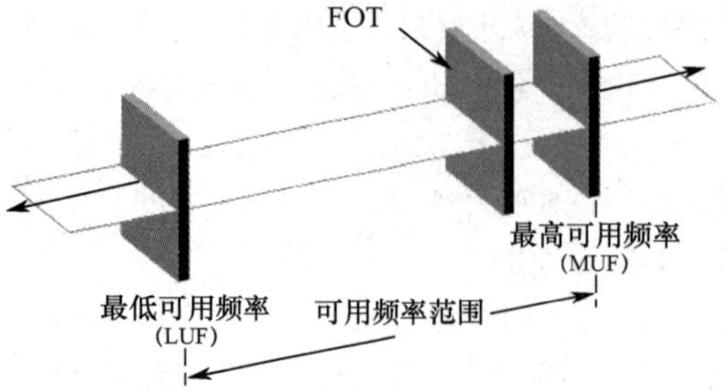

图 3-6　可用频率范围示意图

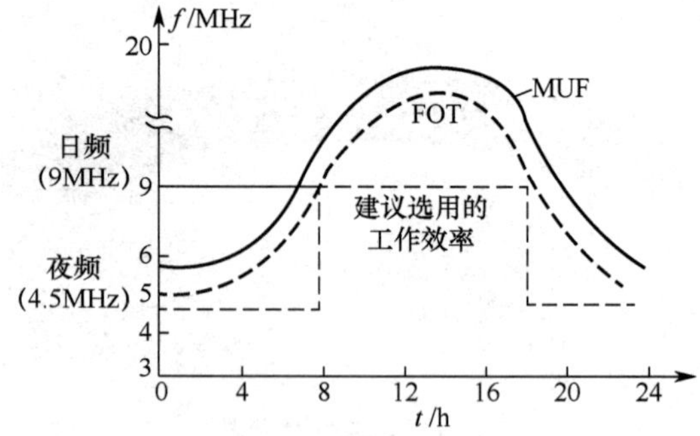

图 3-7　MUF 和 FOT 随时间变化曲线

必须指出的是，按照 MUF 日变化曲线确定工作频率，实际上仍不能保证通信线路在优质状态下工作。这是因为通过计算得到的 MUF 日变化曲线实际上适用于电离层参数的月中值，显然这不能适应电离层参数的随机变化，更不能适应突然发生的电离层扰动、电离层暴等异常情况。

3．衰减

短波天波传播衰减包括自由空间传播损耗、电离层吸收损耗、多跳地面反射损耗和系统额外损耗等。自由空间传播损耗是由于能量在空间的扩散引起，短波天波一跳所产生的自由空间传播损耗与频率、电波仰角、一跳对应地面的大圆距离、电离层高度等很多因素有关。

电离层的吸收损耗通常指电离层 D 层和 E 层的吸收损耗，与频率、工作点的位置、太阳黑子数、电波仰角和吸收区的当地时间有关，其数值通常在 6～25dB 之间。地面反射损耗与电波的极化、频率、射线仰角和地质情况有关。系统额外损耗是指除了以上提及的损耗，还有一些尚未被人们所完全认识和难以准确计算的损耗，可取 15～18dB。由于影响天波衰减的因素很多，因此要准确计算天波的路径损耗并非易事。

4．多径效应

短波天波传播模式存在多径传播。短波天波的多径传播由两个方面的因素造成：一是电离层具有分层结构，每一层都可能对电波造成反射，地面也能对电波进行反射，所以短波通过天波传播时，在发射点和接收点之间可能存在多种传播模式，即电波通过同一电离层或不同电离层和地面之间的多次反射到达接收点；二是在电波进入同一电离层时，当电波频率等于最高可用频率（MUF）时，只有一条反射路径，但当电波的频率低于最高可用频率时，将存在多条传播路径。

短波传播的多径情形主要有 4 种，如图 3-8 所示。其中，图 3-8（a）由天波和地波构成；图 3-8（b）由单跳和多跳构成；图 3-8（c）因地球磁场影响造成电波分裂，由寻常波和非寻常波构成；图 3-8（d）是由电离层的漫射构成的多径。

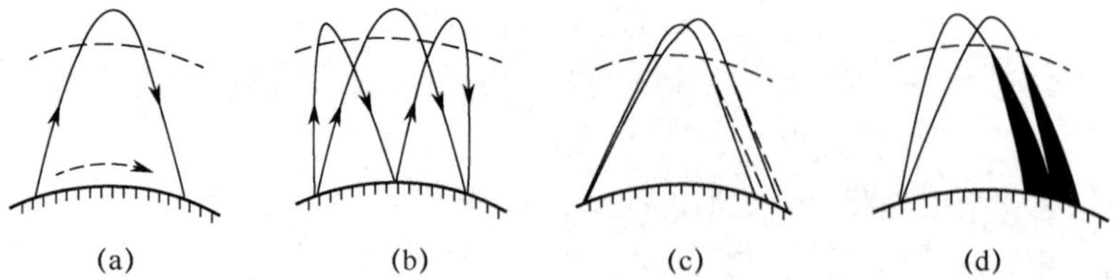

图 3-8　短波多径传播示意图

多径传播主要带来两个问题，即延时和衰落。多径延时是指多径中最大的传输延时与最小的传输延时之差。多径延时与短波通信距离、工作频率和工作时刻有密切的关系。多径延时大小与通信距离的关系如图 3-9 所示。

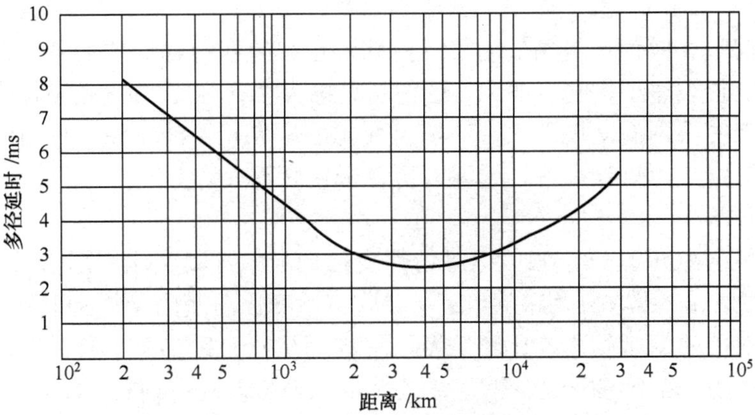

图 3-9 多径延时大小与通信距离的关系

从图 3-9 中可以看出，在 200～300km 的短波线路上，多径延时最严重，可达 8ms 左右。这是因为在这样的距离上，通常使用弱方向性的双极天线，电波传播的模式较多，而且在接收点的信号分量中，各种传播模式的贡献相当，造成严重的多径延时。在 2000～8000km 的线路上，电离层与地面多次反射时，多径延时在 2～3ms 之间。当通信距离进一步增大时，由于不再存在单跳模式，多径延时又随之增大，当距离为 20000km 时，可达 6ms。

短波信道的多径延时随着工作频率偏离 MUF 的增大而增大。工作频率偏离 MUF 的程度可用多径缩减因子（MRF）表示。MRF 的定义如下。

$$\mathrm{MRF}=\frac{f}{\mathrm{MUF}} \tag{3-2}$$

式中，f 表示工作频率。显然，MRF 越小，表示工作频率偏移 MUF 越大。同时考虑通信距离和工作频率的实验结果，如图 3-10 所示，其不同曲线表示不同的多径延时参数值。

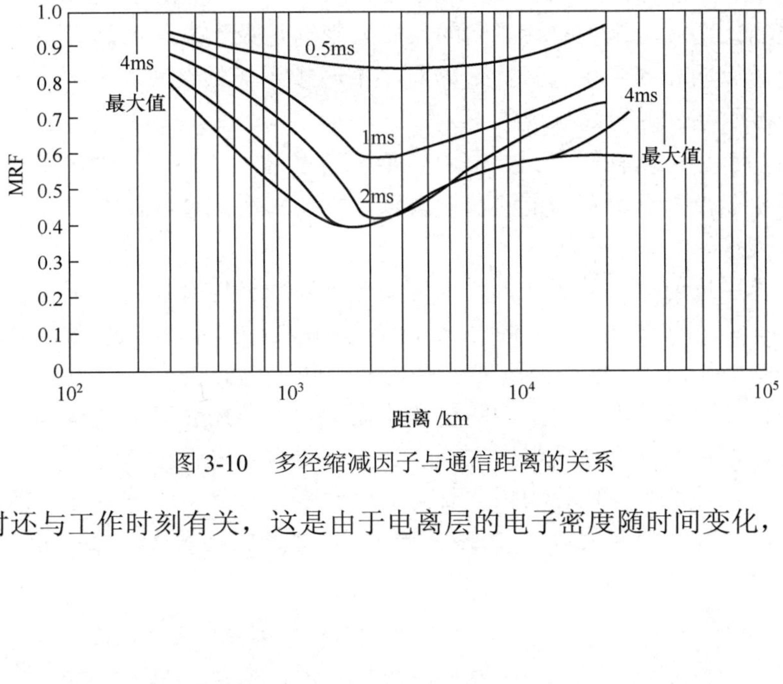

图 3-10 多径缩减因子与通信距离的关系

多径延时还与工作时刻有关，这是由于电离层的电子密度随时间变化，从而使 MUF

随时间变化。在日出和日落时刻，电子密度变化越急剧，多经延时越严重、越复杂，变化也非常剧烈，中午和子夜时刻多径延时一般较小且稳定。

5．衰落

在短波通信中，即使在电离层的平静时期，也很难获得稳定的信号。在接收端，信号振幅总是呈现出忽大忽小的随机变化，这种现象称为“衰落”。衰落是指接收信号电平随频率、时间、地点的不同而呈现忽大忽小随机变化的现象。短波天波传播信道，按衰落产生原因的不同，可以分为吸收衰落、干涉衰落、极化衰落。

（1）吸收衰落

吸收衰落是由电离层 D 层吸收衰减特性变化造成的，其变化周期较长（如 1h），因此吸收衰落属于慢衰落。吸收衰落跟随电离层吸收特性变化而变化，包括日变化、季节变化等。

吸收衰落对信号幅度的影响比较缓慢，其周期从几分钟到几小时，对短波整个频段的影响程度是相同的。若不考虑磁暴和电离层扰动，衰落深度一般低于 10dB。要克服慢衰落，应该增加发射机功率，以补偿传输损耗。

通常，可以将电离层突然扰动引起的通信中断，归到吸收衰落中。电离层突然扰动会造成电离层的电离增强，D 层的电子密度可能比正常值大 10 倍以上，可以把短波信号大部分甚至全部吸收，以致通信中断，通常这种扰动的持续时间可能从几分钟到数小时。

（2）干涉衰落

短波天波传播存在多径效应，沿不同路径到达接收端的信号，因遭受的衰减和所需传输时间不同，它们的幅度和相位也不同，而且由于电离层的状态是随机变化的，因此电波的传播路径和相应的衰减、延时、频移也是随机变化的，造成合成的信号幅度发生随机起伏，这种衰落称为干涉衰落。因为干涉衰落是由于到达接收端若干信号的干涉所造成的，所以干涉衰落也称为多径衰落。

大量的测量值表明，干涉衰落属于快衰落，其电场强度振幅以瑞利分布为主，衰落速度（指单位时间内信号电平以正斜率通过中值电平的次数）一般为几次到几十次/分，衰落深度一般为 20dB，较大时达 40dB，偶尔可达 80dB，衰落持续时间通常为 4～20ms，与吸收衰落有明显的差别。可以用持续时间的长短来判别是吸收衰落还是干涉衰落。

干涉衰落具有明显的频率选择性，即对于不同频率（频率间隔大到一定数值时）的信号，由多径干涉引起的随机起伏现象不同。

增加发射功率也可以补偿多径衰落，但单纯通过增加功率来补偿快衰落是不经济的。通常除了为补偿多径衰落留有一定的功率余量，主要采用抗衰落技术。

（3）极化衰落

电波被电离层反射后，其极化方向发生变化。发射到电离层的线极化波（其电场矢量 E 的端点随时间变化的轨迹在一条直线上），经电离层反射后，由于地磁场的作用，到达接收点就成了椭圆极化波（其电场矢量 E 的端点随时间变化的轨迹为一椭圆），椭圆长轴的大小和方向随着传播路径上电子密度的随机变化而变化。若用垂直天线接收信号，当长轴方向接近垂线时，信号的强度会变得很大；反之，当长轴方向接近水平时，信号的强度会变得很小。这种信号强度的变化称为极化衰落。极化衰落也是一种快衰落，但其发生概率远小于干涉衰落，一般占全部衰落的 10%～15%。为避免极化衰落，可采用不同极化的天线进行极化分集接收。

总之，短波天波信道是一种时变色散信道，其时变性表现在受电离层不断变化的影响，其传输特性包括路径损耗、衰落、时延散布、频移散布、噪声和干扰分布随地点、季节、昼夜而不断地变化，其色散性表现在短波天波信道是严重的频率选择性信道，其传输特性和频率的选择密切相关。因此，为了保证短波通信的质量，短波通信的频率必须根据电离层的传播条件自适应地选择，即短波通信的频率要具有适应信道变化的能力。

3.2　短波通信系统

3.2.1　短波通信系统的组成

在短波信道上除了传输模拟语音信号，还要传送各种类型的数字信号，如数字语音、遥控遥测、数字传真、计算机数据等。但是，由于短波信道存在严重的衰落、码间串扰和干扰，使得短波信道上数据传输速率和通信质量都受到了限制，为了提高短波数据传输的速率和质量，人们针对短波信道存在严重衰落、码间串扰和干扰的特点，发展出了一类抗衰落、抗码串和抗干扰性能良好的调制解调技术，使得短波数据传输的质量得到很大改善，在一定程度上满足了人们对短波数据传输质量的需求。短波数字通信系统框图如图 3-11 所示。

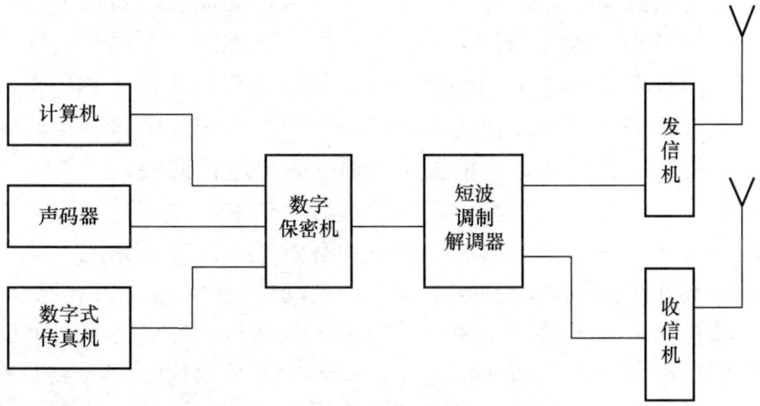

图 3-11　短波数字通信系统框图

3.2.2　短波通信天线

短波天线分为地波天线和天波天线两大类。地波天线包括鞭状天线、倒 L 形天线、T 形天线等。这类天线发射出的电磁波是全方向的，并且主要以地波的形式向四周传播，因此称为全向地波天线，常用于近距离通信。地波天线的效率主要看天线的高度和地网的质量。天线越高、地网质量越好，发射效率越高。

天波天线主要以天波形式发射电磁波，分为定向天线和全向天线两类。典型的定向天波天线有双极天线、双极笼形天线、对数周期天线、菱形天线等，它们以一个方向或两个相反方向发射电磁波，用天线的架设高度来控制发射仰角。典型的全向天波天线有角笼形天线、倒V形天线等，它们是以全方向发射电磁波，用天线的高度或斜度来控制发射仰角。

天线的长度和架设规范不能改变，但对于某些天线，架设的方向和高度是靠自己掌握的，应严格按通信方向和距离来确定架设方向和高度。

架设天线时应正确做好馈线的选用和布设。馈线是将电台的输出功率送到天线进行发射的唯一通道，如馈线不畅通，再好的电台和天线，通信效果也会很差。选用射频电缆要注意两项指标：一是阻抗为50Ω；二是对最高使用频率的衰耗值要小。射频电缆直径越粗，衰耗越小，传输功率越大。

天线在进行安装选位和布设时，应尽可能缩短馈线的长度。如果因为场地条件限制必须延长馈线，就应采用大直径低损耗电缆。在布设电缆时，应尽量减少弯曲，以降低对射频功率的损耗。

3.2.3 短波自适应通信

1．短波自适应技术

短波通信由于通信距离远、机动性好、顽存性强等独特优势，一直以来是远程无线电通信的重要手段之一。但是，短波通信达成远距离通信所依赖的电离层是一种典型的时变传输媒介，可用通信频率随通信距离、时间变化，加上信道干扰多，信道极不稳定，因此，达成可靠短波通信是非常困难的。短波自适应技术是保证短波通信质量的一项重要技术。

在短波自适应通信技术出现之前，为了建立或保持高质量的短波通信，常用的手段是长期预报和操作员的经验。频率的长期预报是根据不同地区、不同时间和不同通信距离的通信线路的最高可用频率（MUF）月中值来确定目前通信的最佳工作频率，它以过去的统计资料为基础，存在偏差。因此，在实际通信过程中，操作员必须根据其经验对电离层的实时变化情况和干扰情况进行估计，根据实际通信效果进行调整。

短波自适应技术主要是针对短波信道的色散时变的这一重要特点，为了克服传统短波通信系统存在的不足，提高短波通信的可靠性和有效性而发展起来的。从广义上来讲，所谓自适应，就是能够连续监测信号和系统变化，自动改变系统结构和参数，使系统能自行适应环境的变化和抵御人为干扰。短波自适应技术包括自适应选频、自适应跳频、自适应功率控制、自适应数据速率、自适应均衡等。必须指出，无论哪一种类型的短波自适应技术，都是以实时信道估值为基础的，从而使通信系统具有和短波传输媒质相匹配的自适应能力。

短波自适应技术有如下作用。

（1）有效提高系统可通率

短波通信的达成与频率选择、功率、数据速率等参数相关，而其可用通信频率与用户地理位置、时间密切相关，因此传统短波通信系统可通率往往不高。采用短波自适应技术能够对所有可用频率进行链路质量分析，并自动寻找和选择可用频率，有效地提升系统可通率。

（2）有效改善通信质量

短波信道是时变衰落信道，采用短波自适应技术后，通过实时信道估值，可使短波通信系统避开衰落现象比较严重的信道，选择在通信质量较稳定的信道上工作，有效提高了通信质量。

（3）有效提高短波通信抗干扰能力

采用短波自适应技术，可使系统工作在传输条件良好的弱干扰或无干扰的频道上。目前的短波自适应系统已具有“自动信道切换”的功能，当遇到严重干扰时，通信系统做出切换信道的响应，提高短波通信的抗干扰能力。

总之，采用短波自适应技术可以充分利用频率资源、降低传输损耗、减少多径影响，避开强噪声与电台干扰，提高链路的可靠性。

由于短波通信质量很大程度上取决于频率的选取是否合适，最常用的短波自适应技术就是频率自适应技术，即通过实时选频和换频，使通信线路始终工作在传播条件相对较好的弱噪声信道上。因此，本章后续主要讨论频率自适应技术。

2．短波频率自适应系统

目前，广泛应用的短波频率自适应系统，按功能不同可以分为两类：一类是通信与探测功能分离的独立探测系统，有时也称为短波频率管理系统；另一类是通信与探测为一体的频率自适应系统，称为短波自适应通信系统。

（1）通信与探测功能分离的独立系统

这类系统是通信与探测分离的具有实时信道估值功能的探测系统。采用短波频率管理系统实现短波自适应功能时，对信道的探测和通信的实现，是由彼此独立的设备分别完成的。它通过实时地在待定通信线路上发射不同频率的探测信号，并对经过电离层反射后到达接收点的各探测信号进行测量和处理，得到反映传输质量的一些参数，从而确定传输质量好的频率，以某种形式告诉用户。如果用户及时地选取这种系统所提供的最佳频率来通信，就能获得最佳通信效果。

这类系统出现较早，曾称为实时选频系统，目前常被称为短波频率管理系统。为了提高使用效率，这种系统往往用于组成一定区域的频率管理网络，在短波全频段范围内进行快速扫描和探测，求得给定区域内若干条通信线路的可用频率（通常按质量优劣排序成频率质量等级表）并显示出来，从而起到为区域内各用户提供实时频率预报的作用。短波频率管理系统使短波通信网中各条通信线路在运用传统非自适应电台的条件下具有了实时选频的能力，提高了线路的质量和可通率，能较好地完成服务地区内短波通信网络的频率管理与分配。典型的产品有美国研发的 20 世纪 60 年代末的 CURTS 系统和 20 世纪 70 年代中期的 AN/TRQ-35（V）系统，以及 80 年代初的 AN/TRQ-42（V）系统等。

（2）通信与探测为一体的频率自适应系统

这类系统对信道的探测和通信的实现是由同一套设备完成的，并且由微处理机实施全自动控制。也就是说，这类系统是具有实时选频功能的、智能化的短波通信系统。目前常被称为短波自适应通信系统。

短波自适应通信系统一般包括单边带电台、自动天线调谐器、自适应控制器和通信终端等，其中自适应控制器是系统实现自适应功能的核心装置。一般来讲，短波自适应通信系统的主要功能有自动信道扫描、选择性呼叫、链路质量分析、自动链路建立、信道质量监视等。

在短波自适应通信系统中，对信道的实时探测和估值，被称为链路质量分析（LQA）。

LQA 是在探测的基础上，以打分的形式对一组预置频率的信道进行质量评估，根据评估的结果确定该组频率的质量等级，按质量优劣排序，存入频率库中。需要通信时，不需要人工调整收发信机工作频率，系统能自动地在频率库中选择最佳频率来建立通信链路，这称为自动链路建立（ALE）。在通信过程中，系统对信道质量进行监视，若信道质量变差（如突然遇到干扰），下降到规定门限值以下时，系统会自动地进行信道切换，即从频率库中选取排序仅次于原工作频率的次佳频率来工作。

与频率管理系统相比，短波自适应通信系统的应用更加广泛，由于通信与信道实时估值技术结合在一体，它对于探测结果的响应更为直接、及时，而且在通信过程中遇有严重干扰等能自动切换信道，因此能更好地跟踪短波传输媒质的变化，这是频率管理系统所不及的。另外，短波自适应通信系统不仅使用方便，而且设备体积小、重量轻，便于机动，适合野战条件下运用，成本也不算高，这也是通常的频率管理系统所不及的。

3. 短波自动链路建立

自动链路建立（ALE）是短波自适应通信系统中的一项重要技术，它实时根据通信条件自动选出最佳通信信道，根据通信需求，选择合适的呼叫、数传方式，在点与点或点与多点之间建立合适的通信链路，经历建链、通信、拆链的过程。自动链路建立技术的出现，大大提升了短波通信效果。

（1）短波自动链路建立的基本功能

短波自动链路建立的主要特点是信道探测和通信合二为一。信道探测完成对指定的若干频点进行链路质量分析，对选定信道进行质量评估，将打分结果存在频率库中，以备通信时选用。通信过程则遵循统一的规程，实现单呼、网呼、组呼等功能，实现自动链路建立。

它的基本功能可以归纳为以下 4 个方面。

① 线路质量分析。短波 ALE 采用链路质量分析技术 LQA 对一组给定信道进行实时测量，根据测量结果来定量描述这组信道，并对这些信道传输某种通信业务的能力做出评估。它不考虑电离层的结构和具体变化，根据不同工作频率上的接收信号能量、信噪比、误码率对信道进行评分，把获得的数据存在 LQA 矩阵中。通信时根据 LQA 矩阵中各信道的排列次序，择优选取工作频率。

② 自动扫描接收。发送台站在一组预先配置的频率组中优选工作频率，接收台站需要在相同的频率组上循环扫描接收，在某一个信道上停顿一段时间等候呼叫信号或信道探测信号的出现。

③ 自动建立通信线路。根据用户通信需求，LQA 矩阵存储信息，在预先配置的频率组中优选工作频率，发起单呼、网呼或组呼等呼叫请求，自动建立通信链路。

④ 信道自动切换。短波信道存在的干扰、选择性衰落、多径等都有可能使已建立的信道质量恶化，甚至导致传输无法正常完成。短波自适应通信具有信道自动切换的功能，在通信过程中，出现信道条件恶化或遇到严重干扰时，能自动切换信道。

（2）第二代短波自动链路建立系统

1986 年美军制定 MIL-STD-188-141A 标准，1990 年又制定了 FED-1045A 标准，在这两个标准中规定了短波自动链路建立所采用的波形、信号结构、协议和性能，这就是第二代短波自动链路建立系统（2G-ALE）。该系统可使用户组建抗毁性强、设备简单的交互式短波通信系统。在短波自适应通信系统中，自适应控制器是其核心部件。它具备线路质量分析、自动扫描接收、自动线路建立及信道自动切换等功能。首先，介绍一些与第二代短波自动链路建立相关的基本术语。

① 链路质量分析（LQA）。LQA 对各台站间线路上的 ALE 信号质量进行自动测量，用得到的 LQA 数据对信道进行评价，以便选择一个最好或可以接受的信道进行呼叫和通信。

② 单呼。单呼是指主呼台对单个目标台发起的呼叫。主呼台首先在目标地址上发起呼叫，然后在规定的时间内等待目标台的应答。在接收到应答信号后，立即给目标台发送确认信号。目标台收到呼叫信号后立即发出应答信号，并在规定时间内等待主呼台的确认信号。当目标台收到确认信号后，两台间的建链过程结束。

③ 网呼。网呼是指网内成员台对本网内其他成员台发起的呼叫。主呼台首先在网络地址上发起网络呼叫，然后在规定时间内等待其他成员台的应答；在接收到应答信号，且应答时间结束后，给其他成员台发送确认信号。其他成员台收到网络呼叫后，按照先后顺序依次发出应答信号，并在规定的时间内等待主呼台的确认信号，当目标台收到确认信号后，网络内的通信链路便建立了。若某成员台未给出应答，主呼台仍可以与其他应答的成员台建立通信链路。

④ 全呼。全呼是一种广播式的呼叫，它不指明任何特定的被呼叫站址，也不要求响应。它用于紧急情况（如 SOS）、探测型数据交换及联通性跟踪等方面。全呼是一个特殊的站址"@?@"，收到全呼的成员台也不需要对主呼台做出应答。

⑤ 自动探测。探测是对所选择的信道及传播路径进行实验性测试的能力。它通过向其他站提供一种非常简短的带有识别标志的广播信号，使其对信号的沟通能力、传播性能及可用性进行评估。探测包括单向探测和双向探测，探测间隔应随传播条件的变化速度而改变。

在 MIL-STD-188-141 标准中，对 ALE 信号结构的规定为，基本的 ALE 字的结构由指定的最高有效位（MSB）到最低有效位（LSB）共 24 位信息组成，分为 4 个部分：一个 3 位的报头和三个单独的 7 位字符，位各部分和整个字的最高有效位都在最左边，并且最先发送，如图 3-12 所示。图中，报头类型为 3 位，表示 8 种不同的 ALE 字。

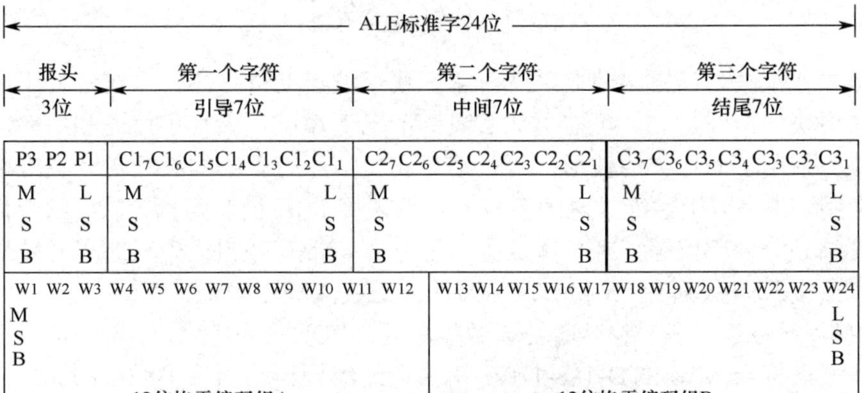

图 3-12 ALE 字基本结构

在产生 24 位的 ALE 基本字后，还要经过分组、编码、交织和三倍冗余，最后进行 8FSK

调制，ALE 信号产生过程如图 3-13 所示。

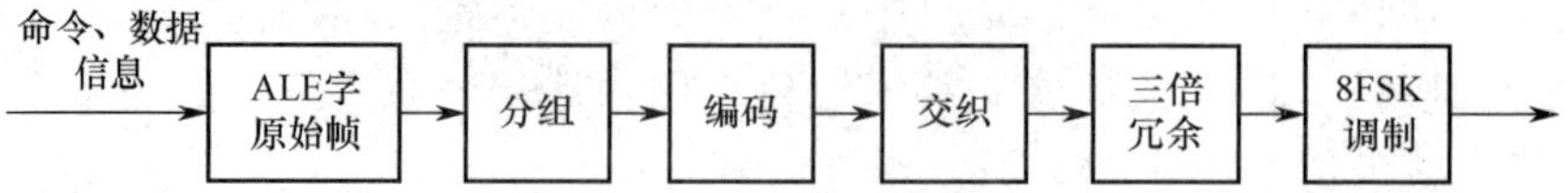

图 3-13　ALE 信号产生过程

其中，分组是将字长为 24 位的基本 ALE 字分为两组，每组长 12 位，这样做是为了便于对 ALE 字进行格雷编码。

（3）第三代短波自动链路建立系统

随着短波通信、网络的增长，用户迫切需要更有效的短波通信管理协议。1999 年诞生的第三代短波自动链路建立系统 MIL-STD-188-141B 在支持第二代协议规定的语音通信和小型网络的前提下，有效地支持大规模、数据密集型快速高质量的短波通信系统。

第三代短波自动链路建立系统协议共有 5 个方面：连接管理（3G-ALE）、业务管理（TM）、数据链路协议（包括高速数据链路 HDL 和低速数据链路 LDL）、电路链接管理（CLC）和物理层。图 3-14 给出了第三代短波自动链路建立系统的协议分层结构图。

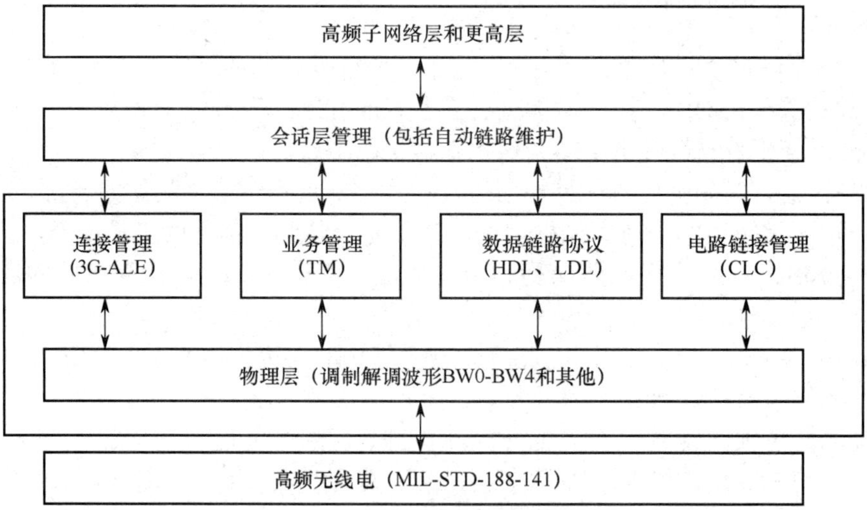

图 3-14　第三代短波自动链路建立系统协议分层结构图

相对第二代短波自动链路建立系统，第三代短波自动链路建立系统进行了许多改进，主要体现在更快的链路建立、可在更低信噪比情况下建链、提高了信道利用率、自适应控制和数据业务使用了同一类的波形、对长消息和短消息有更高的吞吐量、更好地支持因特网协议和应用。带来以上性能改进的新技术包括采用 PSK 调制解调方式、呼叫信道的同步扫描、将各站划分为驻留组、呼叫和业务信道分离、带有呼叫优先权的多时隙信道接入和载波监听多点接入/冲突避免（CSMA/CA）的信道接入规程等。

① 波形。链路建立和数据传输协议数据单元（PDUs）都使用一类 PSK 波形在信道中传输，这些波形符合 MIL-STD-188-110A 串音调制解调器。新波形进行的优化主要是针对猝发通信而不是长数据的传输，这使系统更加灵活。在 AWGN 信道和衰落信道下，第三代的波形性能比二代提高 6～9dB。突发波形都使用 8PSK 对频率为 1800Hz 的单音载波进行调制，速率传输为 2400 符号/秒。表 3-2 概括了 5 种突发波形的特性和用途。

表 3-2　5 种突发波形特性和用途一览表

波形	使用场合	延续时间	净荷	同步头	前向纠错编码	交织	数据格式	有效码率
BW0	3G-ALE PDUs	613.33ms 1472 个 PSK 符号	26 比特	160.00ms 384 个 PSK 符号	R=1/2，k=7 的卷积码（无刷新比特）	4×13	十六进制正交 Walsh 函数	1/96
BW1	业务管理 PDUs；HDL 确认 PDUs	1.30667s 3136 个 PSK 符号	48 比特	240.00ms 576 个 PSK 符号	R=1/3，k=9 的卷积码（无刷新比特）	16×9	十六进制正交 Walsh 函数	1/144
BW2	HDL 业务数据 PDUs	640+n×400ms 1536+n×960 个 PSK 符号 n=3、6、12 或 24	n×1881 比特	26.67ms 64 个 PSK 符号（用于均衡器训练）	R=1/4，k=8 的卷积码（7 个刷新比特）	无	32 未知/16 已知	可变 1/1～1/4
BW3	LDL 业务数据 PDUs	3.70667s 8896 个 PSK 符号	8n+25 比特	266.67ms 640 个 PSK 符号	R=1/2，k=7 的卷积码（7 个刷新比特）	卷积块	十六进制正交 Walsh 函数	可变 1/12～1/24
BW4	LDL 确认 PDUs	640.00ms 1536 个 PSK 符号	2 比特	无	无	无	四进制正交 Walsh 函数	1/1920

② 信道分离。第三代短波自动链路建立系统将呼叫信道和业务信道分离，在系统正常工作时，呼叫信道保持相对的空闲，而业务信道却可进行大规模的数据传输，保证数据传输的高效率和快速的建链。当然，信道分离也会带来一定的系统开销，主要表现在需要额外确定业务信道的传输特性，以及在业务信道上进行数据传输前需要对信道进行监听。

③ 同步模式与异步模式。第三代短波自动链路建立系统可在同步模式或异步模式下工作，同步模式要求各个台站按时间基准保持同步，所有台站间的最大时间差不超过 50ms。异步模式的工作方式与第二代短波自动链路建立系统类似，系统以每秒至少 1.5 个信道的速率扫描呼叫信道。

在同步模式下，以 5.4s/信道的速率扫描。网络管理者将台站分配给一个驻留组。每个驻留组按式（3-3）在驻留周期内监听不同信道。

$$D=(T/5.4+G) \bmod C \tag{3-3}$$

式中，D 为驻留信道号；T 为网络时间（从午夜计起的秒数）；G 为驻留组号；C 为扫描列表中信道数（呼叫信道数）。

在同步模式下，可以通过计算得到任意电台当前正在监听的呼叫频率，主叫台站只需切换到该频率上，发送一个简短的呼叫 PDU，与第二代短波自动链路建立系统相比，有效加快了建链速度。

④ 同步驻留结构。在同步模式下，将网络成员分成几个组，每组在一个扫描驻留时间内监听不同的信道，对网络成员的呼叫将会在频率或时间上分散。这使得在高业务量条件下 3G-ALE 呼叫信道的拥塞概率大大降低。在同一时刻监听相同信道的一组台站称为驻留组。

同步模式下，在每个信道的驻留时间为 5.4s，这 5.4s 被分为 6 个 900ms 的时隙，同步驻留结构如图 3-15 所示。

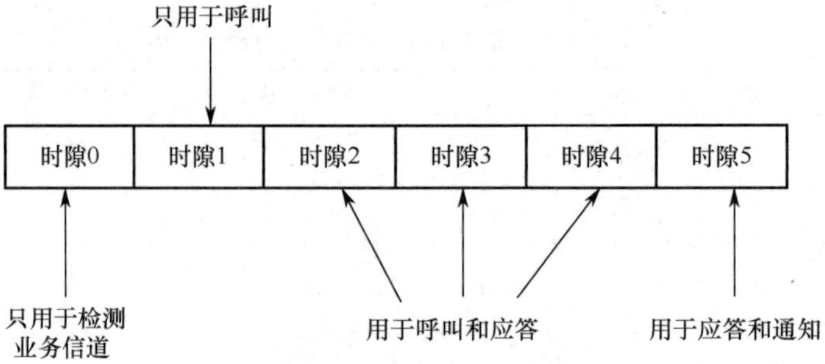

图 3-15　同步驻留结构

时隙 0：调谐和监听时间，用于检测业务信道是否空闲。时隙 1～5：用于发起呼叫和进行应答。若在允许时隙 5 上发起呼叫，则需要到下一个呼叫频率上才能完成全部建链过程，因此时隙 5 只能用于应答和通知，而不能发起呼叫。

⑤ 链路建立协议数据单元。链路建立协议数据单元（LE-PDU）如图 3-16 所示。传输顺序从左到右。

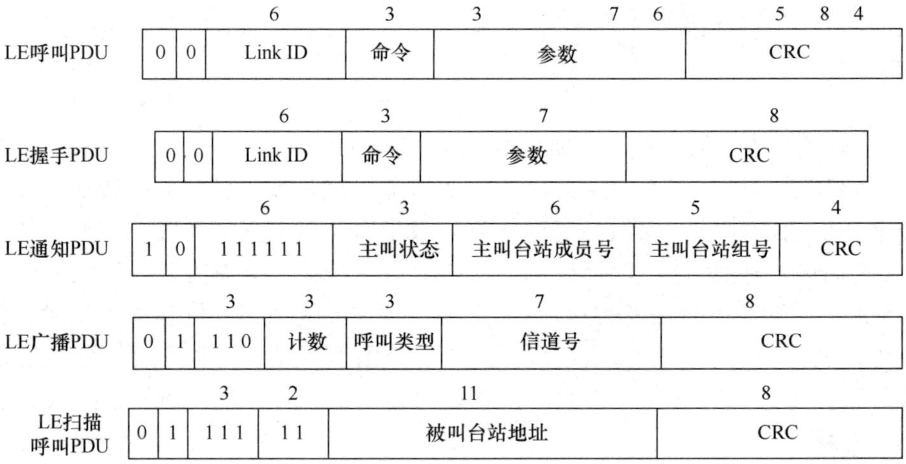

图 3-16　ALE PDU

LE 呼叫 PDU 一般为呼叫中主叫台站发出的第一个 PDU，它包含了被叫台站成员号、呼叫类型和主叫台站地址信息，被叫台站可以根据这些信息来判断是否需要做出响应及所要求的业务信道质量。Link ID 由主叫台站的地址和应答台站地址（节点地址或组播地址）计算得到。

LE 握手 PDU 传送的命令包括继续握手、开始建立业务、语音业务、链路释放、同步检测和终止握手。参数域原因编码内容包括无应答、拒绝、无业务信道和低质量。

LE 通知 PDU 用于台站状态通知、探测及同步模式通知和异步模式通知。当使用台站状态通知时，台站在出现状态发生变化或周期性的定时器提示通知时广播一个 LE 通知 PDU。在 3G-ALE 同步网络中，LE 通知 PDU 在驻留帧的最后一个时隙发送，采用与发送 LE 呼叫 PDU 时相同的发前听规则：准备发送 LE 通知 PDU 的台站监听时隙 4，若监听到业务或握手过程的第 1 个 PDU 则延迟发送 LE 通知 PDU。在 3G-ALE 异步网络中，发前听后，连续发送多个 LE 通知 PDU。

LE 广播 PDU 用于 3G-ALE 同步模式的广播呼叫。呼叫类型域定义了发送业务的类型：

模拟语音电路、HF 调制解调电路、高性能电路或 3G ARQ 分组数据。

LE 扫描呼叫 PDU 的格式用于 3G-ALE 异步模式的扫描呼叫。

⑥ 地址。3G-ALE 台站地址为 11 位地址，其中低 5 位为台站的驻留组号，高 6 位为台站在该驻留组内的成员号。成员号 111100 至 111111（地址范围 11110000000 至 11111111111）供呼叫入网台站临时使用，不分配给任何网络成员。组播地址长度为 6 位，仅在组播呼叫中使用。在组播呼叫中，计算链路 ID 的时候，用组播地址替换同步模式地址的高 6 位，而低 5 位全置 1。一个 3G 系统至少能预置/辨认 10 个组播地址，组播地址在全网范围内分配和使用。为每个网络节点配置一个独立的 11 位地址，该地址能用于单呼和单播呼叫。

3.2.4　短波数据传输技术

现代短波通信的一个重要特征就是支持数据业务，特别是军用短波通信，除了传输传统模拟语音信号，还要传送各种类型的数字信号，如数字语音、遥控遥测、数字传真、计算机数据等，随着数字化部队和数字化战场的建设，数据业务占据着越来越重要的地位。但是由于短波信道存在严重的衰落、码间串扰和干扰，使得短波信道上数据传输速率和通信质量都受到了限制，为了提高短波数据传输的速率和质量，针对短波信道存在严重衰落、码间串扰和干扰的特点，研究了一系列抗衰落、抗码串、抗干扰性能良好的调制解调技术。

1．短波信道对数据传输的影响

短波信道是变参信道，具有严重的时变色散性。时变衰落、多普勒频移及多径传输造成短波信号在时、频、空三维空间的严重扩展，经过电离层传播后接收到的信号是具有不同延时、频移的多个分量组合，影响了数据在短波信道上传输的有效性和可靠性。

短波信道对数据传输的影响主要有以下几个方面。

① 多径效应引起的衰落。它使传输的数据信号的幅度发生严重的起伏，有时甚至完全消失，这是造成短波数据通信中出现突发错误的主要原因。

② 多径效应引起的波形展宽。它使传输的数据码元间互相串扰，这是限制数据速率的主要原因。

③ 多普勒频移引起的信号频率结构的变化。电离层快速运动和反射层高度变化所引起的多普勒效应，主要造成时间选择性衰落，它使发射信号的频率结构发生变化，相位起伏不定，从而造成数据信号的错误接收。

在短波信道中，严重的衰落及由于多径效应所造成的码元串扰，限制了通信速率和质量的进一步提高。在传统的短波数据传输系统中，数据传输的速率一般在 200 波特以下，信道误码率通常为 10^{-3}～10^{-2} 的数量级。

2．短波多音并行调制技术

在短波信道上传输高速数据的主要障碍是多径效应引起的码间串扰。若扩大传输信号的符号周期，使得符号周期远远大于多径延时，可将码间串扰限制在一个码元的开始和结束部分，这样可以使用码元中间不受码间串扰影响的部分进行解调。但是，短波信道的多径延时可达 5～8ms，如果采用这种方法，会导致码元长度过长，符号速率只能达到几十波特。为了传输高速率数据，短波多音并行调制技术将传输数据转换为多路并行数据，利用多个并行的低速子信道同时传输来实现速率的提升。在短波多音并行调制中，每个并行支路采用一个特定的副载波，各副载波按一定的间隔排列。并行支路上码元宽度的确定与信道的多径延时大小有关。

多音并行调制解调器通过并行传输方式降低了分路数据的波特率，能够克服或降低短波信道的多径延时引起的码间串扰，从而在短波天波信道上实现了高速数据传输。多音并行调制解调技术发展较早，是一种比较成熟的短波高速数据传输技术，国内外已开发出许多产品，在短波高速数据传输中获得广泛应用。

并行体制存在以下固有的缺点。

① 由于多音同时发送，多音合成信号可能的最大幅度是各单音幅度之和，导致信号的平均功率与峰值功率的比值低，因此发射机功率利用率低。

② 由于多频同时发送，导致发射功率分散。

③ 抗频率选择性衰落能力差。

④ 易受带内窄带干扰影响。

⑤ 对幅度非线性失真及互调干扰较敏感，因而对短波 SSB 电台指标要求较高。

⑥ 各个单音（副载波）间隔必须大于一定数值，这种调制方式频带利用率低，信息传输速率低。

3. 短波单音串行调制技术

在一个话路带宽内，只用一个单载波调制串行地发送高速数据信号，接收端用高效的判决反馈均衡，或用最大似然序列检测等技术来克服多径延时引起的码间串扰的影响，实现短波高速数字传输的调制解调技术称为短波高速串行调制解调技术。由于数据都只调制在一个载波（单音）上，因此也称为单音串行调制技术。

在单音串行传输中，由于码元长度比多径延时短，因此一个码元的信号能量在时间上将与其他码元的信号能量相重叠，产生严重的码间串扰。所以，必须采取有效措施才能克服码间串扰的影响，实现正确解调。

美军标准 MIL-STD-110 中对单音串行调制进行了规定，调制解调器可在定频及跳频两种模式下对单音进行发射和接收。串行单音模式的调制方式采用单载波频率的多相（M-ary）、移相键控。在线路输入端接收二进制数据完成编码和交织后，进行 8PSK 调制。码元速率恒为 2400 波特，与实际信息速率无关，具有可选择的速率及交织方式。这种波形（信号结构）由四组不同功能的顺序传输阶段组成，这些阶段是同步报头阶段、数据阶段、报文结束阶段与编码和交织刷新阶段。

串行体制目前被认为是抗多径干扰和强加性干扰最好的一种制式，它与并行体制相比具有明显的优越性，主要表现在以下几个方面。

① 频谱利用率高，具有提高数传速率的潜力。并行体制调制解调器一般不超过 2400b/s，串行体制调制解调器通常可达到 4800b/s，甚至 9600b/s。

② 可充分利用发射功率。串行调制信号的峰值功率与平均功率的比值小于 2dB，而并行调制信号的峰均功率比为 7～9dB。相对并行调制来说，串行调制可使发射功率提高数倍。

③ 对发射机非线性交调失真不敏感，降低了对发射机非线性失真指标的要求。

④ 不易受频率选择性衰落的影响，抗衰落、抗干扰能力强。

⑤ 能利用信道多径传播效应引起的时差来取得隐分集效果，使系统获得隐分集增益。

⑥ 采用非线性信道均衡技术，能有效地克服码间干扰。

⑦ 波形具有伪噪声特性，使得采用软判决译码方式更为有效。

⑧ 传输可靠性高，误码率比并行体制低 1～3 个数量级。

4．短波扩频数据传输技术

传输频带扩展目的有两个：一是提高抗干扰、抗截获能力；二是提高传输容量。在短波通信中，由于主要靠天波传播，使可用短波通信频段呈现“窗口效应”和“多孔性”等特点，其可用通信频率窗口带宽有限。因此，在短波频段上进行扩频，其带宽一般不超过 2MHz。

（1）直接序列扩频数据传输

直接序列（DS）扩频技术虽然具有信号隐蔽、抗干扰、抗多径等优良特性，但这些特性是通过频谱扩展传输得来的，DS 扩频技术的实现需要较宽且传输特性较好的频带，但由于短波频段窄、频谱拥挤、干扰分布十分密集，以及短波信道的严重色散时变特性，对于在短波信道上实现直接序列扩频，尤其是实现宽带 DS 扩频有很大的限制和影响。另外，DS 扩频通信抗大功率瞄准干扰的能力有限，在移动组网时存在远近效应，这些因素使得 DS 扩频技术在短波波段的应用远不如它在微波波段的应用那样广泛。

（2）短波跳频通信技术

跳频通信是一种瞬时窄带通信，与 DS 扩频通信相比，具有躲避大功率窄带瞄准干扰的能力，通过增加跳频带宽可以获得很高的处理增益，跳频通信的同步实现相对简单。跳频通信在战术移动组网时没有远近效应，且能与传统窄带通信系统兼容。所以，跳频技术在短波通信中被广泛应用。

为了提高战术电台的抗侦察、抗干扰性，20 世纪 70 年代末至 80 年代，世界上在战术通信领域掀起了一股跳频通信的热潮，美、英、以色列等国家纷纷推出了实用的型号战术跳频电台，并不断地装备部队，代替传统的常规窄带战术电台成为主战装备。广泛使用跳频电台，是 20 世纪 80 年代以来战术无线通信发展的主要特征。初期的跳频电台跳速低、频带窄，随着技术的不断发展，跳频电台向宽带、高速和自适应等方向发展，性能不断提高。

① 短波通信低速跳频技术。这是在短波战术通信中运用最早、型号和产品最多的一种抗干扰技术体制。这类电台的代表型号有英国的 Jaguars-H、Scimitar-H，美国的 Sincgars-H、RF-5000，以色列的 HF-2000。

这类电台共同的主要技术特点如下。

a. 跳速较慢，短波跳速一般为 5、10、20 跳/秒，不超过 100 跳/秒，超短波的跳速一般为 100～300 跳/秒，不超过 500 跳/秒。

b. 跳频带宽较窄，短波跳频带宽一般为 64～256kHz，不超过 640kHz。

c. 跳频间隔较窄，短波跳频间隔通常为 10Hz、100Hz 和 1kHz，最常用的是 100Hz。

d. 数据传输速率较低，短波跳频不超过 2400b/s。

e. 同步建立时间较长，短波跳频达 5～10s。

这类电台特别是短波电台跳速较低、频带较窄，除了早期的技术因素，由于短波信道的延时特性，不同频率可能有不同的延时。如果跳频速率过高，将使接收机接收到的跳频信号发生时序混乱，从而不能正确解出信号来，这就限制了跳频速率的提高。另外，短波天调系统跟不上高速跳频也是限制短波跳速提高的一个因素。

② 短波通信高速宽带跳频技术。中低速跳频电台易受快速跟踪和宽带阻塞干扰威胁，

提高跳速和跳频带宽是抗这两种干扰方式的有效措施。提高跳速可以减少干扰方在每跳上的干扰时间百分比，从而减小系统受干扰的程度，当跳速超过频率跟踪式干扰能力的上限时，频率跟踪干扰将失效。增加跳频带宽可以减小宽带阻塞干扰的功率谱分布密度，或者增加通信方未受干扰的频谱百分比，所以为了提高抗快速跟踪干扰和宽带阻塞式干扰的能力，要求通信方尽可能地提高跳速和增加跳频带宽。

随着数字信号处理技术和大规模集成电路的发展，近年来，在短波和超短波通信中，采用高速宽带跳频技术已经有了较大的技术突破。这类产品的代表型号有美国 Hughes 公司设计和研制的高数据率抗干扰 HF2000 系统和美国 Lockheed Sanders 公司研究和开发的 CHESS 系统。

1990 年，电气和电子工程师协会（Institute of Electrical and Electronics Engineers，IEEE）报道了美国 Hughes 公司研制的 HF2000 系统。该系统采用宽带快速跳频技术，跳频带宽达 1.536MHz，跳速为 2560 跳/秒，可以在受到衰落和多径影响的天波信道上提供可靠的 2400b/s 的通信能力。利用跳频和差分移相键控（DPSK）技术，该系统把多径的影响减至最小，并且能对抗跟踪式干扰。

③ 短波通信自适应跳频技术。中低速跳频电台抗频率跟踪和宽带阻塞干扰的能力有限，高速跳频具有很强的抗跟踪干扰的能力，但跳速的提高受很多因素的限制，如用户信息速率、频率合成器换频时间、信道切换时间等。另外，提高跳速虽然能有效地抗频率跟踪干扰，却无法抗宽带阻塞干扰。为了进一步提高跳频通信抗频率跟踪干扰和宽带阻塞干扰的能力，可以采用自适应跳频技术。

常规跳频电台的跳频图案预置后，在通信过程中是不可改变的，当使用的频道已受到敌方干扰时，电台由于无法预知，仍将随机地往干扰频道上跳，使通信受到干扰。

跳频通信的干扰频率自适应是指跳频电台在每次通信前和工作过程中通过对信道质量分析，在预先给定的频率集中，及时感知（发现）被干扰的频率，自适应地改变跳频图案，避开干扰，以保证正在使用的频率表中的频率都有良好的传输质量。

在每次通信前对全频信道质量进行分析（干扰评估），选出好（干扰小）的频率作为跳频频率集，也称为空闲信道搜索（FCS），在通信过程中自动进行频谱分析，不断剔除“坏频率”，寻找“好的频率”，自适应地改变跳频图案。

干扰频率自适应跳频能有效地对抗宽带阻塞干扰，即使大部分频率被干扰，仍可保持通信，若再和宽带跳频结合起来，则大大提高抗干扰性能。但干扰频率自适应跳频的技术难度大，实现复杂，而且需要搜索较多的信道，因此时间开销大，特别是多部电台组网时操作过程复杂，确定频率的时间较长。

3.2.5 短波通信组网技术

近几年来，随着短波通信装备现代化程度的提高，以及指挥自动化系统的应用，军方对各军种和各作战单位之间的通信，特别是数据通信有了新的要求。短波作为一种长期以来军事上重要的战略战术通信手段，必须要有进一步的发展才能满足新形势下用户对通信的需求。因此，组网通信是短波通信的一个发展趋势。

短波网络在 20 世纪 90 年代得到快速发展，已趋于实用化。美军发展短波组网技术时特别强调互联互通及标准化，注重自适应短波无线通信系统组网等一系列关键技术的研究，其短波通信系统正朝着自适应、数字化、网络化、综合化和标准化方向发展。短波数据通信已从原来的点对点或一点对多点的传统通信方式，过渡到无线分组传输网络的通信方式。

1. 短波通信网的特点

与常规通信网络相比，短波通信使短波通信网络具有如下特点。

① 网络分布广域性。短波通信距离远使其网内节点分布范围广，利用地波或低电离层传播可进行几十千米到几百千米的近、中距离通信，而利用电离层高层则可实现上千至数千千米的通信。因此，其网络具有广域特点。

② 网络拓扑动态变化。由于短波信道的时变性，其通信链路可能随时发生变化，造成网络拓扑结构动态变化，且变化速度和方式难以准确预测。

③ 信道质量差。短波信道存在瑞利衰落、多普勒效应，同时短波频段频谱拥挤，互扰自扰严重，信道质量差。

④ 传输带宽有限。短波通信以 3kHz 单边带为主，组网时信道竞争、碰撞的存在使实际可用带宽更为有限。

⑤ 安全性面临挑战。短波传播信道的开放性使其很容易受到窃听、主动入侵、拒绝服务和信息假冒等方式的攻击，军事应用中，节点可能被占领，恶意攻击不仅来自网外，还可能从网内产生。因此，必须严格采用链路保护（LP）、信息加密及用户识别（UI）等措施。

2. 短波网络拓扑结构

短波网络可采用星型、自组织、分层自组织和准栅格型相结合的结构形式。根据组网的用途、规模和运行环境，网络拓扑结构有所不同。

（1）星形网

短波通信基本网络结构是星形网，如图 3-17 所示。

一个台站对多个台站的呼叫由于多个被呼台站的响应可能发生碰撞，采用 TDMA 方式可以使每个响应台站在预定时隙内发送响应信号，每个网络成员使用的时隙号和地址都预先分配，并告知网内所有网络成员。

（2）自组织网

短波自组织网拓扑结构如图 3-18 所示。网络中所有节点具有相同的发送信息、接收信息和转发信息的能力，所有节点在预定的通信区域内随机分布，并可随意移动，它们在网络运行过程中发挥相同的作用。

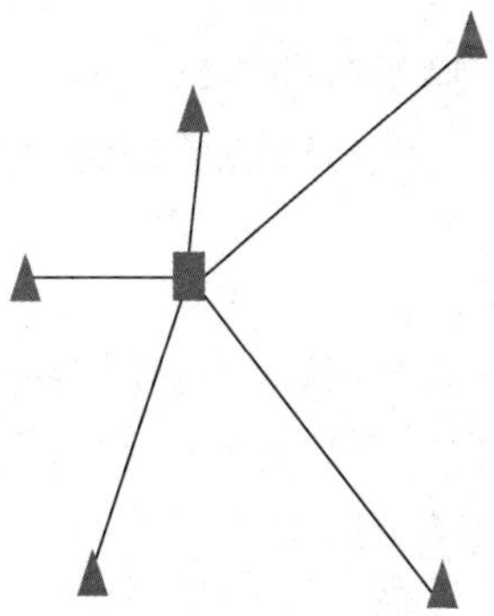

图 3-17　星形网拓扑结构

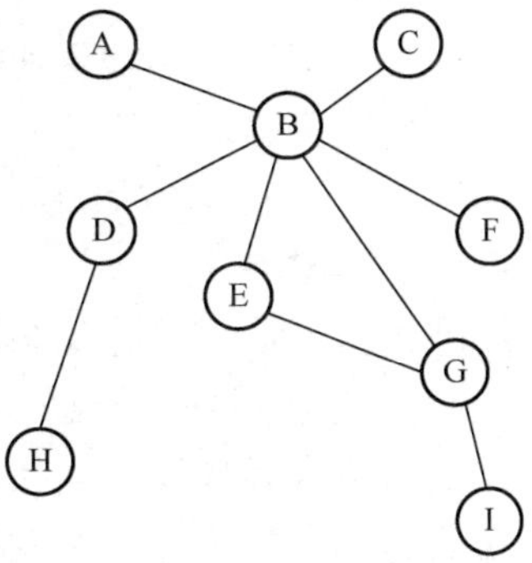

图 3-18　自组织网拓扑结构

（3）分层自组织网

分层自组织短波网拓扑结构如图 3-19 所示。

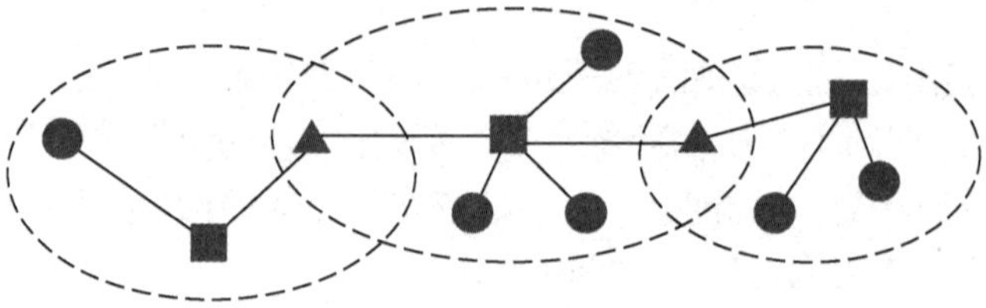

图 3-19　分层自组织网拓扑结构

网络中所有节点具有相同的功能，在预定通信区域内随机分布。将众多节点划分为若干个子群，多个子群互相链接以覆盖整个通信区。节点分为以下 3 种。

① 群首：控制整个子群。

② 网关：为相邻子群的群首间提供链路，用于子群之间的信息交换。

③ 节点：普通短波用户。

任何节点均可充当这 3 种节点，并可在动态组网过程中变更自己的身份。分群结构网络适用于覆盖面积较大、节点较多的场合。

随着网络拓扑结构的动态变化，各节点所存储的拓扑信息也必须不断更新，使网络适时调整其拓扑结构，以保证通信的连续性。

3. 第三代短波通信网

美军标准 MIL-STD-188-141B 的附录 D 定义了一种基于自动链路建立的第三代短波通信网，可以实现包括短波信道的异构网络下的网络路由功能。

在网络层中执行的主要任务是路由和链路选择、信息的存储与转发、自动信息交换（AME）和连通性交换，以及进行各种网络数据结构的维护与管理。

（1）路由选择

路由选择功能根据通信业务，通过查询路由表以确定传输所用的直接或间接的路径。路由选择功能支持各种直接或间接的呼叫和多种中继类型。

（2）链路选择

网络层向链路层请求建立、终止链接，并带有相应的链路层地址。链路层应根据链路质量选择本次使用的链路，并回应链路建立成功与否及被链接站的身份。

（3）信息存储与转发

信息存储与转发是为用户或传输层所提供信息传输服务的接口。网络层的存储与转发处理调用路由选择功能以决定数据传输的路由，然后通过自动信息交换处理来向 HF 链路发送信息。

（4）自动信息交换（AME）

自动信息交换是指自动从信息存储与转发处理中取得网络信息发送给一个指定的可以直接到达的节点（中继节点或目的节点）。当通过链路请求处理发现通往该节点的链路可用时，自动发送。当链路请求处理发现通往该节点的链路不可用时，可以拒绝该网络信息发送，返还给信息存储与转发处理轮流重发该信息，或者存储该信息直到通往该节点的链路可用。

（5）连通性交换

在 HF 通信网络中，每个节点无法直接获得许多节点的路由和信息，可以通过得到存储在直接可以通信的节点中的连通性信息获得其他节点的路由或信息。这种信息可以被共享并周期性升级。节点报告它们与其他节点的连通性信息（如链路质量矩阵等），称为连通性交换。节点还可以通过连通性交换请求答复哪一个节点与指定的节点有可用的路由，称为查询路由。另外，连通性交换还提供基础数据给网络选频算法为网络频率协商所用。

（6）传输路由选择

短波网路由算法选择改进型分布式路由算法。该算法是在各节点存储一个路由表，路由表的修正是依据各相邻节点交换的连通性信息及链路质量。节点根据收集到的网络连通性信息就可以计算出到达各目的节点的最小跳数路由。该算法的主要优点是能适应网络拓扑结构的动态变化，在节点移动或故障时仍能得到至目的节点的最短路由，可靠性高，分组的平均网络延时也较小；主要缺点是实现比较复杂，且当网络拓扑变化很快时，用于交换连通性的信息增多，影响网络吞吐量，降低网络资源利用率。该算法适用于拓扑变化较慢、延时小、可靠性要求高，但节点少、业务量不大的网络。

3.3　短波通信的发展趋势及军事应用

3.3.1　短波通信的发展趋势

1．智能化业务管理

可以根据通信业务需求、通信线路自动选择发射的方式和时机，在通信过程中不需要操作人员的干预，减少了对使用人员的技术要求。

2．宽带高速的多媒体业务需求

传统 3kHz 信道最高 2.4kb/s 的传输速率已经无法满足业务需求量大的场合，通信带宽扩展到 6kHz、12kHz、24kHz，通信速率最高扩展至 32kb/s 以上，已经成为一种迫切的需求，美军为此制定了 MIL-188-141C 标准。

3．有效的组网方式

短波通信由点对点通信过渡到网络通信模式，可以既设网络为骨干网，将各个短波移动节点接入网络构成一个高效的短波通信网，也可以脱离骨干网以移动节点构成单独的短波通信网。

4．频谱感知和快速链路建立

短波通信频段很窄，而短波电台数量极其庞大，要想获得质量很好的通信频率甚为不易。利用认知无线电思想，完成短波信道快速的频谱感知和链路建立，以获取良好的通信效果。

5. 综合抗干扰处理

短波通信信号暴露在空中，极易受到各种自然干扰和战时的人为有意干扰，利用数字信号处理技术、天线阵列技术，综合多种抗干扰措施完成通信。

3.3.2 短波通信的典型军事应用

1. 美海军的 HF-ITF 和 HF 舰/岸网络（HFSS）

20 世纪 80 年代初期，美国海军研究实验室（NRL）提出 HF-ITF 网络和 HF 舰/岸网络（HFSS），其中 HF-ITF 用于海军特遣部队内部军舰、飞机和潜艇间通信的 HF 通信实验系统。它工作于 2～30MHz，地波传播模式，扩频通信，其目的是为海军提供 50～1000km 的超视距通信手段，其特点是利用节点间分散的链接算法组织网络，使其能够适应短波网络拓扑的不断变化。HF-ITF 网络采用灵活的分布式自组织网络技术来提高抗毁和抗干扰性能。网络内部节点组成一组节点群，每个节点至少属于一个节点群，每群有一个充当本群控制器的群首节点，本群中所有节点在群首的通信范围之内。群首通过网关连接起来为群内其他节点提供与整个网络的通信能力。HFSS 网络是 HF 无线岸/舰远程通信网络，网络采用集中网控构造，由岸站和大量水面舰船节点构成，依靠天波传播模式，如图 3-20 所示。通常，HFSS 网络由岸站充当中心节点，所有网络业务需通过中心节点，中心节点根据自己的选择序列决定激活网络内部某一条双向链路。

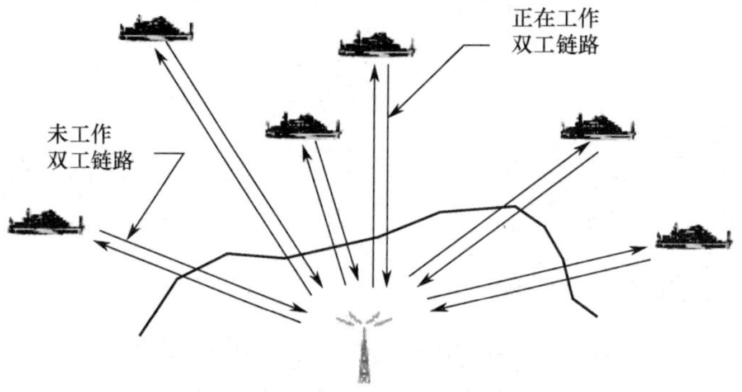

图 3-20　HFSS 无线网络构造

2. 澳大利亚的 LONGFISH 网络

澳大利亚于 20 世纪 90 年代中期开始实施短波通信系统现代化计划 MHFCS，该系统是澳大利亚第一个数字化短波通信网络系统，计划在 21 世纪初完成，试图为澳大利亚的战区军事指挥互联网 ADMI 提供远距离的移动通信手段，将澳大利亚现存的各种短波通信网络升级纳入 MHFCS 中。

LONGFISH 是澳大利亚防御科学与技术组织 DSTO 为实施 MHFCS 而研制的短波实验网络平台。LONGFISH 网络的许多设计概念来自 GSM 系统，其网络结构类似 GSM，网络是分层的，并且是多星状拓扑。网络由 4 个澳大利亚本土的基站和多个分布在岛屿、舰艇等处的移动站组成。基站之间用光缆或卫星宽带链路相连。自动网络管理系统将用共同的频率管理信息提供给所有基站，每个基站使用单独的频率组用于预先分组的移动站的通信，以便减小频率探测和网络访问所需的时间。联网功能由 IP 协议和基于用户数据报 UDP 的文件传输协议完成。LONGFISH 网络利用 TCP/IP 协议通过 HF 执行多种任务，可以发送 HF EMAIL，完成 FTP 和遥控终端，通过网络传送电视分辨率的图像，将计算机中的执行代码传送给移动站等。

本章小结

短波通信是历史最为悠久的无线通信方式，它具有许多独特的优点。本章从短波通信的发展历史开始，首先介绍了短波通信传播方式及其信道特点，接着紧紧围绕短波通信的特点，对短波通信系统中的自适应技术、数据传输技术及组网技术等关键技术进行了深入分析，最后就短波通信的军事应用及发展趋势进行展望。随着人们对短波通信的认识不断深入及技术的不断发展，短波通信质量和可靠性得到大大提高，使短波通信这种传统的通信方式，又重新获得广泛的应用前景，特别是在军事通信领域，成为不可替代的通信手段。

习　题

3-1　什么是短波通信？其传播方式有哪几种？对短波通信有影响的电离层有哪几层？它们的高度分别是多少？

3-2　短波通信信道的特点是什么？这些特点给短波通信系统的设计与实现带来了哪些影响？

3-3　短波通信为何要采用自适应技术？常用自适应技术有哪些？

3-4　为什么频率自适应是最重要的短波自适应技术？其关键技术有哪些？与 2G-ALE 相比，3G-ALE 采用了哪些技术，在哪些性能方面获得了提升？

3-5　影响短波信道高速数据传输的因素主要有哪些？提高数据传输速率的主要技术手段有哪些？

3-6　多音并行、单音串行及扩频数据传输技术的主要特点分别是什么？

3-7　短波通信网的特点有哪些？其常见网络拓扑结构有哪几种？

3-8　试分析外军短波通信应用的特点。

参 考 文 献

[1]　沈琪琪，朱德生. 短波通信. 西安：西安电子科技大学出版社，1995.

[2]　胡中豫. 现代短波通信. 北京：国防工业出版社，2003.

[3]　张冬辰. 军事通信-信息化战争的神经系统. 北京：国防工业出版社，2008.

[4]　张尔扬. 短波通信技术. 北京：国防工业出版社，2002.

[5]　MIL-STD-188-141B-1999,Interoperability and Performance Standards for Medium and High Frequency[s].

[6]　Herrick D L, Lee, P K. A new rcliable high speed HF radio. MILCOM96：684-690.

第 4 章　散射通信系统

无线电波在传播过程中除了会产生反射（短波通信）和绕射（地波通信），还会产生散射。利用这种通信方式，一些被高山、湖泊等障碍物分割数百千米的用户之间可以实现超视距通信。这一特点极适合军事应用，使得半个世纪以来散射通信成为军用通信的重要手段，并得到了长足的发展。散射通信具有单跳距离远、抗毁、抗干扰、抗截获、抗核爆能力强，并能跨越高山、海湾、沙漠、湖泊等复杂地形进行全天候可靠通信的特点，具有其他通信手段无法取代的地位与作用，因此一直受到国内外军方的高度重视，成为各国战略、战术及战区通信网中不可缺少的重要通信手段。

4.1　散射通信概述

散射通信是利用大气层中传输媒介的不均匀性对无线电波产生的散射作用实现超视距通信的一种方式。散射通信方式主要有对流层散射、电离层散射、流星余迹散射等，而最广泛使用的是对流层散射通信，因此通常情况下散射通信就是对流层散射通信。

4.1.1　散射通信的传播特性

1. 散射通信的传播机制

地球上空的大气层通常分为 5 层，如图 4-1 所示，从地球表面往上依次为对流层、平流层、中间层、电离层和外层。

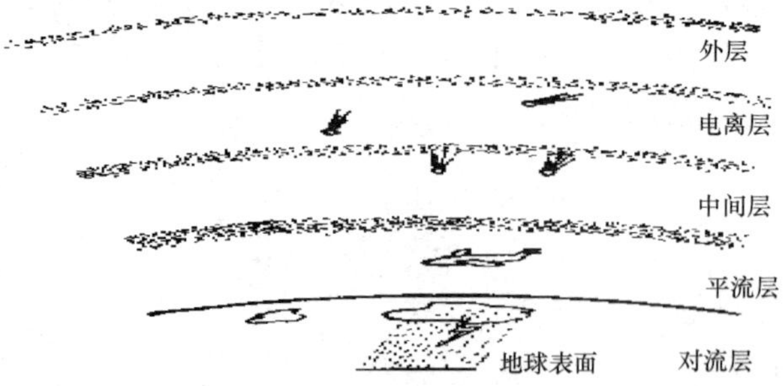

图 4-1　大气层结构示意图

对流层：位于大气层的底层，从地球表面开始向高空伸展。平均厚度约为 12km，其厚度在地球两极上空为 8km，在赤道上空为 17km，是大气层中最为稠密的一层，集中了约 75%的大气质量和 90%以上的水汽质量，温度随高度的增加而降低。

平流层：是距离地表约 10～50km 处的大气层，位于对流层之上，中间层之下，是地球大气层上热下冷的一层。

中间层：自平流层顶到距离地表 85km 之间的大气层。该层温度垂直递减率很大，对流运动强盛，中间层顶附近的温度约为 190K。

电离层：也称为暖层，位于中间层之上及外层之下，其顶部距地面约 800km。在该层中，由于空气受太阳短波辐射因此处于高度电离的状态。电离层由下而上可以分为 D 层、E 层、F1 层和 F2 层 4 个子层。

外层：也称为散逸层，距离地表 800km 至 2000～3000km，是地球的最外层。外层空气极为稀薄，其密度几乎与太空密度相同，温度随高度增加而略有增加。

用于表征对流层特性的基本参数有温度、湿度和压力。在太阳照射下，对流层几乎不吸热，主要靠地面间接加热。地面受热后，通过地面热辐射和空气的对流，使对流层自下而上地依次加热，正因为这样，对流层温度随高度增加而下降。对流层中的水汽靠地面上的水蒸发形成，因此其湿度也随高度增加而下降，而且下降速度较快。由于大气密度分布特点，大气压力也总是随高度增加而递减。这些是对流层的平均状态。

在对流层，由于各部分空气受热不均匀，存在着各种各样的运动。一方面，在地面对流层间接加热过程中，空气垂直移动；另一方面，由于地面各部分受热不均，会发生水平环流，这种垂直运动和水平环流即形成大气的各种过程，造成对流层的不同状态。

迄今为止，解释散射传播机制的理论大体有 3 种：不相干反射传播理论、相干反射传播理论及湍流散射传播理论。其中，湍流散射传播理论发展得比较完善，有较严密的大气湍流理论为基础，被人们所普遍接受。

散射通信如图 4-2 所示。假如有甲、乙两个站通过对流层进行散射通信，甲站发送天线方向图主波瓣与乙站天线方向图主波瓣，延伸至对流层交会截成的部分气体空间被称为公共“散射体”。这个公共“散射体”所在的对流层大气空间，对散射通信产生着实质影响。湍流理论认为，在对流层公共“散射体”中存在着大气的湍流运动。湍流运动是一种极不规则的气流运动，它使大气形成大量的旋涡。旋涡在不断地运动和变化，因此气体密度、尺寸与形状也在不断变化，而且与周围大气有所不同，与此相应的是介电常数和折射指数的不断变化，这种旋涡湍流团被称为“不均匀体”。在对流层公共“散射体”中，从甲站入射的无线电波会遇到成百上千个随机运动且尺寸不同的这种“不均匀体”，引起其中分子的电荷发生相对位移，从而感应出电流。在旋涡的尺寸与入射无线电波的波长可相比拟时，这些不均匀体就如同基本偶极子天线那样成为一个个的二次辐射体，将入射无线电波的能

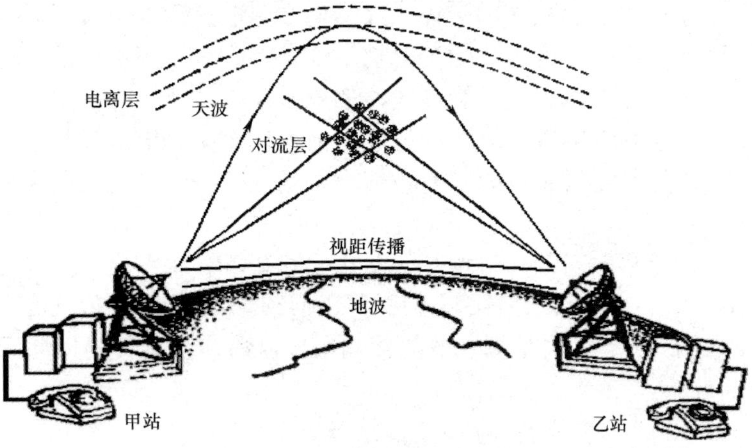

图 4-2　散射通信的示意图

量再次辐射出去，其中会有一部分能量射向乙站的接收天线，即每一个二次辐射体均对乙站接收点提供一个散射场强分量，这就是无线电波在对流层湍流不均匀体上的散射传播机制。

简言之，对流层散射通信就是利用对流层大气结构的不均匀性来进行散射传输的。其中，接收场强是收、发双方视平线上那部分双方都能“看见”（即有直达的无线电射线）的区域中所有不均匀体的再辐射分量的叠加，从而实现超视距通信的一种无线电通信方式。电离层散射通信的公共“散射体”位于电离层内，由于应用较少，不予详述。流星余迹散射通信则是利用电离层内存在的流星电离余迹反射或散射无线电波进行的通信，其机制和通信方式比较特殊，存在的时间比较短，传输信息实时性差，主要应用于非实时的短消息和报文通信，故也不再介绍。

2. 散射通信传输损耗分析

散射信号有两个主要特点：一是“弱”，这一点可以很容易地从大气中尘埃对探照灯光的散射作用想象出来。接收天线所捕捉到的信号能量只是散射信号能量的一部分，而散射信号的能量又是射向散射体电磁波能量中极微小的一部分，因此真正被接收天线所捕捉到的信号能量非常微弱。二是“变”，即这种信号很不稳定，总在做随机起伏的变化，即为衰落。衰落分为快衰落和慢衰落。其中快衰落一般是在以“秒”为单位的时间间隔内就会呈现出变化；而慢衰落，它的变化要以年、月、日或以小时为单位才能观测出来。

决定散射通信效果的因素主要有两个：一是传输损耗；二是干扰噪声。这两个因素都直接影响通信的一个关键指标，即信噪比（S/N）。其中，干扰噪声大小的分析，与短波或微波通信类似，在此不再过多介绍。

计算与估计传输损耗，对于建立任何通信线路来说都是首要任务之一，因为它直接影响着接收信噪比的大小，而接收信噪比是影响通信质量的关键指标。如果接收信噪比不满足规定要求，就必须修改设计，或是改变路由，缩短单跳距离或增大发射功率；或是增大天线尺寸提高天线增益；或是更改通信体制选用更复杂、更先进的要求低信噪比的体制。如果接收信噪比有富余，就可以延长通信距离、减小发射功率、缩小天线尺寸或采用更简单经济的通信体制。

下面重点分析散射传输过程中的各种损耗，以便进行通信链路设计，确保通信指标。

散射信道的传输损耗是很大的，且比任何无线电通信信道都大，因而散射接收信号非常微弱，其功率往往只能以皮瓦（10^{-12}W）计。但实际散射通信的发射功率是很大的，往往达数千瓦甚至百千瓦，那么这么大的发射功率都损耗到哪里了呢？这就是所要研究的散射传输损耗问题。这项工作希望能尽量在线路建成以前完成，因为线路一旦建成再进行更改，浪费就大了。对于对流层散射信道，虽然目前人们对某些造成损耗的真正原因从理论上还没有搞清楚，但是已经从大量的实验数据中总结出一些十分有用的经验公式，从而可以进行精确的计算。

图 4-3 所示为对流层散射的传输损耗示意图，这里的传输损耗主要包括自由空间传输损耗 L_f 、散射损耗 L_s 、天线低架损耗 L_T 、天线偏向损耗 L_a 、天线介质耦合损耗 L_c 和大气吸收损耗 L_A 等。其中， L_f 与 L_s 是最主要的传输损耗，称为基本传输损耗 L_b 。这样，传输损耗 L_D 可以表示为

$$L_D = L_f + L_s + L_T + L_a + L_c + L_A \quad (\text{dB}) \tag{4-1}$$

在式（4-1）中，散射通信中的自由空间传输损耗 L_f 和大气吸收损耗 L_A 与其他通信方式情况类似，因此以下只需关心散射通信的几个特殊损耗。

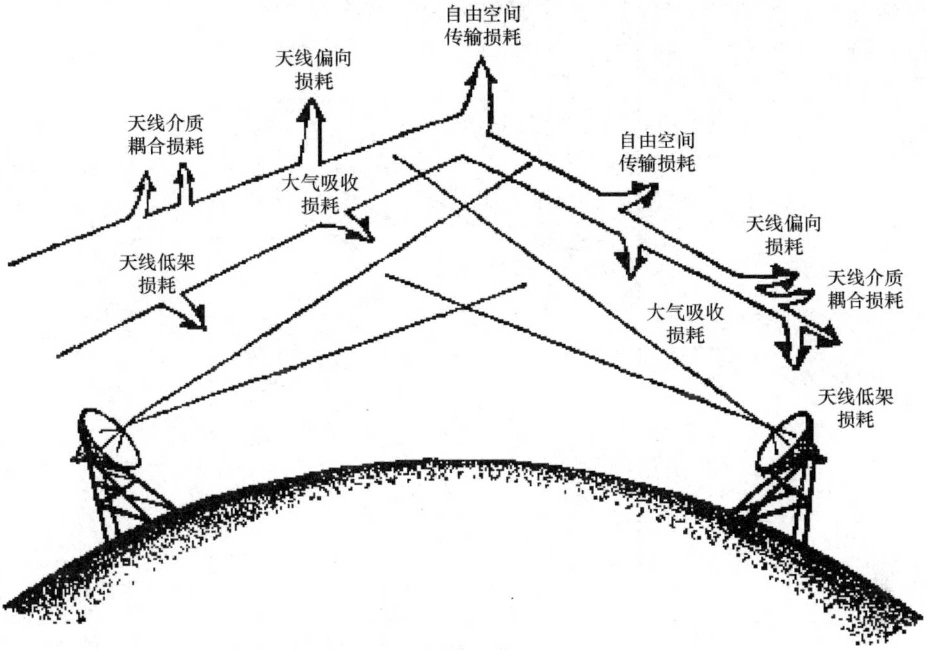

图 4-3　对流层散射通信链路中传输损耗示意图

（1）散射损耗 L_s

散射损耗是散射体未能把入射无线电波的能量全部再辐射出去而造成的损耗。目前由于对散射的真正物理机制还没有搞清楚，因此还没有找到计算的理论公式。但由实验发现，工作频率越高、通信距离越远、收发天线仰角越大，则散射损耗 L_s 就越大。据此，人们总结出了不少经验公式，其中目前常用的一个为

$$L_s = 21.0 + 10\lg f + 10(\theta_1 + \theta_2) + 6.741\times10^{-2} d - 0.2(N_s - 310)\ \text{(dB)} \tag{4-2}$$

式中，f 为工作频率，单位为 MHz；θ_1、θ_2 分别为收、发天线的仰角，单位为度；d 为传输距离，一般用地面通信距离代替，单位为 km；N_s 为公共体所处位置的大气折射系数。

自由空间传播损耗计算公式为

$$L_f = 32.4 + 20\lg d + 20\lg f\ \text{(dB)} \tag{4-3}$$

那么基本传输损耗 L_b 为

$$L_b = 43.4 + 30\lg f + 10(\theta_1 + \theta_2) + 6.741\times10^{-2} d + 20\lg d - 0.2(N_s - 310)\ \text{(dB)} \tag{4-4}$$

根据式（4-4），针对典型情况（N_s=323、平地设站等）可计算出基本传输损耗 L_b 随工作频率和通信距离而变化的曲线，如图 4-4 所示。

（2）天线低架损耗 L_T

顾名思义，天线低架损耗是由于天线架高不够高时所产生的损耗。当天线架得不够高时，地面反射波的影响就会严重，同时天线正前方的障碍物也会对电波传输造成影响，严重时每端会造成 3dB 的附加损耗。

当天线架高为 10m 时，对于 2GHz 工作频率，只要通信距离大于 150km 则每端天线的低架损耗就会小于 ldB，这个架高只相当于 10m 天线紧贴地面设置。可见散射通信对天线

架高要求不是很高。不过，若前方有障碍物时，还是要求将天线适当架高，否则由于障碍物的阻挡每端将会有 3 dB 左右的损耗。同样，若地面很粗糙、反射很严重时，天线也应适当架高，它与前方障碍物一样也可能造成每端 3dB 左右的损耗。

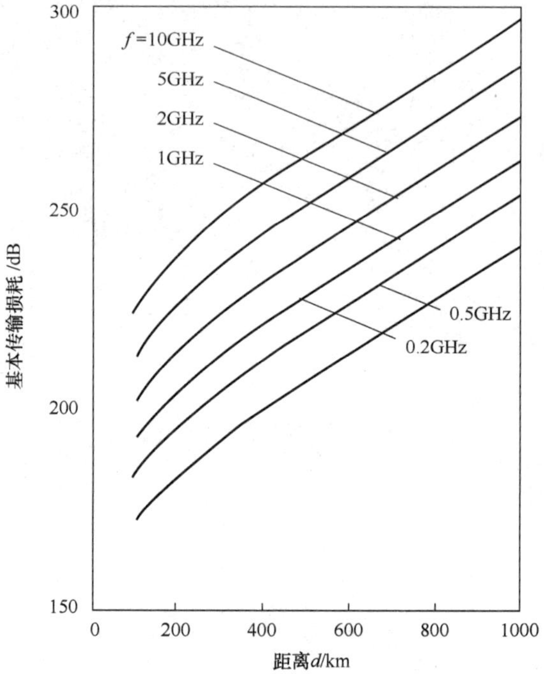

图 4-4　基本传输损耗随工作频率和通信距离变化曲线

（3）天线偏向损耗 L_a

天线偏向损耗是天线未指向最佳方向时所造成的损耗。在视距通信中，两天线波束的轴线应该位于同一条直线上。对于散射通信来说，固然两天线波束的轴线不可能在同一直线上，但就方位角来说，收发天线波束显然以相互对准为最佳。而就仰角来说，天线波束抬高以后，由式（4-2）可知散射损耗就会增大，若压得过低，则又会使一部分辐射能量被地球所遮挡，因此必须有一个最佳的天线仰角，偏离最佳仰角或方位角没有对准都会使接收信号功率减弱。显然，天线偏向损耗是可以通过仔细调整天线的办法来减少的。根据实验资料，在对流层散射通信中，天线偏向损耗一般没有视距微波通信时那么严重。

（4）天线介质耦合损耗 L_c

散射通信的实践发现，把平面波增益高于 30dB 的天线用于对流层散射通信时，其实际增益要比用于视距通信时低。天线增益降低也就相当于产生了损耗，这种损耗定义为天线介质耦合损耗。

如果作用在天线口面内的电磁波是平面波，那么在天线口面内电磁波的相位就处处相同，同相叠加后的合成场强一定最大，因此平面波增益是天线所能达到的最大增益。但是，如果作用在天线口面内的电磁波不是平面波。也就是说，如果电磁波的相位在天线口面内不是处处相同，那么合成场强一定会减小，天线的增益就要下降，人们通常所说的天线增益基本上指的是平面波增益。在视距通信时，天线的平面波增益是可以体现出来的，但是在散射通信时天线的平面波增益就发挥不出来了，这是因为产生了天线介质耦合损耗，天线的口径越大，平面波增益越大，这种损耗就越大。其原因目前大体上有 3 种解释。

① 第一种观点认为当天线的增益即天线的波束足够窄以后，收发天线所共同“望见”的公共体积必然减小。而接收信号功率是与公共体的体积成一定正比例关系，正是由于公共体体积的减小，才使得天线的平面波增益不能够充分发挥出来。

② 第二种观点认为由不同散射体再辐射的无线电波基本上是相互独立的，而各个散射体又不停地在做随机运动，这就使得到达天线口面的电磁波的相位在口面内是独立的，且随机分布，这样合成的总场强当然不会如同相的平面波那样，天线的实际增益就下降了。这相当于把天线波束进行了一定程度的展开，天线方向由此变得不尖锐了，其增益自然也就下降了。

③ 第三种观点认为在对流层散射传输时，无线电波是从不同的方向到达接收天线的，这显然不如自由空间传输时，电磁波仅从最佳方向到达那样有利，这就意味着要使天线增益降低。

国际无线电咨询委员会（CCIR）（现为 ITU-R）在其 1974 年的文件中提出了一个计算天线介质耦合损耗的经验公式：

$$L_c = 7\times10^{-2}\cdot e^{.5.5\times10^{-2}}(G_t+G_r)\ (\mathrm{dB}) \quad (4\text{-}5)$$

式中，G_t、G_r分别表示收发天线的平面波增益，单位为分贝（dB）；适用条件为通信距离 150～500km，G_t、G_r均不高于 50dB。显然，由式（4-5）可知，天线的平面波增益越高，其介质耦合损耗就越大。

4.1.2 散射通信的主要特点

对流层散射与超短波、微波超视距传输相似。一方面，超短波、微波无线电信号超视距传输既不能通过电离层反射，也不能沿地球表面绕射，而只能靠对流层散射；另一方面，对流层散射传输只能对超短波、微波等超视距传输起主导作用，而对其他波段的散射能力却十分微弱。在实用上，对流层散射系统常用频段为 100MHz～15GHz。对流层散射容许的传输带宽为数百千赫兹至几兆赫兹，可以传送语音、数据、电视等信号。对流层散射系统的传输可靠度可达到 99.9%～99.99%。

对流层散射通信的主要优点如下。

① 单跳通信距离远。这是对流层散射通信的突出特点。当散射体离地面高度为 10km 时，只要信号能量足够强，其传输距离可达 700km 以上。综合考虑设备体积、重量和成本等因素，对流层散射通信的单跳通信距离通常为 100～500km。

② 可用的无线频段宽。卫星通信出现之前，被广泛利用的几种超视距通信手段如中长波通信、短波电离层反射通信，以及流星余迹通信等都有一个严重的问题，即只能在某一特定的低频段才可用，一旦用户过多或本地电磁环境被“污染”（或干扰）便无任何切换频段的可能。对流层散射通信是宽谱通信手段，所谓宽谱，一是信道宽谱存在，二是设备宽谱实用。就目前的技术水平而言，从上百兆赫兹到 Ka 波段散射通信完全有可能加以利用，实用装备也已经覆盖了 5～15GHz 频段。如果不是频谱过于拥挤，原来使用的几百兆赫兹到 C 频段以下频谱仍是散射通信优选频段，这一点对于目前绝大部分无线通信方式都是不太可能的。

③ 通信容量大。作为中远距离无线通信方式，散射通信的容量要比短波、超短波通信

大得多。这主要是由于散射信道的相关带宽很宽，在 C 频段 200km 的距离上相关带宽可达几兆赫兹，因此允许很高的传信率；如果相关带宽很窄（如短波通信），就要采用非常复杂的信道均衡措施才能消除严重的码间串扰。最近 10 年间，散射通信的速率已经达到 20Mb/s 以上，目前国际上最先进的调制器已经能支持 100Mb/s 的传信率。

④ 抗干扰、抗截获能力强。散射通信抗干扰、抗截获能力强的主要原因有两个：一是散射通信天线波束窄，通常波束宽度只有 2°左右，且平行于地面发射，即只能在很小的覆盖地域宽度内才能接收到散射信号。例如，当通信距离为 l00km、天线波束角为 2°时，偏离接收站（最佳接收点）2km 以外就很难进行有效的干扰和截获了；二是散射通信通常都要采用多重频率分集接收、抗瞄准干扰和宽带信号处理等技术，使得散射通信变得既难以被监听，又很难被干扰。

⑤ 抗核爆炸能力强。散射传输基本上不受雷电、极光、磁暴、太阳黑子和核爆炸的影响，在核爆炸后能够很快恢复正常通信。

⑥ “越障”能力强。散射通信具有“越障”能力，特别适合于跨越海湾、沙漠、群山、湖泊和沼泽等天然屏障。散射可以跨越 1700m 的高山、300km 的海域进行可靠通信。

⑦ 抗毁能力强。散射天线尺寸虽大，却不像微波接力通信那样要求高架天线，甚至可以架设在地面上，因而天线易于伪装隐蔽。另外，散射通信在几百千米内无须中继，从而使设备受到破坏的可能性大大降低。

对流层散射的主要缺点如下。

① 传输损耗较大。为了补偿大的传输损耗，通常需要采用大功率发射机、大天线和高灵敏度接收机。

② 衰落较严重。为了减轻衰落，还需附加设备进行分集接收，因此对流层散射系统的原始投资一般就会比较高。

4.2 散射通信系统的组成及关键技术

4.2.1 散射通信系统的组成

典型散射通信系统组成框图如图 4-5 所示，它包括天线、功率放大器（低噪声放大器）、上（下）变频器、调制（解调）器、基带处理器与用户终端机几个主要部分。

散射通信系统发信时，各种用户信号就通过用户终端机进行变换、合路，形成群信号，经基带处理、调制、变频、功率放大，变换成适用于对流层散射信道传输的信号形式，然后由天线向对流层发射。收信时，空间分集的两副接收天线接收经不同路径散射来的信号，经分集接收机中的两部接收机分别放大和变频。当两副分集接收天线的距离为工作波长的 100 倍时，分集接收机将接收到两路不相关的同一信道的信号。信道终端机将这两路信号合并，就能达到抗衰落的目的。为提高抗衰落的效果，可组合运用各种分集技术来提高分集重数。解调后信号再经基带逆处理，由用户终端机分离出各种信号，传输给有关用户。

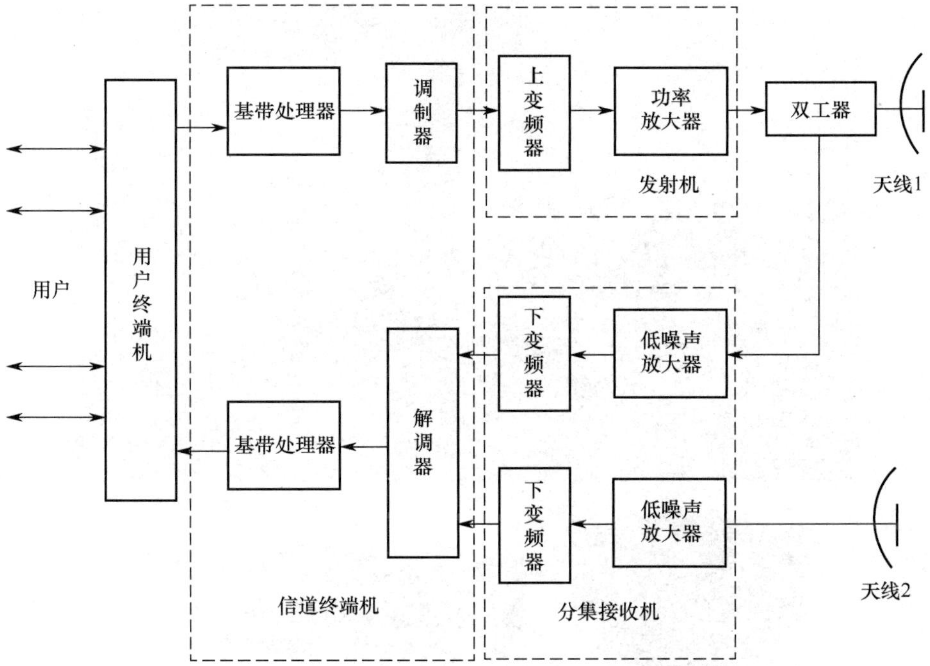

图 4-5　典型散射通信系统组成框图

4.2.2　典型散射通信设备

对流层散射通信被公认是中远程链路通信中的一种低成本、高效益的通信手段。通过安装散射通信系统，用户可以避免大部分用于卫星和光缆的重复性投入成本，实现超视距传输。并且散射通信在海上应用时，传播特性会显著优于陆地散射通信特性。美国海军已将对流层散射通信视为解决岛屿通信最有效的手段而大量应用，美国 Comtech 公司研制的 DTR91 系列散射通信设备就是其中的典型。

美国 Comtech 公司研制的 DTR91 散射通信设备广泛用于美国、英国、澳大利亚、远东地区的 200～300km 的海军岛屿间通信及岛屿对岸通信中。DTR91 系列散射通信设备采用先进的自适应均衡技术，具有良好的自适应抗符号间干扰能力。采用 4 重分集接收技术，并利用自适应均衡器提供的隐分集增益，具有良好的抗衰落性能，其主要技术指标如下。

① 工作频率：1700～2400MHz，4400～5000MHz。

② 传输速率：可达 8Mb/s。

③ 调制解调方式：QPSK 调制，自适应判决反馈均衡，相干检测。

④ 分集重数：4 重显分集/隐分集。

⑤ 误码性能：1×10^{-4}～1×10^{-8}。

⑥ 发射功率：1～2000W。

该系统利用两部收发信机、两副天线构成 4 重空间分集，同时在一定的多径展宽范围内，利用自适应均衡器可产生近似于两重的隐分集效果，从而使总的分集重数达到 8 重，使系统具有良好的抗衰落性能，DTR91 可搬移站及相关单元实物，如图 4-6 所示。

图 4-6　DTR91 可搬移站及相关单元实物图

4.2.3　散射通信关键技术

目前，为了克服散射信道存在的衰落，国内外研究了许多新技术，使对流层散射通信在军事上得到大量应用，如自适应均衡技术、差错控制技术、分集接收技术、设备小型化技术、组网应用技术、天线快速对准技术和组网技术等。

1. 信道传输技术

与短波的天波通信相似，散射信道也是一个时变信道，同样也需要分集技术提高接收信噪比，应用自适应均衡、多进制调制等技术来降低码间串扰以提高传输速率。

（1）自适应均衡技术

在高速数据传输的情况下，对流层散射通信最主要的特点就是接收信号中出现严重的符号间干扰。自适应均衡技术采用其加权系数自适应于信道状态的抽头延迟线滤波器对接收信号进行动态均衡，使扩散信号的主要分量在正确的时刻到达。因此，该技术能够收集多径能量并补偿由多径传输引起的失真，达到对抗码间干扰的目的。

自适应均衡器的结构可以是 IIR 型结构，也可以是 FIR 型结构。但在实际应用中，一般都采用 FIR 型。其主要原因是 FIR 结构的自适应技术实现更容易，其加权系数的修正就调节了均衡器的性能，同时还可以保证其稳定性。对于 IIR 型均衡器则存在不稳定性问题，当进行自适应处理过程中出现极点移出单位圆之外时，会使均衡器产生不稳定。

按照均衡器的输出被用于反馈控制上的方法不同，可以将均衡技术分为两类：线性均衡和非线性均衡。使用均衡器的通信系统结构如图 4-7 所示，通常，模拟信号经过接收机中的判决器，然后由判决器进行限幅或阈值操作，并决定信号的数字逻辑值 $y(t)$ 。如果 $y(t)$

未被应用于均衡器的反馈逻辑中，那么均衡器是线性的。实现均衡的滤波器结构有许多种，而且每种结构在实现时又有许多种算法。图 4-8 所示为按均衡器所用的类型、结构和算法的不同，对常用的均衡技术进行分类的结果。

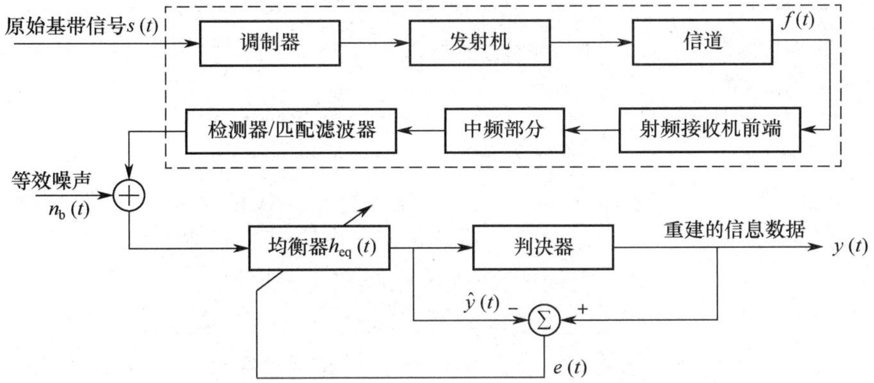

图 4-7　使用均衡器的通信系统结构框图

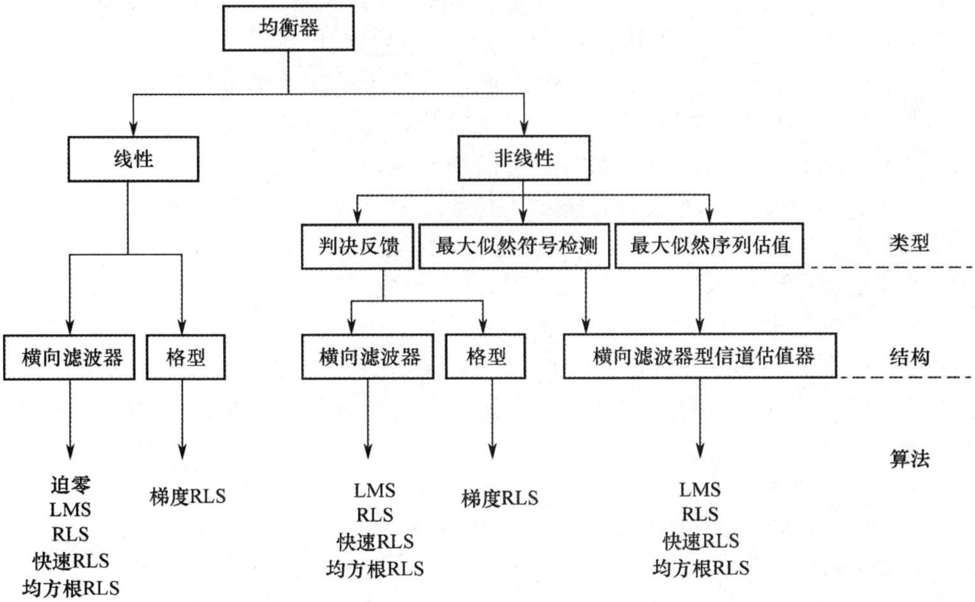

图 4-8　均衡器分类

基于最小均方和递归最小二乘算法的均衡算法有很多种，表 4-1 列出了各种算法所需的计算量及其优缺点。应当注意，递归最小二乘算法的收敛速度和跟踪性能要大大优于最小均方算法。但是，通常这些递归算法最小二乘算法所需的运算量较大，且程序结构复杂。此外，一些递归最小二乘算法容易出现不稳定的情况。

表 4-1　各种自适应均衡算法的比较

算法	乘法次数	优点	缺点
LMS 梯度 DFE	$2N+1$	运算复杂度低，编程简单	收敛慢，跟踪能力差
Kalman RLS	$2.5N^2+4.5$	快速收敛，良好的跟踪能力	运算复杂度高
FTF	$7N+14$	快速收敛，良好的跟踪能力，运算复杂度低	编程复杂，不稳定（但可用补偿方法）

（续表）

算法	乘法次数	优点	缺点
梯度格型算法	$13N-8$	稳定，运算复杂度低	性能没有其他 RLS 算法好，编程复杂
梯度格型 DFE	$13N_1+33N_2-36$	运算复杂度低	编程复杂
快速 Kalman DFE	$20N+5$	可被用于 DFE，快速收敛，良好的跟踪能力	编程复杂，运算量大，不稳定
平方根	$1.5N^2+6.5N$	数值特性更好	运算复杂度高

在众多 RLS 算法中，快速横向滤波器（FTF）算法所需的运算量是最小的，而且它可以利用一个补偿变量来避免不稳定现象的发生，但是对于动态范围大的移动无线信道而言，这种补偿变量还是有些不稳定，因而 FTF 算法并未广泛采用。

自适应均衡技术主要包括变参信道的自适应均衡、失真自适应接收技术等。采用自适应均衡技术，消除码间干扰，可以提高传输码速，因而在不增加设备量的前提下，相当于额外取得频率隐分集增益，克服散射信道频率选择性衰落。同时，可对敌方电子干扰提供干扰保护，提高系统对各种电子干扰威胁的适应能力。美军在海湾战争中使用的 AN/TRC-170 散射通信设备就采用了失真自适应接收技术。

根据自适应均衡技术的原理及其在散射通信设备中的应用情况可以看出，将自适应均衡技术，特别是判决反馈均衡技术应用于对流层散射通信设备中可以有效地消除符号间干扰对系统性能检测的影响，此项技术的应用已趋于成熟。随着各类大规模可编程逻辑器件的面世，器件的集成度已达到惊人的程度，并且还在飞速发展，随之而来的是数字信号处理技术的飞跃发展，这些都为自适应均衡技术在散射通信中的应用提供了极为有利的条件，大大降低了其复杂程度。

（2）分集接收技术

分集接收就是利用不同路径、不同频率、不同角度、不同时间和不同极化等方式去承载同一信息的信号，并将接收到的同一信息的各个信号分量按照某种方法予以合并的一种信息处理技术。

分集接收技术有以下两种。

① 显分集，指利用多个分集支路信号来获得分集增益的方式。显分集的效果明显，但需要增加设备和技术复杂程度。

② 隐分集，指通过对散射信号形式和检测方式的巧妙设计，在不额外增加设备的情况下来获取分集效果的一种分集方式，如分离多径和失真自适应接收均属于隐分集方式。实现隐分集的前提条件是信号带宽大于信道相关带宽。

目前，常用的显分集接收技术有频率分集、空间分集和混合分集 3 种。这 3 种技术都假设多个射频信号在传输过程中不可能同时发生衰落。

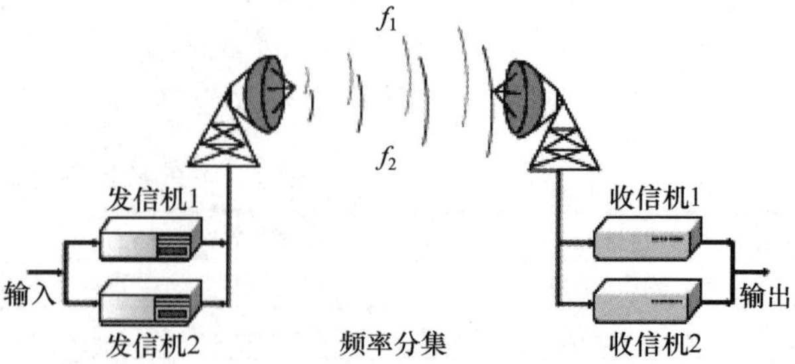

图 4-9 频率分集

频率分集是在发信端将一个信号利用两个间隔较大的发信频率同时发射，在收信端同时接收这两个射频信号后合成，如图 4-9 所示。由于工作频率不同，电磁波之间的相关性极小，各电磁波的衰落概率也不同。频率分集抗频率选择性衰落特别有效，但付出的代价是成倍地增加了收发信机，且需成倍地多占用频带，降低了频谱利用率。

空间分集分为空间分集发送和空间分集接收两个系统，本书以空间分集接收为例说明这种技术。空间分集接收是在接收端利用空间位置相距足够远的两副天线，同时接收同一个发射天线发出的信号，如图 4-10 所示。因为电磁波到达高度差为 Δh 的两副天线的行程差不同，所以某一副天线收到的信号发生衰落时，另一副天线收到的信号不一定也衰落，当 Δh 足够大时（$\Delta h \gg 10\lambda$，λ 为入射波波长），则两路收信号差别较大，对几乎所有深衰落都不相关。两路收信号经时延、相位或幅度调整后，将按一定的规则进行合成，以减少电波衰落的影响，同时可以提高收信电平。空间分集需要增加收信机，其频谱利用率比频率分集高。

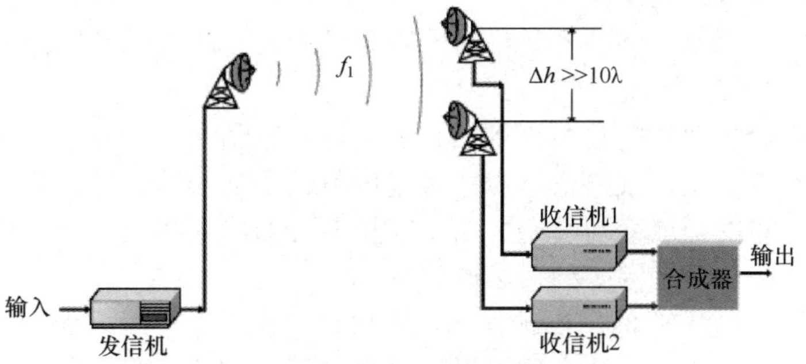

图 4-10　空间分集

混合分集是将频率分集与空间分集结合，以保持两种分集的优点。

分集信号合成的方法有以下 3 种。

a. 优选开关法。该方法由电子开关切换。开关切换既可在中频进行，也可在解调后的基带上进行，该方法电路简单。

b. 线性合成法。该方法将两路信号经校相后线性相加。这一过程通常在中频上进行，电路比较复杂。当两路信号衰落都不太严重时，该方法对改善信噪比很有利；当某路信号发生深衰落时，其合成效果不如优选开关法。

c. 非线性合成法。该方法是前面两种方法的综合，即当两路信号衰落都不太严重时，采用线性合成法；当某路信号发生深衰落时，则采用优选开关法。

在 20 世纪 80 年代前，国内外采用的分集大都是显分集，显分集的采用使设备的复杂度和造价显著增加。20 世纪 80 年代后，隐分集技术相继出现，不增加或很少增加投资成本也可以获得更高的分集效果成为可能。显、隐结合的分集技术是一种分集的优化组合，现已广泛为世界各国所采用。例如，在俄罗斯的 P-423-1 型散射机中就同时采用了显分集和分离多径隐分集技术；美国的 AN/TRC-170 采用了失真自适应隐分集加显分集技术，在隐分集的基础上再采用 4 重空间、2 重带内频率显分集，可获得 8 重以上的等效分集效果。实验表明，8 重以上分集接收的散射信道传播性能已接近于恒参信道性能。

（3）调制解调技术

调制解调器是散射通信系统的核心部分，它的性能如何直接关系到散射通信系统整体性能的高低，因此各国都非常重视对散射通信调制解调技术的研究与开发，俄罗斯和美国的散射通信调制解调技术均处于世界领先水平。例如，美国在 AN/TRC-170 散射通信设备中采用了先进的失真自适应调制解调技术，可以在一定程度上消除对流层散射信道多径传输的影响。在其 8Mb/s 散射设备中，采用了自适应均衡技术，较好地解决了大容量散射通信的码间干扰。

随着通信技术的发展，调制解调的技术手段也在不断变化和更新，由过去简单的调频、调相和调幅发展到现在的多载波、多相位、多幅度，甚至频率、相位、幅度等各种调制方式相互交叉的调制解调体制。调制解调的手段也由模拟调制解调发展为全数字调制解调。

在散射通信系统中，由于散射信道存在多径效应的影响，在恒参信道条件下应用较好的普通调制解调体制不再适用，时间门保护、失真自适应接收（DAR）、扩频匹配或分离多径（RAKE）相关接收、角度空间频率或极化分集信号发射接收、自适应均衡及信号时域成形等，是散射通信系统中比较常用的技术。采用以上技术措施，可以在散射通信中实现抗多径、抗衰落和抗干扰功能。

大容量、多速率调制解调技术是目前国内外备受关注的散射通信技术。

① 大容量散射调制解调技术。

码间干扰是大容量散射传输所遇到的首要问题。在信号的接收端必须采取有效措施来消除码间干扰的影响。由于散射信道对大容量散射信号的影响，使比特同步提取、载波同步提取及帧同步信息的提取变得复杂。为了对抗多径效应对接收信号检测的影响，可以采用消极抗多径和积极抗多径等多种技术措施。

a. 消极抗多径方式有时间门保护技术，它通过留出一定的时间保护间隔，来减少由于多径时延展宽而引起的码间干扰，同时通过失真自适应积分接收技术，可以收集到一定的多径能量。时间门保护实际上是对信号的时域压缩，伴随的问题是符号信噪比损失和频谱利用率的降低。

b. 积极抗多径方式有扩频匹配接收或 RAKE 相关接收和自适应均衡等，以上方式均可在不同程度上消除码间干扰的影响。对于中等速率信号而言，通过匹配滤波或 RAKE 相关接收在时间域上分离出主径信号和多径信号，然后通过积分收集符号内多径能量，从而可在一定程度上消除码间干扰。对于较高的传输速率，由于多径会造成时域粘连，给符号区分和比特同步提取等带来一系列问题，通常采用自适应均衡技术来消除多径的影响。

大容量调制解调器的另一项关键技术是比特同步技术。大容量调制解调器的比特同步方案有多种，通常采用中间抽头跟踪算法的同步方案。中间抽头跟踪算法是利用均衡器系数的空间分布将接收端时钟频率锁定到发射端时钟频率上的一种定时恢复算法。实际上，发、收双方时钟频差通常在小于 10^{-3} 的量级上，只有经过多个符号间隔后才会出现明显的定时飘移。在这种条件下，定时恢复问题可以看作是调整定时相位的问题。该算法就是通过观察均衡器的抽头加权系数的分布，利用闭环方式将接收机定时频率锁到发送端时钟上。

② 多速率散射调制解调技术。

多速率散射调制解调器可以兼容的信息速率为 64～2048kb/s，甚至更宽范围内的多种速率。这种设备可以依据不同的通信距离、不同的信道质量，改变不同的信息速率，保证在不同条件下实现语音与数据的可靠通信。该调制解调器可将发送端不同速率的业务码流通过辅助复接器复接到信道速率，通过调制器实现基带信号到中频信号的转换，然后将该信号送给发信机，完成信号发送的功能；在接收端，解调器完成信号的检测，恢复调制前的码流，通过辅助分接完成多种速率的语音或数据业务的恢复。

调制信号的时域特征对系统的功率利用率、频谱利用率及抗多径能力起着举足轻重的作用。为增强系统的分集效果，增加分集通道，多速率调制器在不同速率条件下将采用不同的调制方式，尽量使系统的功率利用率、频谱利用率、时间保护间隔、分集能力等达到最佳的组合效果。

对于低速率调制信号，可采用带内二频、半占空 BPSK 调制信号。带内二频方波调制使信号在时域上保证恒定包络，可以提高系统的功率利用率。对于中速或较高容量调制信号，可采用带内二频交叠，3/4 占空余弦包络 BPSK 或 QPSK 调制信号。由于它具有多径保护间隔和窄的信号带宽，因此可使接收信号尽可能少地受到频率选择性衰落的影响。

为了提高系统的抗干扰、抗侦收能力，对散射调制信号也可以采用扩频的方式，线性调频便是一种扩频信号。理想的线性调频信号是一种包络恒定信号，其信号峰值功率与信号平均功率相等，从而可使功率放大器的功率输出能力得到充分发挥。线性调频信号具有良好的自相关特性，线性调频信号经过匹配滤波器后，由恒幅信号变成了窄脉冲信号，信号能量大部分集中到了峰值点附近，在其他时刻输出幅度很小，从而大大减小了未匹配前的码间干扰程度。另外，线性调频信号有趋于矩形包络的宽频谱，因此能够形成带内频率隐分集。线性调频信号的这些优点使其很适合在中、低速率散射通信中使用。

2. 设备小型化技术

对流层散射通信对地形、地貌要求比较苛刻，在被地球曲率阻挡的地方，收到信号的强度为 $U \approx K/[\sin(\theta /2)]^5$ ，其中，K 是地区、季节决定的常数，θ是接收站天线方向与发出站天线方向的夹角。信号强度 U 与$[\sin(\theta/2)]^5$ 成反比，显然，在距离一定时，接收站在电波传播地面方位上θ最小，随着θ增大，所接收到的场强会迅速减少。如果作战地域属于山区、丘陵，散射通信的开通就存在一定的困难，但是采用模块化技术、小型化技术、抗震加固技术，以及在天线可拆卸和设备携带方面采取相应措施，采用车载机动和小型便携可搬移上山相结合，也可较好地解决“山中通”的需求，图 4-11 所示为某轻便散射通信设备图。

图 4-11　某轻便散射通信设备图

3. 组网应用技术

对流层散射通信方向性比较强，在应用上基本上属于点对点通信。但可根据能承受的性能价格比，适当增减设备数量，以群路交换为中心，以采用小型化技术、换频技术、复分接技术和群路远传技术的传输设备作为引接手段，通过散射单跳、双跳、多跳转接可以有效地组成环形网、星形网和网状网，完成大跨距、大范围的远距离通信，满足各种固定/机动通信网的需求。

4. 天线快速对准技术

在机动作战指挥中，通信系统的建立时间是一个非常重要的指标。建立时间越短则系统反应时间就越快。因此，降低建立时间是散射通信能否发挥作战性能的关键。由于散射通信系统通信的特殊性，各国均在机动车载系统上大量采用天线快速对准技术。通过自动捕获站址经纬度、当地磁偏角，采用闭环锁定和跟踪捕获技术，能根据接收信号电平值自动完成“粗对准”和“精对准”。目前，国内采用 8 重分集的 8GHz 最新散射通信系统，天线从收藏到展开状态，再到对准和信号最大捕获，用时小于 8min，达到国际领先水平。

5. 自适应抗截获技术

对于无线通信，发射功率越大，被敌方截获的概率就越高。散射发射机的最大输出功率是按年中值电平最低的情况下仍能保障正常通信而设计的，然而在大部分时间内或在传输条件较好的地带，往往不需要开足功率。在发射机中采用功率自适应调整（自适应调整范围通常在 60dB 以上），可以大大减少敌方对电波截获的概率。此外，还要采用频率控制、数据的猝发传输控制，以及低截获概率的信号调制和智能天线等低截获概率技术。

6. 抗干扰和应急通信技术

低截获概率通常被认为是发射机的一种固有特性，而抗干扰性能则主要与接收机有关。抗干扰最常用的技术是扩频，信号经扩频后，信号的能量被扩展到一个相对宽的频带中，功率谱密度很低，甚至被淹没在噪声及复杂的背景环境之中。典型的扩频技术包含直接序列扩频、跳频、跳时 3 种，或者这几种方式的结合。外军散射通信设备采用抗干扰措施的例子，如美国 AN/TRC-170 移动散射机在低速工作时，采用直扩方式来提高抗干扰能力；俄罗斯的 P-423-1 中采用了线性调频的扩频信号形式和窄带干扰抵消技术来对抗宽频谱干扰和窄带瞄准干扰；美国雷声公司研制的 15GHz 轻便型战术散射通信系统中综合采用了窄波束、自适应调零天线、跳频、编码和交织等多种抗干扰措施。具有多种抗干扰措施的小容量远程散射通信还是一种应急通信手段。例如，传输速率为 2.4Kb/s 的窄带散射通信系统，其单跳通信距离可达 400 多千米，三跳接力可达 1200 多千米，在紧急情况下能传输最低限度情报和指挥控制命令。

7. 点对多点散射通信技术

点对多点散射通信由基站和外围站组成，是散射通信的一种新应用方式，具有以下业务功能。

① 能够完成基站到外围站的语音通信和数据通信。

② 能够完成外围站之间的语音通信和数据通信。

③ 基站能对外围站进行入网注册和退网注销管理。

④ 外围站能将所在地理位置的信息上报基站并显示。

⑤ 基站能对系统内设备的工作状态进行监测。

可见，相对于点对点通信方式，点对多点通信方式还存在以下关键技术。

① 大范围点对多点通信系统的多址技术。由于远近效应（0～300km）非常大，必须有针对性地进行设计和选择。

② 衰落信道功率控制技术。除了远近效应需要大范围的功率控制，由于衰落信道影响对功率、误码等信道质量参数检测的误差增大，使功率控制的基准难以把握。

③ 多个站的频率复用技术。为了保证覆盖区最远或边缘地方的传输可靠度，必须采用大功率的发射机，这样必然出现各通信带之间相互干扰，因此必须采用频率复用技术。由于外围站的越区使用必须保证其在所有频率上均能工作，因此其技术在实现上存在一定难度。

④ 多个用户和多个共用信道的管理，这需要相应的信令系统技术支撑。

⑤ 实现不对称分集散射通信技术。目前，散射通信一般为点对点的对称分集通信，通信双方的发射机数目、接收通道数目、天线个数、天线口径完全相同，双方的信号处理方式、获得的分集效果也完全相同。而进行点对多点散射通信时，外围站通常只能有一面天线，且天线口径不能很大，而基站为了达到足够的空间分集效果，保证分集质量，需要安装多面大口径天线，从而形成不对称分集应用。对于只有一面天线、一个接收通道的不对称分集接收端，如何选择具有隐分集效果的信号形式，需要认真研究。

4.3　散射通信的军事应用及发展趋势

4.3.1　散射通信的军事应用

对流层散射通信在军事上的应用已有 40 多年，其更是被誉为现代战场的“机动兵”。在众多军事通信手段中，唯有大气层通信在任何时候都不怕敌方摧毁，因为按照目前人类掌握的技术来看，还没有哪一个国家能将大气层摧毁。因此，大气层通信技术在现代军事通信中有着十分重要的意义，受到各国军队的高度重视。国外军事家断言，在现代战争情况下，作为战略通信网和战术通信网中的主要传输手段，对流层散射通信具有建站快、抗毁性强、机动性好、适应复杂地形能力强等特点，是其他通信手段无法取代的。

1. 散射通信主要应用场合

在军事应用中，对流层散射通信系统与地面微波接力、卫星和光缆等通信系统是互相补充的，相互之间是不可替代的，参考图 4-12 所示的美国海军陆战队无线电通信网示意图。散射通信主要应用场合有以下几种。

① 陆岛之间或岛岛之间的多路无线通信。当陆岛或岛岛之间跨距为 200～300km 时，最宜采用散射通信。它比短波通信的容量大，又不像卫星通信那样战时易受到敌方的攻击。

② 区域通信网的干线传输。区域通信网是战役/战术通信网，在距离 150～200km 的干线节点之间，传输 2～8Mb/s 的信号，采用散射通信是比较有效的。

③ 边、远、散部队的通信。边疆、遥远和分散部及技侦、雷达站、导弹部队的通信一直都是一个相对薄弱，又迫切需要解决的问题。采用移动式车载散射通信系统则是解决这

一问题的很好举措。

④ 集团军、旅、营之间的通信及对上的应急通信。

⑤ 沙漠、湖泊、海湾、山丘地域及海岛间的通信。

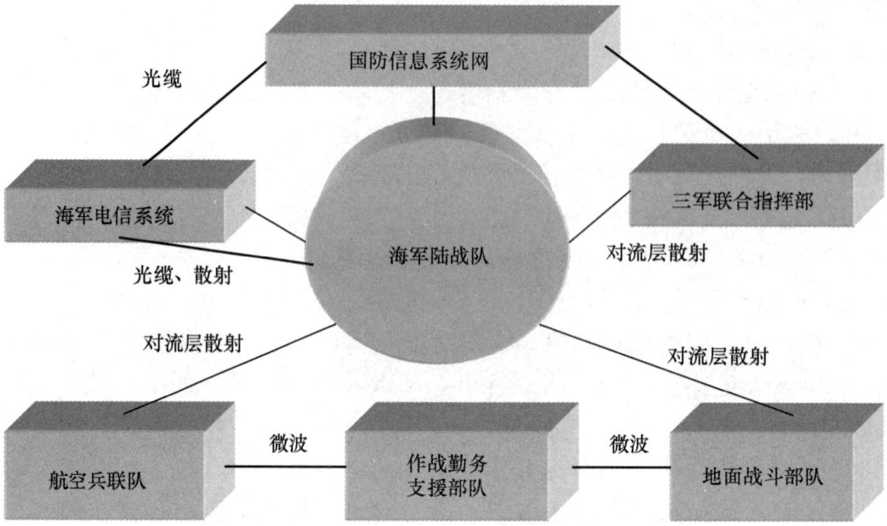

图 4-12　美国海军陆战队无线电通信网示意图

2．散射通信主要应用方式

（1）点对点应用方式

点对点是散射通信最普遍的应用方式。为适应特定的情况和不同的环境条件，可构成以下 3 种通信电路。

① 视距通信方式。散射通信用于视距，仅需最小的输出功率。可将散射机输出功率降到 0.25W 左右，或者将中频功放直接与天线连接。视距通信方式一般用于 30km 的链路，图 4-13 所示为这种工作方式的示意图。

② 超视距散射通信方式。这种应用方式最普遍，通常用于 60～250km 的链路中，图 4-14 所示为这种工作方式的示意图。

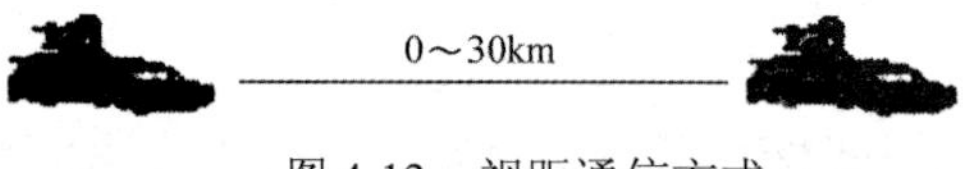

图 4-13　视距通信方式

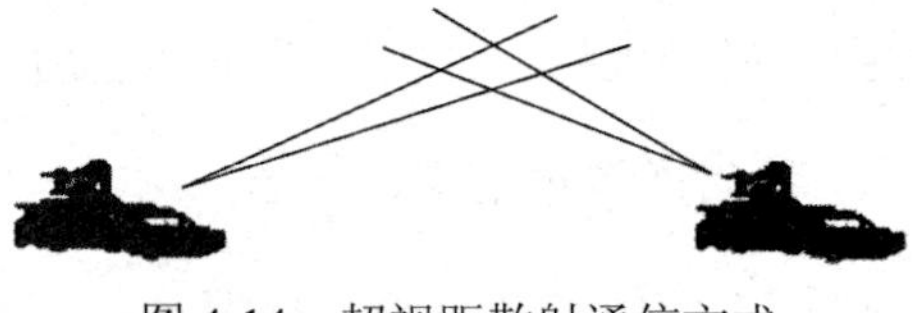

图 4-14　超视距散射通信方式

③ 障碍绕射通信方式。在两站之间有刀刃状山峰类障碍物阻挡，当符合有利的绕射条件时，通信质量会大幅度提高，通信距离为 15～60km。

（2）组网应用方式

组网应用方式中，网中的散射通信装备可分为中继型和终端型。中继型又可分为多中继、通过式中继和上下路中继；终端型又可分为终端站和专用用户站。该应用方式和微波中继线路类似。

① 多中继。用于连接多个站点，实现多方向的超视距通信。

② 通过式中继。用来延伸链路距离。

③ 上下路中继。干线传输主业务信息的一部分在此中继节点下到电路交换机，另一部分信息继续下传。上下路中继节点的示意图如图 4-15 所示。

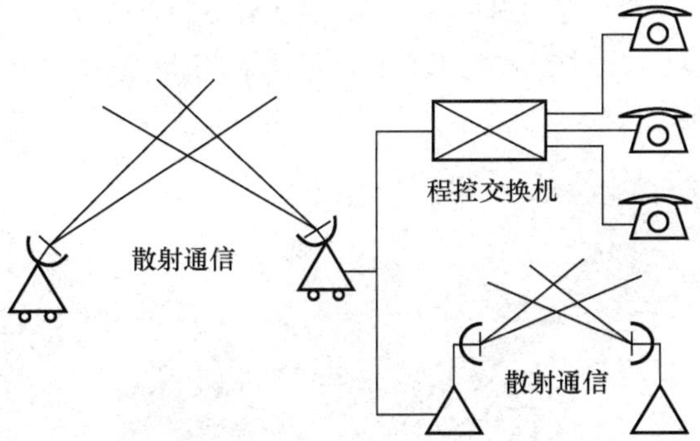

图 4-15　上下路中继节点示意图

④ 终端站。一条链路的最终端点。

⑤ 专用用户站。用于点对点电话或数据电路。环路群复接器作为远程复用组合器（RMC）使用时，用于为远端用户提供电话业务。图 4-16 所示为散射通信组网的应用方式。

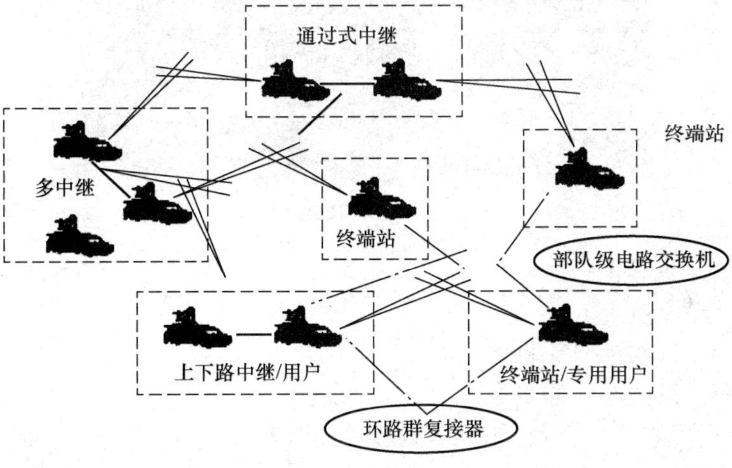

图 4-16　散射通信组网的应用方式

3. 军用散射通信的典型应用实例

20 世纪 50 年代末卫星刚刚上天，作为通信平台还只是实验室梦想，光纤更是没影的事情，而要跨越大西洋，或者解决北冰洋沿岸高纬度严寒永久冻土层地区，连绵几千千米、从未有过人迹的泰加林区通信问题，人们怎么可能架设电缆？派谁维护？而且更重要的是对流层散射通信当时是（现今仍是）核爆条件下最好的无线手段。因此，在冷战时期，散射通信成了欧美军事强国的重要手段。

（1）散射通信在区域通信网中的应用

苏联以散射为主组建了许多陆、海、空三军共享的战区、战役通信网，“雪豹”网就是其大规模应用散射通信方式组建区域通信网的典型例证。“雪豹”网于 1985 年建成，曾是一个东西长 1200km、南北长 800km 以对流层散射通信为主干线的扇形军用通信网，它跨越罗马尼亚，覆盖苏联的西部、波兰、德国、捷克斯洛伐克、匈牙利、保加利亚等国领土。该网设有28个通信节点，节点间的传输主要由散射通信完成，这些由散射通信连接起来的通信枢纽站分布在前“华约”各国（其中苏联境内4个，波兰境内8个，德国境内4个，捷克斯洛伐克境内3个，匈牙利境内4个，保加利亚境内5个），组成栅格状通信网。其中，最长的链路由9条对流层散射线路接力而成，还有两条跨越罗马尼亚国土的链路，其单跳通信距离达320～380km。图4-17所示为苏联的散射站外观图。

图4-17　苏联的散射站外观图

“雪豹”网的特点如下：

① 节点多，有28个节点。

② 以散射为干线组成骨干网。

③ 能支持海、陆、空三军的需求。

④ 可降低语音速率（可运行1.2/2.4kb/s声码语音），借以延长通信距离。

⑤ 采用高分集重数（必要时，每端站采用4面天线，实现16重分集），借以克服快衰落，提高通信质量。

⑥ 线路终接单元（LTU）传输距离远。当速率是2048kb/s时为4km；当速率是512kb/s时为10km。

⑦ 采用正/零/负码速调整技术，吸收同步抖动，构成长达2000km的散射接力链路。

⑧ 采用天线架高技术，散射天线杆高度为17.5m，可用横担支撑两面2.4m的抛物面天线，其天线中心距为3.8m。

⑨ 采用单车双架天线。

⑩ 采用P-417散射通信设备组网，频段为4.4～5GHz，话路为30～60路，通信距离为350km。

（2）散射通信在美军全球战略中的应用

除了国防战略通信系统中早就采用了不少对流层散射通信线路，对流层散射通信已成为美国全球战略通信网的重要组成部分，主要用于跨越极区、海峡、湖泊、高山、沙漠等特殊地形进行通信。另外，在远程预警网中也应用甚广。在战术网中，对流层散射通信主要用于三军联合战术通信网（配备于集团军、旅级指挥机关）和保障战区的指挥通信网中。在海湾战争中，美国动用了 100 多套 AN/TRC-170 对流层散射装备，其中空军使用了 39 条对流层散射链路（全长约为 3000km），被认为是有史以来对流层散射通信的一次最大规模的部署。在这次战争中，多国部队在海湾地区部署的通信网充分利用了散射通信等顽存能力强的通信手段，用于作战指挥、控制和情报信息传输，从而确保了战争的胜利。

① 美军散射通信的历史发展。

美空军最早于 20 世纪 80 年代中期部署多信道对流层散射通信系统，旨在为联合三军战术网络提供远程扩展能力。在“沙漠风暴”行动期间，美军的 100 多个高数据率对流层散射系统首次在军事行动中得到了广泛应用，它把有史以来安装的最大的一个军事通信网络连接了起来。20 世纪 90 年代初期至中期，美军开始向陆军和空军交付并部署 AN/TRC-170（V）2（重型）和 AN/TRC-170（V）3（轻型）对流层散射系统。同时，美海军陆战队也配发了 AN/TRC-170 （V）5（轻型）对流层散射系统。重型对流层散射系统的最大计划工作距离设计为 150 英里，最大可靠数据率为 4Mb/s。轻型系统更适用于战术作战，而重型系统主要用于扩展从支持基地到战术任务区域的通信。2003 年 3 月，美军及其联军开始了“伊拉克自由”行动，对流层散射通信系统在第 11 通信旅和美海军陆战队中得到了有效而广泛的应用。战斗期间，美军从科威特北部到巴格达曾一度部署对流层散射系统，为军队行动提供关键的远程“骨干”通信。2004 年 1 月，第 7 通信旅接防第 11 通信旅后，继续使用对流层散射系统。例如，第 7 通信旅的甲连和第 72 通信营部署了对流层散射通信小组，为海军陆战队第 1 陆战队远程部队在伊拉克的作战行动提供支持。在战术卫星终端寥寥无几时，美军通过部署对流层散射系统把关键的指挥控制链路延伸到了整个战区。

② 散射通信在陆军国民警卫队中的应用。

美陆军国民警卫队的第 356 通信连（重型）和第 114 通信连（轻型）参加了第一阶段的“伊拉克自由”行动，从 2003 年 5 月开始，这些部队在通信网络中安装了对流层散射系统，并在科威特和伊拉克南部的浩瀚沙漠中使用了这些系统。2004 年 3 月，第 143 通信连（重型）和第 321 通信连（轻型）接防了第 356 和第 114 通信连。第 143 通信连建立的从科威特弗吉尼亚兵营到伊拉克南部的乌姆盖斯尔的链路，是“伊拉克自由”行动第二阶段网络中最为稳定的链路之一，第 321 连的系统和链路也同样非常可靠。

第 143 通信连部署了 8 套 AN/TRC-170（V）2 对流层散射系统。根据地形情况的不同，训练有素的士兵能够在 4～5h 安装一套重型对流层散射系统。第 143 通信连总共能够安装 4 条 150 英里的链路，每条链路的最大可靠数据率可达 4Mb/s。

第 321 通信连部署了 16 套 AN/TRC-170（V）3 对流层散射系统。专业操作员能够在 1～2h 安装一套轻型对流层散射系统。第 321 通信连总共能够安装 8 条 100 英里长的链路，每条链路最大可靠数据率为 2Mb/s。

③ 散射通信在综合战区通信营中的规划应用。

美军对军以上梯队的通信兵率先开始了部队结构的重大变革，即建立综合战区通信营（ITSB）。ITSB 设有 3 个连，每个连都包括交换、视距、战术卫星、轻型对流层散射、电缆和数据设备。目前，对对流层散射通信资源规划了 3 种 ITSB 模型：轻型、重装和混装。专门就对流层散射设备而言，轻装营只有 AN/TRC-170（V）3，重装营只有 AN/TRC-170（V）2，而混装营既有轻型设备又有重装设备。

根据当前提出的 ITSB 概念，现役组成部队有 4 个轻装营、3 个重装营和 2 个混装营，国民警卫队和预备役也是类似的混编情况。目前的 ITSB 模型旨在将对流层散射用于远程交换机至交换机链路。在最终决定 ITSB 概念的执行时，应考虑战术/战略上的差异。那些完全装备轻型对流层散射设备的营，应当更多地锁定战术任务，而只装备重型对流层散射设备的营则应更多地限于战略/支持基地作战。

④ 散射通信在海军中的应用。

例如，在海军陆战队中的应用。20 世纪 80 年代，美国海军陆战队已装备了数百套 AN/TRC-97 散射通信设备。后来，海军又装备了 90 多套 AN/GRC-201 散射通信设备，它是 AN/TRC-97 的改进型（称为“海军陆战队改进型”）。

4.3.2 散射通信的发展趋势

随着技术的发展和现代化战争，特别是核战争的需要，对流层散射通信已成为复杂电磁环境下为数不多的通信手段之一，散射通信设备在恶劣数字化战场上的应用势必越来越广泛。此外，对流层散射通信在多平台综合电子战系统、自动化指挥系统、国土防空通信系统、火控系统、陆海空 C^4I 系统、炮兵机动指挥系统、快速反应部队、应急通信等军事领域有着广泛的应用前景。国外一些军事家断言，在现代电子信息战情况下，作为战略通信网和战术通信网中的主要传输手段，对流层散射通信具有“三抗”能力，以及建站快、抗毁性强、机动性好、适应复杂地形能力强等特点，是其他通信手段无法取代的。我军机动通信网战时担负着各级各类机动指挥所之间和作战诸要素之间的通信保障，因此我们应大力加强和推广对流层散射通信在我军机动通信网中的军事应用。为了进一步提高散射通信在今后应用的完善性，它的发展将体现在以下几个方面。

① 装备小型化。大功率发射机、大口径天线和高山建站是过去散射通信不能回避的三个问题，显然这些都是现代快速机动通信所忌讳的。随着天线小型化、固态功放和数字技术的进步，散射设备小型化已成为可能。目前，一个端站的全部设备装在一辆通信车内的散射通信设备已屡见不鲜，轻便型散射设备已研制成功，单兵智能化、背负式散射通信电台也正在研制之中。

② 微波散射一体化。微波通信和散射通信的技术特点和原理有很多共同之处。不同点在于微波通信是视距传输，通信距离较近，传输信道接近于恒参信道，对系统的线性度要求比较严格；但无法对抗快速衰落而引起的多径失真，跨越障碍传输的能力不够。而散射通信的单跳通信距离远，抗干扰、抗截获、抗衰落能力强，并能跨越复杂地形实现全天候可靠通信。倘若在一种设备中，能够同时兼有微波传输和散射传输的功能，在组网应用时，当通信距离为视距且无阻挡时，可采用视距微波链路；当两点间距离超出视距或虽未超出视距，但中间有山丘等障碍物遮挡时，可采用散射传输链路，实时进行超视距或越障通信。在战争时期，用这种微波散射一体化设备组建野战地域网，可不受地形的约束，从而大大增强了网络的机动性和抗毁能力。

③ 点对多点移动散射通信。点对多点车载移动散射通信设备和舰载移动散射通信系统可实现中心基站对多个移动外围站（车载移动站或舰载移动站）间的实时通信。

④ 研发 X、Ku 频段的散射通信设备。为了减小设备体积，散射通信的频段正向 X、Ku 频段发展。

⑤ 多制式、多速率、链路自适应、应急抗干扰散射通信。

本章小结

随着各种新式动能武器、电子对抗武器、精确制导武器在数字化战场上的作战应用，迫切需要大容量、高速率、实时性强、不间断和具备“三抗”能力的战场信息传输系统给予支撑，散射通信是一个最好选择。本章首先从对流层散射通信传输机制出发，重点分析了该种通信方式的特点，并介绍了其发展概况及国内外最新发展。然后对散射通信传输过程所遭受的各种损耗进行了简单分析，以便于对散射通信传播有定量了解，也能对链路进行简单估算。为了使读者有直观感受，本章紧接着介绍了一个典型的散射通信设备，并对散射通信的关键技术进行了详细讨论。由于与其他通信手段相比具有诸多独特优点，散射通信一直是军事通信的一个重要手段。为此，本章最后重点对散射通信在军事中的应用进行了剖析，并探讨了其发展趋势。尽管散射通信是一个传统的或许被人遗忘的通信方式，但对流层散射通信以其不可替代的地位必将在国内外军事上得到大量应用。

习　题

4-1　什么是散射通信？散射通信有哪几种传播媒介？

4-2　相比于其他无线通信方式，散射通信有哪些特点？

4-3　散射通信传播路径主要考虑哪几种损耗？散射损耗和哪几个参数有关，成什么关系？

4-4　散射通信存在哪些关键技术？

4-5　散射通信在军事通信中的应用方式和场合各是什么？

4-6　散射通信的发展趋势体现在哪些方面？

参考文献

[1]　张冬辰，周吉. 军事通信. 2 版. 北京：国防工业出版社，2008.

[2]　李道本. 散射通信. 北京：人民邮电出版社，1982.

[3]　李冬，房朝辉，段俊宏. 美军对流层散射通信及未来发展. 国防科技，2007.

[4]　李志勇，秦建存，梁进波. 对流层散射通信工程. 北京：电子工业出版社，2017.

第 5 章　移动通信系统

移动通信具有机动、灵活、受空间限制少和实时性好等特点，因此在军事上和生产实践、社会生活中得到了日益广泛的应用。自第二次世界大战以来，各国的陆、海、空三军都大量装备无线电台作为战术指挥和控制的主要通信手段，移动通信在军事行动上的重要性是不言而喻的，广义地说，车载、舰载、机载、背负和手持无线通信设备，都属于移动通信的范畴。本章主要介绍移动通信的基本概念、特点、工作频段、系统组成、基本技术和典型应用系统等。

5.1　移动通信概述

移动通信是指通信双方至少有一方在运动中的通信，它包括移动体与固定点之间和移动体之间的通信，概括来说就是“动中通”。例如，运动中的人、汽车、轮船、飞机等移动体间的通信，分别构成陆地移动通信、海上移动通信和空中移动通信。图 5-1 给出了移动通信系统的组成示意图。

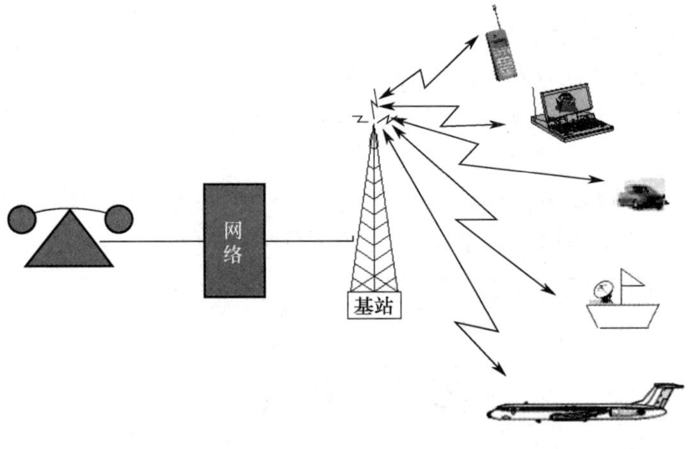

图 5-1　移动通信系统的组成示意图

5.1.1　移动通信的特点

由于动中通的特殊要求，移动通信和其他种类的通信形式相比，其特点如下。

1. 移动通信必须利用无线电波进行信息传输

在移动通信中，由于至少有一方处于运动状态，因此必须利用无线电波进行传输。无线电波允许通信中的用户在一定范围内自由活动，其位置不受束缚，但无线电波的传输特性一般都较差。无线电波不仅会随着传输距离的增加而发生弥散和损耗，而且由于周围的建筑群或障碍物的影响，无线电波在传输时会产生反射、折射、绕射等现象，从而使得电波传输特性发生快速的随机起伏，严重影响通信质量。

2．移动通信是在复杂的干扰环境中运行的

移动通信的质量不仅取决于设备本身的性能，而且与外界干扰和噪声有关。移动台所受到的噪声主要来自城市噪声、各种车辆发动机点火噪声、微波炉干扰噪声等。同时，由于移动通信网是多频段、多电台同时工作的通信系统，当移动台工作时，往往受到来自其他电台的干扰，主要的干扰有共道干扰、邻道干扰、互调干扰、多址干扰，以及近地无用强信号压制远地有用弱信号的现象等。

3．无线电频谱资源有限

无线电频谱是一种特殊的自然资源，由于受到频率划分使用政策、技术和可使用的无线电设备等方面的限制，移动通信可以利用的频谱资源非常有限。

4．系统复杂

由于移动设备可以在整个移动通信服务区内自由、随机地运动，移动通信系统必须具备很强的管理和控制功能。例如，除了要选用无线信道进行频率和功率控制，还要采用位置登记、越区切换及漫游等跟踪技术。此外，在入网和计费方式上也有特殊要求，所以移动通信系统是比较复杂的。

5．对移动设备的要求高

移动通信设备（主要是移动台）必须适合在移动环境中使用。手持机应满足体积小、重量轻、省电、低辐射、操作简便和携带方便等需求，车载台和机载台还需保证在震动、冲击、高低温变化等恶劣环境中也能正常工作。同时，为了适应信息时代用户多元化的需求，移动台还应具有其他电子设备的功能，以满足不同人群的使用。

5.1.2　移动通信的频段及分类

1．移动通信的频段

尽管电磁波的频谱相当宽，但作为无线通信使用的资源，国际电信联盟（ITU）定义 3000GHz 以下的电磁波频谱为无线电磁波的频谱。由于受到频率划分使用政策、技术和可使用的无线电设备等方面的限制，国际电信联盟已划分的 9kHz～400GHz，实际目前使用较多的频段只在几十吉赫兹。目前，商用蜂窝移动通信系统一般工作在 3GHz 以下，所以能用作移动通信的频段也就更有限。随着移动通信技术的发展，为进一步解决大容量、小型化等问题，使用频段有越来越高的趋势，2017 年 11 月 16 日，美国联邦通信委员会（FCC）发布新的频谱规划，批准 5G 业务发展分配更多的毫米波频谱，把 24GHz 频段以上的 1700MHz 频谱用于地面 5G 无线应用；2017 年 11 月 10 日，我国明确 3300～3400MHz（原

则上限室内使用)、3400～3600MHz 和 4800～5000MHz 频段作为 5G 系统的工作频段。频率的利用必须以一定的规则有序地进行，这个规则就是国际电信联盟在召开的世界无线电管理大会上制定的国际频率分配表。国际频率分配表按照大区域和业务种类给定，各国可根据具体国情稍做调整。

在我国，无线电频谱管理主要由国家无线电管理委员会和各省、市无线电管理委员会来负责频率的分配和协调。目前我国移动通信系统使用的频段如表 5-1 所示，各项具体业务如专用对讲机、集群通信、蜂窝通信等，其频率的使用都有具体和明确的规定。

表 5-1　我国移动通信系统使用的频段

频段名称	频率/MHz
150 MHz 频段	138～149.9，150.5～167
450 MHz 频段	403～420，450～470
900 MHz 频段	798～960
1800 MHz 频段	1710～1785，1800～1920，1955～1980
2000 MHz 以上频段	2010～2025，2110～2170，2300～2400，2555～2635，2635～2655
3000MHz 以上频段（5G）	3300～3400、3400～3600，4800～5000

2．移动通信的分类

随着移动通信的应用范围不断扩大、类型越来越多，分类方法也多种多样。按使用对象可分为民用移动通信和军用移动通信；按使用环境可分为陆地、海上和航空移动通信；按无线网络结构可分为大区制移动通信和小区制移动通信；按多址方式可分为频分多址、时分多址、码分多址、空分多址及混合多址移动通信；按服务区覆盖范围可分为广域网、城域网、局域网和个域网；按传输信号形式可分为模拟移动通信和数字移动通信；按应用类型可分为公用移动通信和专用移动通信。公用移动通信有多种制式，最主要的是蜂窝移动通信系统，还有无绳通信系统、寻呼通信系统等；专用移动通信最早是从对讲机发展起来的，目前还有集群通信系统、无中心移动通信系统、大区制小容量移动通信系统。

5.2　移动通信系统

本节主要介绍移动通信系统组成、移动通信的传输技术、组网技术及两种典型的移动通信系统：蜂窝移动通信系统和集群移动通信系统。

5.2.1　移动通信系统的组成

移动通信系统是移动体之间、移动体和固定用户之间，以及固定用户与移动体之间，能够建立许多信息传输通道的通信系统。移动通信包括无线传输、有线传输，以及信息的收集、处理和存储等，使用的主要设备有无线收发信机、移动交换控制设备和移动终端设备。

典型移动通信系统如图 5-2 所示。一般由移动台（MS）、基站（BS）、移动交换中心（MSC），以及与其他网络相连接的中继线等组成。BS 对应无线接入设备，提供并管理 MS 和 BS 之间的无线传输通道。MSC 对应控制设备，同时兼有数据存储和接口功能。所有的呼叫都是经由 MSC 建立连接的，通过基站可以形成 MS↔BS↔MSC↔固定网络↔固定用户或 MS↔BS↔MSC↔BS↔MS 等不同情况的通信链路。

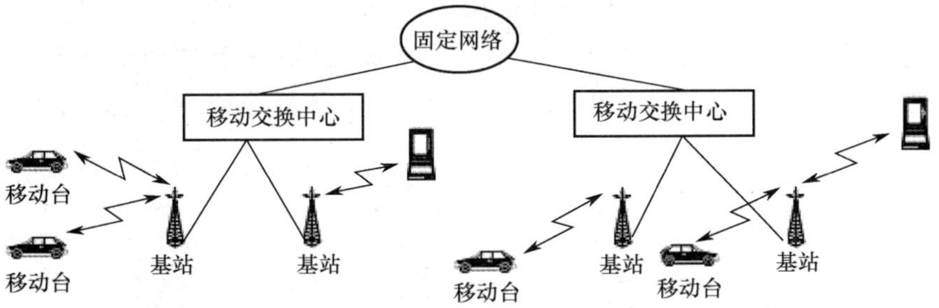

图 5-2　典型移动通信的系统组成

有线通信网上的两个终端每次成功的通信都包括 3 个阶段，即呼叫建立、消息传输和释放，移动通信的交换技术也包括这 3 个过程。但是，移动通信网络中的移动交换中心，除了要完成常规交换机的所有功能，它还负责移动性管理（包括越区切换、漫游、用户位置登记管理等）。原因有两个：一是移动用户没有固定位置，所以在呼叫建立过程中首先要确定用户所在位置，其次在每次通信过程中，系统还要一直跟踪每个移动用户位置的变化；二是小区制系统采用了频率复用和小区覆盖技术，所以用户在通信过程中，可能会从一个无线小区移动到另一个无线小区，甚至从一个网络覆盖区移动到另一个网络覆盖区，从而发生越区频道（信道）切换问题，以及不同网络间切换或不同系统间切换的问题。

5.2.2　移动通信的传输技术

1．移动通信的信道特性

移动信道是一个非常复杂的动态信道，其信道参数是时变的。本节首先对移动信道的基本特点进行描述，然后介绍相应的传输技术。

（1）移动通信信道的基本特点

① 传播的开放性。一切无线信道都是基于电磁波在空间的传播来实现开放式信息传递的。

② 无线传播环境的复杂性。传播环境的复杂性是指地理环境的复杂性与多样性。一般可将传播的地理环境划分为 3 类典型区域：高楼林立的城市繁华区，以一般性建筑物为主体的近郊区，以山丘、湖泊、平原为主的农村及远郊区。

③ 通信用户的随机移动性。移动通信主要包含 3 种类型：准静态的室内用户通信、慢速步行用户通信和高速车载用户通信。

（2）移动通信信道中的电波传播特性

目前，移动通信的频率范围在甚高频（VHF，30～300MHz）和特高频（UHF，300～3000MHz）内。该频段电磁波的传播方式主要包括以下 3 种。

① 直射波：指在视距覆盖区内无遮挡的传播。它是超短波、微波的主要传输方式，经直射波传播的信号最强。

② 反射波：指从不同建筑物或其他反射体反射后到达接收点的传播信号。其信号强度

较直射波弱。

③ 绕射波：从较大的建筑物与山丘绕射后到达接收点的传播信号。但是，它需要满足电波产生绕射的条件，其信号强度较直射波弱。

另外，还有穿透建筑物的传播及空气中离子受激后二次发射的漫反射产生的散射波，但是它们相对于直射波、反射波、绕射波来说都比较弱。无线电波的多径传播如图 5-3 所示。

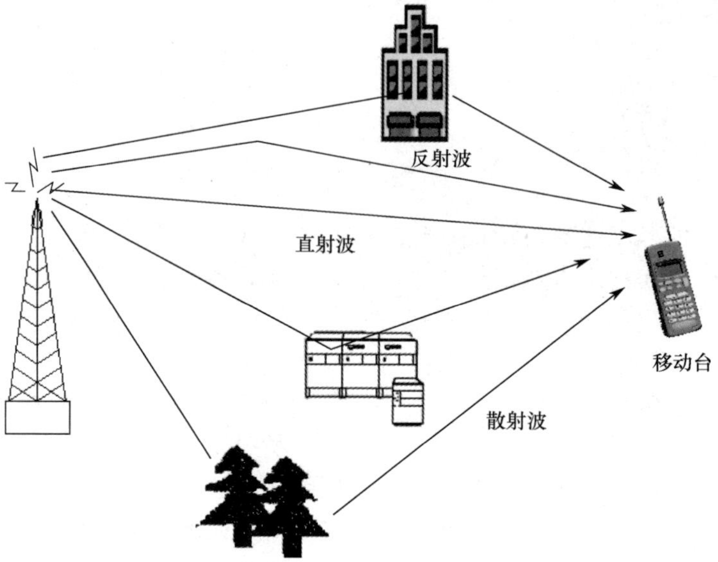

图 5-3　无线电波的多径传播示意图

（3）多径传播

多径传播是指由于传播环境中可能存在建筑、树木、山体等物体，电磁波从发射机发射出来，经过多个物体的反射从多条路径到达接收点，接收点收到的信号是从多条路径传来的信号的叠加。各条路径的长度不同，反射波到达的时间不同，相位也不同，不同相位的多个信号在接收端叠加，使接收信号的幅度急剧变化产生衰落。移动信道是典型的多径无线传播信道。

（4）信号衰落

移动通信的衰落现象可分为两类：大尺度衰落和小尺度衰落。大尺度衰落表示大范围运动产生的信号平均功率衰减或路径损耗，这种现象受发射机和接收机间主要地貌的影响（山丘、森林、建筑群等）较大，通常采用平均路径损耗和相对于均值的对数正态分布变化来描述。小尺度衰落是指接收机与发射机间空间距离的小变化（如半波长）引起信号幅度和相位的急剧变化，主要由信号的多径传播和收发两端的相对运动引起，通常采用两种机制来描述，即信号的时延拓展和信道的时间变化。

① 快衰落。由于移动通信信道的多径、移动台的运动和不同的散射环境，引起多径传播信号在接收点叠加，造成接收信号快速起伏的现象，称为快衰落现象，也称为小尺度衰落。快衰落一般服从瑞利分布、莱斯分布。此外，在很多场景下，快衰落在不同时间、频率和空间上表现出不同的特性，故又可细分为时间选择性衰落、频率选择性衰落和空间选择性衰落。

a. 时间选择性衰落：指在不同的时间，信道衰落特性不一样。由于移动台的高速运动在频域引起多普勒频移，造成其时域波形产生时间选择性衰落。

b. 频率选择性衰落：指在不同频段上衰落特性不一样。在多径传播时，由于各条路径的等效网络传输函数不同，造成在时域的时延扩散，引起各网络对不同频率的信号衰减也不同，这使得接收点合成信号的频谱中某些频率分量衰减特别厉害，产生频率选择性衰落。

c. 空间选择性衰落：指不同地点、不同的传输路径衰落特性不一样。由于开放型的时变信道使天线的电波束产生了扩散，因此引起了空间选择性衰落。

② 慢衰落。由于移动台的不断运动，电波传播路径地形地貌是不断变化的，因而局部中值也是不断变化的，这种变化造成的衰落比多径效应引起的快衰落要慢得多，称为慢衰落。无线通信中，一般把由于距离引起的路径传播损耗和由于地形的遮挡引起的阴影衰落统称为慢衰落，属于大尺度衰落。慢衰落近似服从对数正态分布。

a. 路径传播损耗：指电波在空间传播所产生的损耗，也称为衰耗。它反映了在宏观大范围（千米量级）内接收信号电平平均值的变化趋势。

b. 阴影衰落：在移动通信传播环境汇总，电磁波在传播路径上遇到起伏的山丘、建筑物、树林等障碍物阻挡，形成电磁波的阴影区，就会造成信号场强中值的缓慢变化，通常把这种现象称为阴影效应，由此引起的衰落称为阴影衰落。阴影效应对移动通信系统产生的不利影响主要体现在 4 个方面：阴影效应影响移动通信小区覆盖范围；阴影效应导致移动通信覆盖盲区；阴影效应影响移动通信的切换；阴影效应影响信噪比或载噪比的大小。

2. 编码与调制

（1）信源编码

① 语音编码。语音压缩编码技术可分为波形编码、参量编码、混合编码等三类。波形编码是以保留语音个性特征，精确再现语音波形为目标的编码方法，其度量标准为保真度（即自然度），语音质量几乎与压缩处理之前相同，码率较高。参量编码是以提取并传送语音的共性特征参量为目标的编码方法，其度量标准是可懂度、码率较低。混合编码是吸取上述两类编码的优点，以参量编码为基础并附加一定的波形编码特征，以实现在可懂度基础上适当改善自然度目的的编码方法。其码率介于上述两类编码之间。

移动通信中由于频率资源有限，因此要求语音编码采用低码率。另外，由于移动通信信号可能要进入公共交换电话网（PSTN），则必须基本满足公共交换电话网的最低要求，鉴于以上考虑，移动通信中适合采用混合编码技术。GSM 是指泛欧数字移动通信网，于 20 世纪 80 年代中期首先在欧洲推出，并于 1991 年 7 月开始投入商用，后更名为全球移动通信系统，是第二代移动通信（2G）系统的代表之一。它采用的是规则脉冲激励长期预测编码（RPE-LTP），是综合考虑编码码率和硬件实现来确定的。第三代移动通信系统 CDMA2000 采用的是增强型可变速率语音编码器（EVRC），保密性较好；WCDMA 采用了自适应多速率（AMR）语音编码，可根据信道状态自适应改变编码速率。

② 图像编码。图像的信息量远大于语音、文字、传真和一般数据，它所占用的频带比其他类型的业务宽。传输、处理、存储图像信息要比语音、文字、传真及一般数据技术更复杂、实现更困难。图像是比较复杂的信息类型，一般可划分为以下三大类型。

a. 静止图片：如照片、医用图片、遥感图片等，这类图像是完全静止的。

b. 准活动图像：可视电话、话剧、各类型会议电视，这类图像是准活动或准静止的，其特点一般是背景基本上是静止的，活动人物是有限度的。

c. 活动图像：广播电视、高清晰电视（HDTV）等，这类图像中的人物与背景均为全活动的。

制定视频压缩编译码国际标准有两大系列，一个是国际电信联盟的电信标准部（ITU-T）的建议标准系列 H.26X，包括 H.261、H.262、H.263 和 H.264 等。这类标准主要面向通信，即针对实时通信，如可视电话与会议电话等。另一个是国际标准化组织（ISO）和国际电工委员会（IEC）制定的标准系列。通常采用 JPEG 和 MPEG-X 表示，如 JPEG、JPEG2000、MPEG-I、MPEG-2、MPEG-4 等。这类标准主要用于视频广播、有线电视、卫星电视、视频存储和视频流媒体等。

（2）信道编码

实际系统中采用的信道编码类型与信道特征有关。不同的信道类型采用不同的信道编码方式，针对加性高斯白噪声（AWGN）信道，可以采用汉明码、BCH 码和卷积码等适合纠正随机独立差错的编码方法；针对衰落信道，可以采用 Fire 码、RS 码及可纠正多个突发差错的分组和卷积码及 ARQ 等，但如果突发长度太长，一般采用交织技术将较长的突发差错或多个突发差错离散成随机差错来处理。

由于实际的移动信道是随机独立差错和突发差错混合的信道，而且差错往往是突发的或突发与随机并存的，因此实际系统一般采用多种编码组合的方式，包括负责检错的循环冗余检验编码、负责纠错的前向纠错编码、负责对抗信道衰落的交织编码。同时，移动通信信道从功能上分为传输语音和数据业务的业务信道及传送多种信令和同步信息的控制信道，从传输方向可分为基站到移动台的下行信道和移动台到基站的上行信道，不同功能的信道采用的信道编码方式也不相同。例如，在 IS-95（1994 年美国 Qualcomm 公司推出世界上第一个采用 CDMA 技术的数字蜂窝系统 IS-95 系统，也是第二代移动通信系统的代表之一）中采用卷积码时，约束长度均为 9，但下行的码率为 1/2，上行的码率为 1/3，从而进一步增强上行信道的纠检错能力。图 5-4 所示为 GSM 系统典型信道编译码器的原理框图，包含 3 个步骤：用分组码对语音帧中传输误差最敏感的比特进行外编码；用卷积码对语音中传输误差敏感的比特进行内编码；将每个语音帧分为子块进行重排和交织。

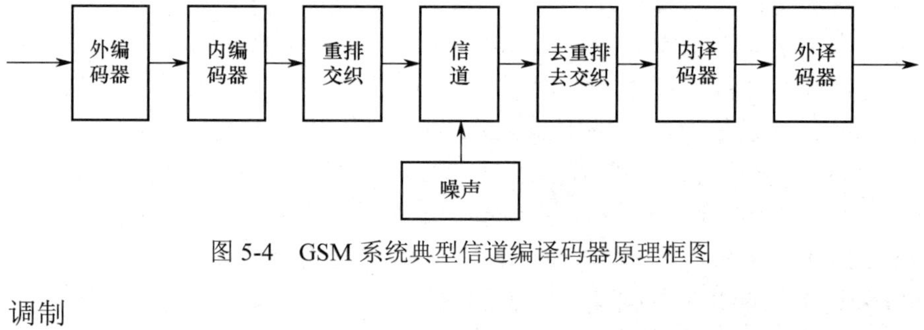

图 5-4 GSM 系统典型信道编译码器原理框图

（3）调制

在移动通信中，由于信号传输的条件恶劣和快衰落的影响，接收信号的幅度会发生急剧的变化。因此，在移动通信中必须采用一些抗干扰性能强、误码性能好、频谱利用率高的调制技术，移动通信中最常用的调制方式有两大类。

① 1986 年以前，由于线性高功放未取得突破性的进展，移动通信中采用的调制技术青睐于恒包络调制的 MSK 和 GMSK，如 GSM 系统采用的就是 GMSK 调制，但它实现起来较复杂，且频谱效率较低。

② 1986 年以后，由于实用化的线性高功放已取得了突破性的进展，人们又重新对简单易行的 BPSK 和 QPSK 予以重视，并在它们的基础上改善峰均比、提高频谱利用率，如 OQPSK、CQPSK 和 OCQPSK。

在 CDMA 系统中，由于有专门的导频信道或导频符号传送载波，可以作为接收端相干解调时的参考相位，因此 CDMA 体制中无须考虑接收端的相位模糊问题，一般采用 QPSK 为基础的相移键控方式。例如，在 IS-95 中采用平衡四相的改进型——偏移相移键控 OQPSK，在第三代 CDMA2000 与 WCDMA 中采用的是正交复四相相移键控 OCQPSK。

为了提高频谱效率，在 LTE、WiMax、802.11n 等宽带无线通信系统中广泛采用了正交幅度调制 MQAM。QAM 是幅度、相位联合调制的技术，它同时利用了载波的幅度和相位来传递信息比特，因此在最小距离相同的条件下可实现更高的频带利用率，目前 LTE 系统中最高可采用 64QAM。样点数目越多，其传输效率越高。

与所有其他技术一样，调制方式的选择也受到很多条件的限制，其中最重要的限制就是：越高效率的调制方式，其对信号质量的要求也越苛刻。为了克服此弊端，自适应调制编码（AMC）应运而生，成为 B3G 和 4G 移动通信的关键技术。AMC 是根据无线信道变化选择合适的调制和编码方式，网络则根据用户瞬时信道质量状况和目前资源选择最合适的链路调制和编码方式，使用户达到尽量高的数据吞吐率。

3．抗衰落技术

移动信道的主要特点是存在慢衰落和多径衰落，这些影响对于任何调制技术来说都会产生很强的负面效应。分集和均衡技术是用来克服衰落改进接收信号质量的信号处理技术，既可单独使用，也可组合使用，在移动通信系统中，这些技术得到了广泛应用。

（1）分集技术

分集技术是一项典型的抗衰落技术，它是通过查找和利用自然界无线传输环境中独立的（至少是高度不相关的）多径信号来实现的。这些多径信号在结构上和统计特性上具有不同的特点，对这些信号进行区分，并按一定规律和原则进行集合与合并处理来实现抗衰落。

在移动通信中分集技术得到广泛应用，主要包括多基站间的宏分集和减小深度衰落的微分集，其中微分集主要方式有空间分集（天线分集）、频率分集、时间分集、极化分集、角度分集等，其中以前三种方式比较常用。空间分集技术在频分（FDMA）、时分（TDMA）及码分（CDMA）移动通信系统中都有应用。在 GSM 系统中，利用跳频可获得频率分集。在 IS-95 系统中，上、下行链路均采用 Rake 接收实现频率分集来改善链路性能。另外，在小区软切换中，也利用 Rake 接收实现多基站间的宏分集。在第三代的几种 CDMA 系统中继续采用了 IS-95 中的 Rake 接收技术，只是不同系统对具体实现方案进行了改进和优化。

（2）均衡技术

均衡是信道的逆滤波，用于消除由多径效应引起的码间干扰，即符号间干扰 ISI（Inter Symbol Interference）。如前所述，如果调制信号带宽超过了无线信道的相关（干）带宽，将会产生码间干扰，并且调制信号会展宽。而接收机内的均衡器可以对信道中幅度和延迟进行补偿。由于无线信道具有未知性和多变性，因此要求均衡器是自适应的。

均衡器按其频谱效率可分为三类：基于训练序列的均衡、盲均衡 BE（Blind Equalization）与半盲均衡。盲均衡不需要训练序列，因而其频谱利用率高，但是其收敛速率慢，目前在实际中难以较好地应用；基于训练序列的均衡器是指在发射端发送训练序列，在接收端根据此训练序列对均衡器进行调整，通常人们又将基于训练序列的均衡称为自适应均衡，它在实际中得到了很好的应用；半盲均衡频谱效率介于盲均衡与自适应均衡之间。

均衡技术可分为两类：频域均衡和时域均衡。频域均衡主要通过校正系统的幅频特性和群时延特性来实现无失真传输条件；时域均衡主要从时间响应考虑以使包含均衡器在内的整个系统的冲激响应满足理想的无码间串扰的条件。在时变的移动信道中，需要均衡器自适应地跟踪信道的时变特性，时域均衡器通常采用横向滤波器结构或格形滤波器结构，有时也采用最大似然序列估计方式实现。

在 4G 系统中，上行链路中采用具有较低峰均比的 SC-FDMA（单载波频分多址），能降低移动终端的功耗需要，一般使用频域均衡；下行链路中使用 OFDMA，OFDMA 的基本原则就是要把串行数据流转换成并行数据流分别调制传输，因此每路信号的持续时间就会变长，使得时延扩展远远小于信号的持续时间，从而没有必要采用均衡技术。

分集和均衡技术都被用于改进无线链路的性能，提高系统数据传输的可靠性。但是，在实际的无线通信系统中，每种技术在实现方法、所需费用和实现效率等方面都具有很大的不同，在不同的场合需要采用不同的技术或技术组合。

4．多址接入

多址接入技术是指在移动通信系统中，使所有的用户共享有限的无线资源，实现不同用户不同地点同时通信，并尽可能减少干扰。多址接入技术区分不同的用户地址，通常利用射频频段辐射的电磁波来寻找动态的用户地址，同时为了实现多址信号之间互不干扰，信号之间必须满足正交特性。无线电信号可以表达为时间、频率和码型的函数，即

$$s(c,f,t)=c(t)s(f,t) \tag{5-1}$$

式中，$c(t)$ 为码型函数；$s(f,t)$ 为时间 t 和频率 f 的函数。

根据上述函数，要求各信号特征彼此独立或正交，即任意两个信号之间的相关函数为 0 或接近于 0，可得到 3 种基本的多址接入技术：频分多址（FDMA）、时分多址（TDMA）和码分多址（CDMA）。频分多址（FDMA）以传输信号载波频率的不同来区分；时分多址（TDMA）以传输信号存在的时间不同来区分；码分多址（CDMA）以传输信号的码型不同来区分。图 5-5 分别给出了 N 个信道的 FDMA、TDMA 和 CDMA 的示意图。从图中可见，频分多址中不同用户的频道（隙）相互不重叠（即正交），时分多址中不同用户的时隙相互不重叠，码分多址中不同用户的码型相互不重叠。

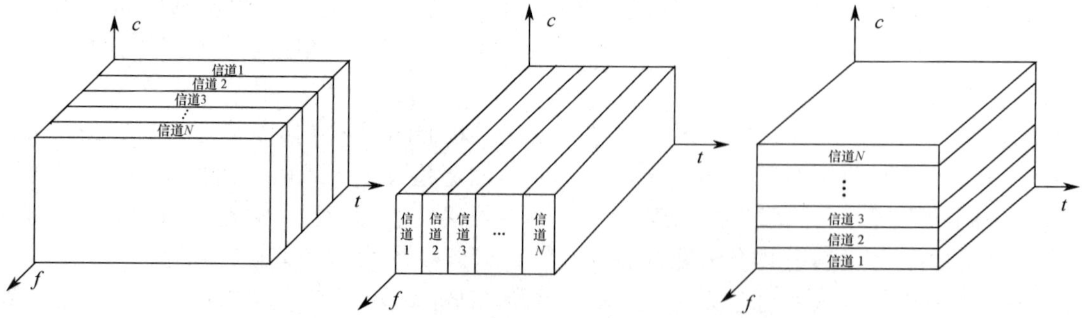

图 5-5　N 个信道的 FDMA、TDMA 和 CDMA 的示意图

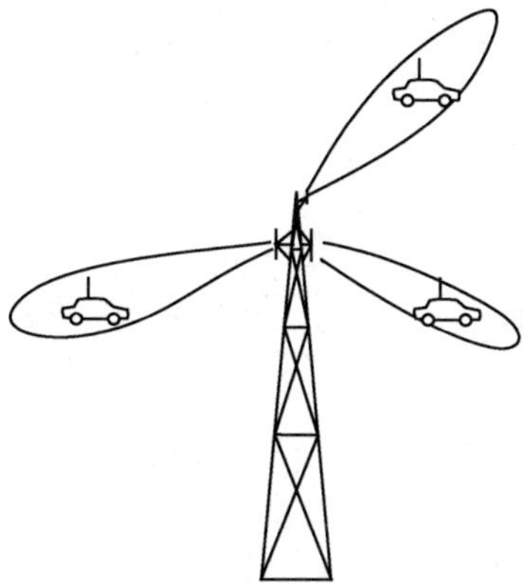

图 5-6　SDMA 系统示意图

除了上述常用的 3 种多址方式，空分多址（SDMA）也是目前移动通信中应用较多的多址方式。空分多址（SDMA）的实现是利用天线的方向性波束，将服务区（小区内）划分为不同的子空间，进行空间正交隔离，如图 5-6 所示。这种多址方式可以减小不同用户之间的相互干扰，从而增加系统容量，同时处于同一波束覆盖范围的不同用户容易通过与 FDMA、TDMA 和 CDMA 的结合，进一步提高系统容量。移动通信中的小区天线可以看作 SDMA 的一种基本实现方式，第三代蜂窝系统 TD-SCDMA 通过采用的智能天线技术，在多址方式中引入了空分方式。

正交频分多址接入（OFDMA）是 OFDM 技术的演进，OFDM 是一种调制方式，而 OFDMA 是一种多址接入技术。正交频分多址接入将整个信道带宽划分为多个正交的子载波，通过为每个用户提供部分不同的子载波来实现多用户接入，即给每个用户分配一个 OFDM 符号中的一个子载波或一组子载波，以子载波频率的不同来区分用户。这种多址方式概念上与 FDMA 一样，但与传统 FDMA 的不同之处在于：OFDMA 方式依赖正弦信号的数学特征保证子载波的正交性，相邻子载波在频谱上部分重叠，大大提高了系统的频率利用率，同时基站通过调整子载波，可以根据用户的不同需求传输不同的速率。4G 系统中采用 OFDMA 技术。

随着频谱资源变得越来越紧张，为了满足飞速发展的移动业务需求，人们提出了非正交多址技术（NOMA）。非正交多址技术的基本思想是在发送端采用非正交发送，NOMA 的子信道依然采用 OFDM 技术，但一个子信道上不再只分配给一个用户，而是多个用户共享，不同用户采用功率复用技术进行发送，其信号功率按照相关算法进行分配，这样到达接收端的每个用户的信号功率不同，在接收端通过串行干扰删除（SIC）接收机就可以根据不同用户信号功率大小进行干扰消除，实现正确解调。虽然采用 SIC 技术的接收机复杂度有一定的提高，但是可以很好地提高频谱效率。用提高接收机的复杂度来换取频谱效率，这就是 NOMA 技术的本质。

5.2.3　移动通信的组网技术

通信系统分为两大类，一类是点对点的通信，在两点之间建立通路，确保信息从某一点有效且可靠地传输到另一点；另一类是多点之间的通信，即网通信，现代移动通信系统一般都是网通信系统。移动通信系统组网所涉及的技术问题较多，本节主要介绍区域覆盖、多信道共用、网络结构、信令系统、移动性管理、安全性管理等有关技术。

1．区域覆盖

根据电波传输的特性可知，一个基站发射的电磁波只能在有限的地理区域内被移动台所接收，这个能为移动用户提供服务的区域称为无线覆盖区或无线区。

每个移动通信网都有自己的服务区域（覆盖区），无线电波辐射必须覆盖整个区域。一般来说，移动通信网的区域覆盖方式分为两大类：一类是小容量大区制；另一类是大容量小区制。

（1）大区制

大区制是系统在其覆盖区域的中心设置基站，采用大功率的发射机、高架天线把信号发送到整个覆盖区域，由基站负责服务区内移动台的通信和控制，如图 5-7 所示。通常，基站发射功率为 50～200W，基站天线高度为几十米至百余米，覆盖半径为 20～50km。

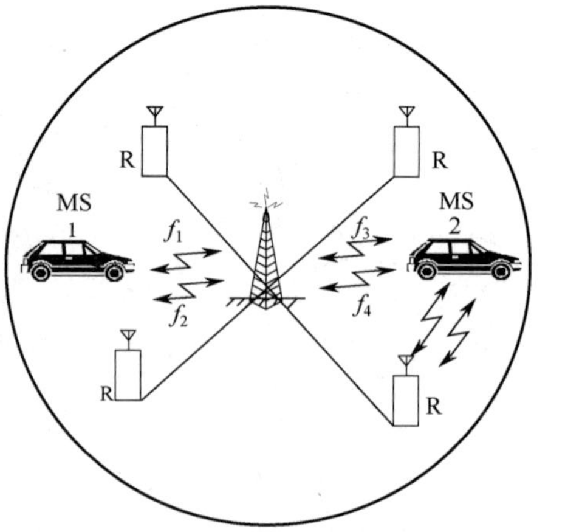

图 5-7　大区制示意图

由于基站功率大，基本上可保证在服务区内移动台接收基站发出的信号。但是，当移动台远离基站时，因移动台发射功率较低，有时基站很难接收到移动台发来的信号。为了解决这个问题，可以在服务区内设立若干个分集接收点与基站相连接，利用分集接收技术，可保证良好的双向通信质量。

大区制的特点是控制简单，投资少。一般适用于中小城市、专业部门、工矿区等用户密度不大或通信容量较小的系统，如集群移动通信系统等各种专用移动通信网。

一个大区制系统的基站频道数有限，容量不大，用户数量一般在 1000 以下。

为了扩大服务区域，提高系统的容量，就需要采用多个基站来覆盖给定的服务区。每个基站的覆盖区域称为一个小区，由此引入了小区制系统。

（2）小区制

小区制是将整个服务区划分为若干个小区域，每个小区内设置基站负责与本小区内移动台的通信和控制，同时设置一个移动交换中心负责整个服务区内通信和控制的协调工作，如图 5-8 所示。基站发射功率为 5～10W，基站天线有效高度一般为几十米，小区覆盖半径为 2～20km。

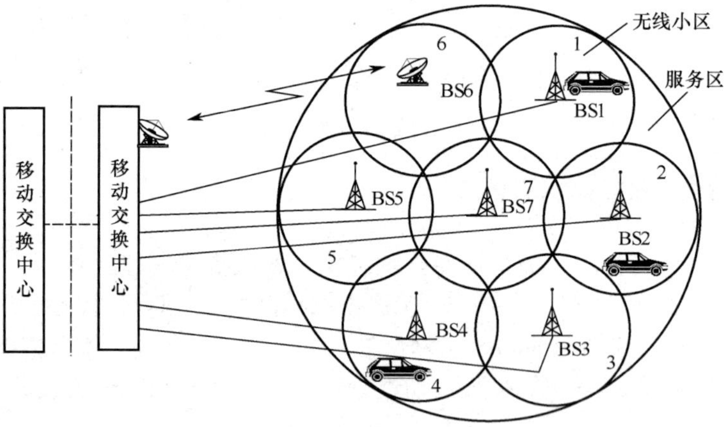

图 5-8　小区制示意图

小区制具有如下特点。

① 可以提高频率利用率，解决频道数有限而用户数量大的矛盾。这是因为在一个大的服务区内，同一频率可在相隔一定距离的另一小区中重复使用，从而增加了单位面积上可供使用的信道数，有效地提高了频率利用率，增加了系统容量。

② 具有组网的灵活性。随着用户数量的不断增加，可通过小区分裂等技术增加系统容

量。随着服务区域的扩大，可采用小区扩展等技术增大服务范围。

小区制针对不同的服务区采用不同的小区结构，可将服务区分为带状服务区和面状服务区。带状服务区（线状服务区）是指用户分布在呈带状（线状）的区域内，如公路、铁路、海岸和内河等。带状网的小区是呈线性排列的，在服务区域比较狭窄时，基站可采用定向天线。

面状服务区是指用户分布在一个宽广的区域内，大部分的陆地移动通信系统都属于面状服务区。其构成方法是将整个服务区划分成许多小区（无线区），并以一定的重复图案无间隙地覆盖整个服务区，结构比较复杂。

在理论研究中一般采用正六边形来模型化小区形状，一个个正六边形小区组成的面状网类似蜂窝的形状，因此常将面状网称为蜂窝网。蜂窝网是近年来移动通信发展的主流，以下将重点介绍与蜂窝网有关的区域覆盖知识。

① 区群构成条件。在蜂窝网中，为了实现频率复用，使有限的频率资源得以充分利用，同时有效控制同频小区之间的干扰，引入区群的概念。若干个相邻但不使用相同频率的小区组成一个区群。只有不同区群的小区才能进行频率复用。

区群的组成应满足两个条件：一是区群之间彼此邻接，且无空隙、无重叠地覆盖服务区；二是邻接之后的区群应保证各个相邻同频小区之间的距离相等。

满足上述条件的区群形状和区群内的小区数不是任意的，可以证明，区群内的小区数应满足

$$N = i^2 + ij + j^2 \tag{5-2}$$

式中，i、j 均为正整数，其中一个可以为零，但不能同时为零。由式（5-2）可算出 N 的可能取值如表 5-2 所示。图 5-9 给出了 N 最常见的取值所对应的区群形状——正六边形小区群。

表 5-2　区群中 N 的可能性取值

i	1	0	1	0	2	1	0	2	1	0	3	2
j	1	2	2	3	2	3	4	3	4	5	3	4
N	3	4	7	9	12	13	16	19	21	25	27	28

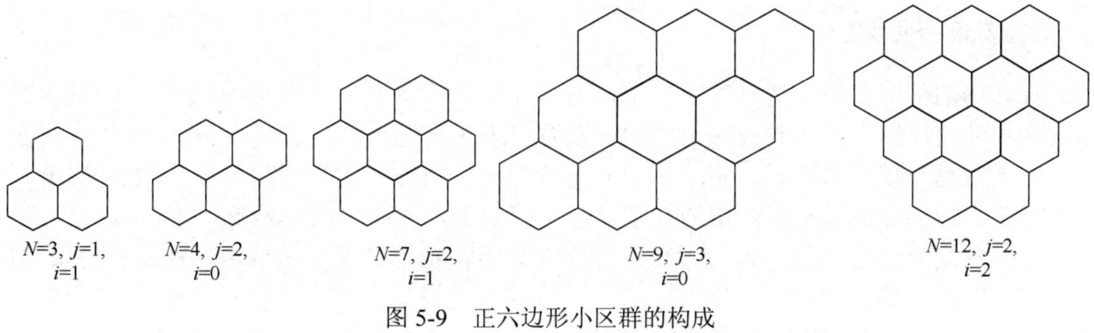

图 5-9　正六边形小区群的构成

② 同频小区的距离。为了确定某一特定小区 A 相距最近的同频相邻小区，可采用以下方法。

从小区 A 出发，先沿边的垂线方向跨 j 个小区，再向左（或向右）转 60°，再跨 i 个小区，这样就到达同频小区 A。在正六边形的 6 个方向上，可以找到 6 个相邻同信道小区，

所有 A 小区之间的距离都相等。图 5-10 所示为 i 为 3、j 为 2、N 为 19 时同信道小区的确定。

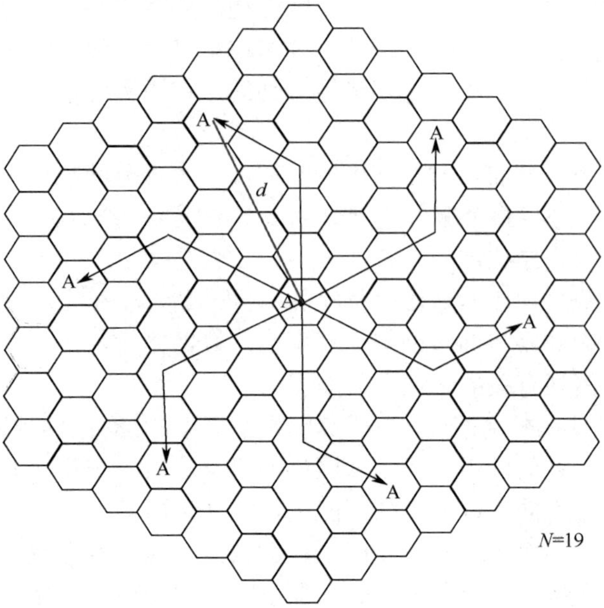

图 5-10　同信道小区的确定

设小区的辐射半径（即正六边形外接圆的半径）为 r，则从图 5-10 可以算出同频小区中心之间的距离为

$$\begin{aligned} d &= \sqrt{3}r\sqrt{(j+i/2)^2+(\sqrt{3}i/2)^2} \\ &= \sqrt{3(i^2+ij+j^2)}\times r \\ &= \sqrt{3N}\cdot r \end{aligned} \tag{5-3}$$

可见，群内小区数 N 越大，同频小区的距离就越远，抗同频干扰的性能也就越好。但随着 N 的增大，频率利用率呈下降趋势。显然，在满足系统载干比指标的前提下，N 应取最小值，以便取得高的频率利用率。例如，在第一代的模拟蜂窝系统中一般采用 N 为 7，在第二代的数字蜂窝系统中一般取 N 为 3 或 4。

2. 多信道共用

在移动通信中，每个基站配置一个信道组，每个信道组由 n 个信道组成，供小区内的移动用户使用。用户工作时占用信道的方案有以下 3 种选择。

第一种是专用信道方式，每个用户固定分配一个信道。用户使用方便，没有呼损，但由于一个用户的业务量有限，信道经常处于空闲状态，频率利用率极低，不可取。

第二种是单信道共用方式，所有用户分成 n 组，每组分配一个信道，在用户组内共用一个信道，但不同组的用户不能共用信道。这种方式的频率利用率有所上升，但如果一个组内有两个用户发起呼叫，即使小区内有空闲信道也将产生呼损，可见呼损率仍较高。

第三种是多信道共用方式，所有的用户共用小区中 n 个信道。在这种方式下，只有在第 n+1 个用户发起呼叫时才会产生呼损，可见多信道共用方式能明显提高频率利用率，降低呼损率。

在无线频率资源紧张的移动通信中，一般均采用多信道共用方式。在保证一定通话质量的情况下，如何根据小区中信道数来计算可容纳用户数量？如何根据用户数量合理配置小区中信道？新呼叫因没有空闲信道而造成呼损的概率是多少？这些问题就是下面要讨论的话务量和呼损率的问题。以下讨论中，不进行数学推导，仅介绍话务理论的结论。

（1）话务量

话务量是度量通信系统通信业务量的指标，可分为流入话务量、完成话务量和损失话务量。

流入话务量 A 是单位时间（1h）内发生的呼叫次数 λ 和每次呼叫平均占用信道时间（含通话时间）S 的乘积，即

$$A = \lambda \cdot S \tag{5-4}$$

话务量是一个无量纲的量，单位为爱尔兰（Erl）。一个信道所能承担的最大话务量是 1Erl，此时的信道利用率为 100%。1Erl 也可理解为平均 1h 内用户累计通话时间是 1h。

例如，全网 10 个信道，平均每小时发生 120 次呼叫，平均每次呼叫时间为 3min，求全网的话务量，即 A＝120×1/20＝6Erl。

完成话务量 A_0 是单位时间（1h）内完成的呼叫次数 λ_0 和每次呼叫平均占用信道时间（含通话时间）S 的乘积，即

$$A_0 = \lambda_0 \cdot S \tag{5-5}$$

考虑到用户在 24h 内的话务量分布是不均匀的，在网络设计中对于每个用户话务量是按忙时话务量来计算的。所谓忙时，即一天中最忙的 1h。最忙 1h 内的话务量与全天话务量的比值称为集中系数 k，一般为 10%～15%。用户忙时话务量为

$$A_{\mathrm{B}} = C \cdot T \cdot k / 3600 \tag{5-6}$$

式中，C 为通信网中每个用户每天平均呼叫次数，单位为次/天；T 为每次呼叫的平均占用信道时间，单位为 s/次。

例如，C 为 3（次/天），T 为 120（s/次），k 为 10%，则用式（5-6）可算得 A_{B}=0.01Erl。

实际应用中，公用移动通信网按 A_{B}＝0.01～0.03Erl 设计，专用移动通信网可按 A_{B}＝0.05 Erl 设计，我国 GSM 网所设计的忙时话务量为 0.02～0.03Erl。

在已知用户忙时话务量 A_{B}、全网流入话务量 A、网络信道数 n 后，可计算出平均每个信道能容纳的用户数，即

$$m = \frac{A / n}{A_{\mathrm{B}}} \tag{5-7}$$

全网的用户数为

$$M = m \cdot n \tag{5-8}$$

（2）呼损率与信道利用率

在采用多信道共用方式时，用户数往往大于信道数。因此，通信网无法保证每个用户的所有呼叫都能有空闲信道分配，必然会产生一定数量的呼叫失败，在话务理论中称为“呼损”。呼损率 B 等于损失话务量 $A - A_0$ 与流入话务量 A 的比值，表示造成呼叫失败的概率。

$$B = \frac{A - A_0}{A} = \frac{\lambda - \lambda_0}{\lambda} \tag{5-9}$$

根据话务理论，对于采用多信道共用方式的系统，爱尔兰呼损公式为

$$B=\frac{A^n/n!}{1+(A/1!)+(A^2/2!)+(A^3/3!)+\cdots+(A^n/n!)}=\frac{A^n/n!}{\sum_{i=0}^{n}A^i/i!} \tag{5-10}$$

式（5-10）展示了呼损率 B、共用信道数 n 和流入话务量 A 三者之间的关系。在工程设计中，一般直接利用由公式导出的数值表，如表 5-3 所示。

信道利用率 η 是系统设计中的一个重要参数，通常信道利用率可用每小时每信道的完成话务量来计算，即

$$\eta=\frac{A_0}{n}=\frac{A(1-B)}{n} \tag{5-11}$$

当 B、n、A 和 η 取不同值时，相互关系见爱尔兰呼损表，如表 5-3 所示。由表可见，当 B 确定之后，随着 n 的增大，A 和 η 也随之增大，但当 $n>8$ 时，A 和 η 的增长很缓慢。因此每个基站的共用信道数也不宜太多，以免造成频率资源的浪费。

表 5-3　爱尔兰呼损表

B	**1%**	**2%**	**3%**	**5%**	**7%**	**10%**	**20%**
n	***A***	***A***	***A***	***A***	***A***	***A***	***A***
1	0.01	0.02	0.031	0.053	0.075	0.111	0.25
2	0.153	0.223	0.282	0.381	0.47	0.595	1
3	0.455	0.602	0.725	0.899	1.057	1.271	1.98
4	0.869	1.902	1.219	1.525	1.748	2.045	2.945
5	1.361	1.657	1.875	2.218	2.054	2.881	4.01
6	1.909	2.276	2.543	2.96	3.305	3.758	5.109
7	2.051	2.935	3.25	3.738	4.139	4.666	6.23
8	3.128	3.627	3.987	4.543	4.999	5.597	7.369
9	3.783	4.345	4.748	5.37	5.879	6.546	8.552
10	4.461	5.048	5.529	6.216	6.776	7.551	9.685
11	5.16	5.842	6.228	7.076	7.687	8.437	10.857
12	5.876	6.615	7.141	7.95	8.61	9.474	12.036
13	6.607	7.402	7.967	8.835	9.543	10.47	13.222
14	7.352	8.200	8.803	9.73	10.485	11.473	14.413
15	8.108	9.010	9.65	10.633	11.434	12.484	15.608
16	8.875	9.828	10.505	11.544	12.39	13.5	16.608
17	9.652	10.656	11.368	12.461	13.353	14.522	18.01
18	10.437	11.491	12.238	13.335	14.321	15.548	19.216
19	11.23	12.333	13.115	14.315	15.294	16.579	20.424
20	12.031	13.182	13.997	15.249	16.271	17.613	21.635
21	12.838	14.036	14.884	16.189	17.253	18.651	22.848
22	13.651	14.896	15.778	17.132	18.238	19.692	24.064
23	14.47	15.761	16.675	18.08	19.227	20.373	25.861

呼损率 B 越小，成功呼叫的概率越大，用户就越满意。因此，有时又将呼损率称为通信的服务等级。对于一个通信网络来说，如果希望呼损率越小越好，只有减少流入话务量（减少用户数量）或增加信道数量，但这两种方法都会降低信道利用率。可见，呼损率和信

道利用率是一对矛盾体，在移动通信系统设计时要协调好系统容量、服务质量和信道利用率之间的关系。

【例 5-1】某移动通信系统一个无线小区有 8 个信道（1 个控制信道，7 个语音信道），每天每个用户平均呼叫 10 次，每次占用信道平均时间为 80s，呼损率要求 10%，忙时集中系数为 0.125。问该无线小区能容纳多少用户？

解（1）根据呼损的要求及信道数（n=7），求总话务量 A。

可以利用公式，也可查表。求得 $A = 4.666\text{Erl}$。

（2）求每个用户的忙时话务量 $A_{\rm B}$。

$$A_{\rm B} = \frac{\rm CTK}{3600} = \frac{10 \times 80 \times 0.125}{3600} \approx 0.0278\text{Erl/用户}$$

（3）求每个信道能容纳的用户数 m。

$$m = \frac{A/n}{A_{\rm B}} = \frac{4.666/7}{0.0278} \approx 24$$

（4）求系统所容纳的用户数 M。

$$M = m \cdot n = 24 \times 7 = 168$$

【例 5-2】设每个用户的忙时话务量 $A_{\rm B}$ 为 0.01Erl，呼损率 B 为 10%，现有 8 个无线信道，采用两种不同的技术，即多信道共用和单信道共用组成两个系统，试分别计算它们的容量和利用率。

对于多信道共用系统：

已知 n=$n_{\rm total}$=8，B=10%，求 m、M。由表 5-3 得 A=5.597Erl。

因为 $m = \dfrac{A}{A_{\rm B}n} = \dfrac{5.597}{0.01 \times 8} \approx 70$（用户/信道）

所以 $M = m \cdot n = 70 \times 8 = 560$（用户）

$$\eta = \frac{A(1-B)}{n} = \frac{5.597 \times (1-0.1)}{8} \approx 63\%$$

对于单信道共用系统：

已知 n=1，B=10%，求 m、M。由表 5-3 得 A=0.111Erl。

因为 $m = \dfrac{A}{A_{\rm B}n} = \dfrac{0.111}{0.01 \times 1} \approx 11$（用户/信道）

所以，总用户数 $M = m \cdot n_{\rm total} = 11 \times 8 = 88$（用户）

$$\eta = \frac{0.111 \times (1-0.1) \times 8}{8} \approx 10\%$$

通过上述计算可知，在相同的信道数（8 个）、相同的呼损率（10%）条件下，多信道共用与单信道共用相比较，前者每个信道平均容纳的用户数是 70 个，而后者仅 11 个，前者是后者的 6.4 倍。整个系统的总用户，前者为 560 个，而后者仅 88 个。单信道共用的信道利用率为 10%，多信道共用的信道利用率为 63%。因此，多信道共用技术是提高信道利用率（即频率利用率）的一种重要手段。

3．网络结构

移动通信的最大特点是，移动台在服务区内任意地点移动时都能进行通信，且在通信中不能由用户的号码来确定移动台所在区域。移动通信网络必须具备以下功能实体：存储移动台有关数据的数据库；可根据移动台移动情况修改数据库信息，并可根据数据库信息进行路由选择的控制设备；连接移动台入网的无线接入设备；连接其他网络的接口设备。下面以蜂窝移动通信系统为例进行介绍。

（1）PLMN 网络结构

蜂窝移动通信系统的发展经历了模拟移动通信系统（1G）、数字移动通信系统（2G）、第三代移动通信系统（3G），正处于第四代移动通信系统（4G）广泛商用阶段。为了便于各设备之间的互联互通，国际电信联盟的电信标准化组织 ITU-T 于 1988 年对公共陆地移动通信网（Public Land Mobile Network，PLMN）的结构、功能和接口，以及其与公共电话交换网（PSTN）互通等做出了详尽的规定。PLMN 的网络结构如图 5-11 所示，其组成部分为移动台（MS）、基站分系统（BSS）、网络与交换子系统（NSS）。其中，基站分系统由基站收发信机（BTS）和基站控制器（BSC）组成；网络与交换子系统由移动交换中心（MSC）、原籍（归属）位置寄存器（HLR）、访问位置寄存器（VLR）、设备标识寄存器（EIR）、认证中心（AUC）和操作维护中心（OMC）组成。

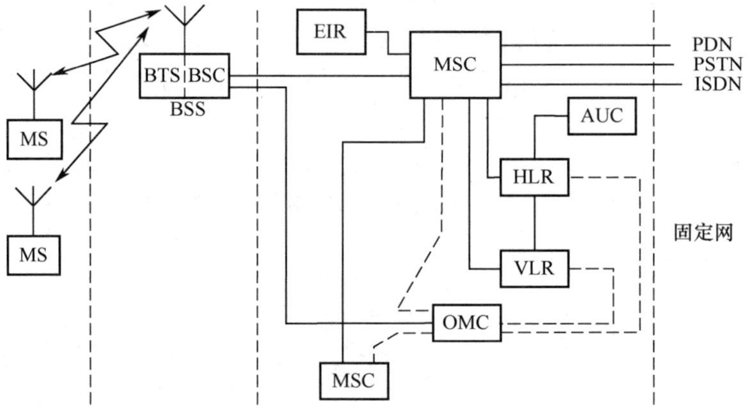

图 5-11　PLMN 的网络结构

在构成实际网络时，根据网络规模、所在地域及其他因素，上述功能实体可有各种配置方式。通常将 MSC 和 VLR 设置在一起，而将 HLR、EIR 和 AUC 设置于另一个物理实体中。在某些情况下，MSC、VLR、HLR、AUC 和 EIR 也可共同设置于一个物理实体中。

① 移动台（MS）。MS 由用户设备构成。用户使用这些设备可接入 PLMN 中，得到所需的通信服务。MS 可分为车载台、便携台和手持台等类型。

② 基站子系统（BSS）。BSS 由可在小区内建立无线电覆盖并与移动台通信的设备组成。一个 BSS 可为一个或多个小区服务。BSS 分别由基站控制器（BSC）和基站收发信机（BTS）这两类功能实体来完成控制和无线传输功能。

a. 基站控制器（BSC）：对基站收发信机进行控制，每个 BSC 可控制一个或多个 BTS。

b. 基站收发信机（BTS）：指覆盖一个小区的无线电收发信设备，由 BSC 控制。

③ 网络与交换子系统（NSS）。

a. 移动交换中心（MSC）。MSC 是一个程控交换机，负责对位于其服务区内的移动台的呼叫进行接续和控制，是数字蜂窝网的核心。MSC 除具有固定交换机所有的呼叫接续功能之外，还具有无线资源管理和移动特性管理等功能，同时是 PLMN 与固定网之间的接口设备。

b. 原籍位置寄存器（HLR）。HLR 是负责移动用户管理的数据库。它存储所有管辖用户的签约数据及移动用户的位置信息（如移动台漫游号码、VLR 地址等），可为建立至某移动用户的呼叫提供路由信息。

c. 访问位置寄存器（VLR）。VLR 是存储用户位置信息的动态数据库，既包含它所管辖区域内出现的移动用户的数据，又包含处理呼叫建立或接收呼叫所需的信息。

d. 设备标识寄存器（EIR）。EIR 是存储有关移动台的国际移动设备识别码（IMEI）的数据库，用于确保网络内移动设备的唯一性和安全性。

e. 认证中心（AUC）。AUC 存储鉴权算法和加密密钥，用来防止无权用户接入系统和保证通过无线接口的移动用户通信的安全。

f. 操作维护中心（OMC）。OMC 是网络操作者对全网进行监视和操作的功能实体。

④ 接口。为了便于各设备之间的互联互通，PLMN 定义了一系列接口，如图 5-12 所示。

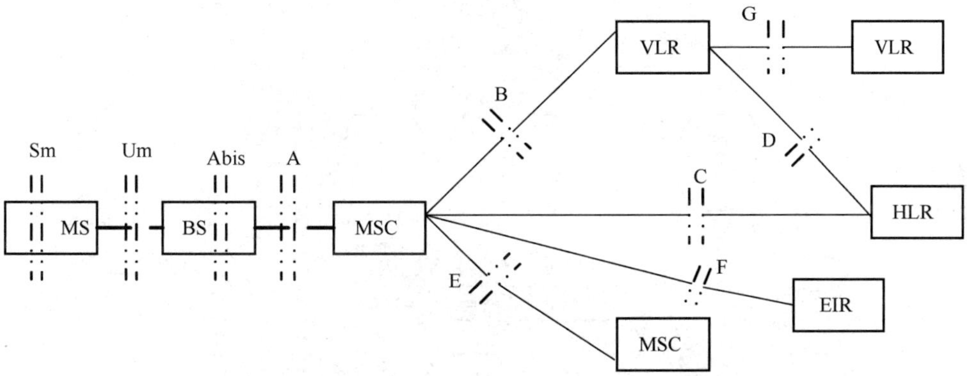

图 5-12　PLMN 定义的接口示意图

a. 人机接口（Sm 接口）。Sm 接口是用户与移动网之间的接口，在移动设备中实现，包括键盘、液晶显示器及用户识别卡（SIM）等。

b. 空中接口（Um 接口）。Um 接口是移动台与基站收发信机之间的接口，也称无线接口，是移动通信网的主要接口。此接口传递的信息包括无线资源管理、移动性管理和接续管理等，它包含信令接口和物理接口两方面的含义。无线接口的不同是数字移动网与模拟移动网的主要区别之一。也就是说，它们选用的无线接口标准不同。

c. 系统内部接口。A 为基站与移动交换中心之间的接口；Abis 为基站控制器（BSC）与基站收发信机（BTS）之间的接口；B 为移动交换中心（MSC）与访问位置寄存器（VLR）之间的接口；C 为移动交换中心（MSC）与原籍位置寄存器（HLR）之间的接口；D 为原籍位置寄存器（HLR）与访问位置寄存器（VLR）之间的接口；E 为移动交换中心之间的接口；F 为移动交换中心（MSC）与设备标识寄存器（EIR）之间的接口；G 为访问位置寄存器（VLR）之间的接口。这些接口均采用标准的 2048kb/s 数字传输链路来实现，其信令接口协议均基于 7 号信令系统（SS7）。自 B 至 G 的 6 个接口都是由 MAP（移动应用部分）支持的，又称为 MAP 接口。

d. PLMN 与其他网络接口。常规电话网局间信令接口，用于建立移动网到公共电话网的话路接续。也采用标准的 2048kb/s 数字传输链路来实现，其信令接口协议根据业务不同可分为 TUP（电话用户部分）或 ISUP（ISDN 用户部分）信令。

在一个移动通信网络中，上述众多接口的功能和运行程序必须具有明确要求并建立统一标准，这就是接口规范。只要遵守接口规范，哪个厂家生产的设备都可以用来组网，而不必限制这些设备在开发和生产中采用哪种技术。显然，这为厂家的大规模生产和不断进行设备的改进提供了方便。

（2）区域联网

一个移动交换机所能控制的服务区是有限的，在蜂窝移动网络中，为便于网络组织，常采用区域内联网技术。所谓区域内联网，是指在许多不属于一个移动交换机控制区的基站之间，允许移动台自由游动，并可不间断地提供通话服务的功能。网络中各移动交换机要与本地的市话汇接局、本地长途交换局相连，同时移动交换局之间需互联互通才能构成一个功能完善的网络。区域联网网络结构如图 5-13 所示。

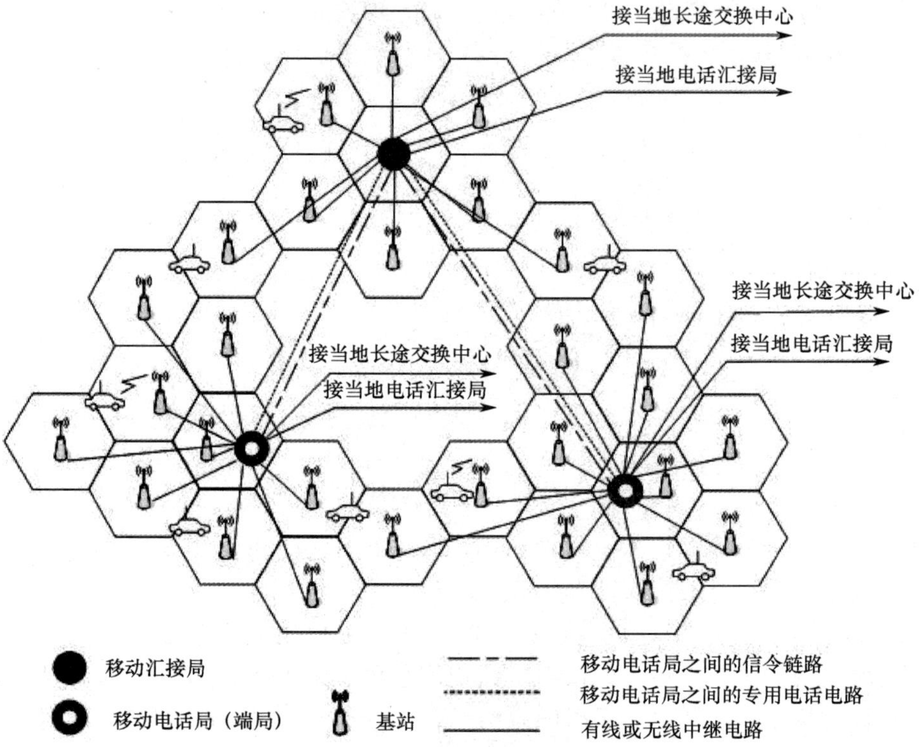

图 5-13　区域联网网络结构

在 PLMN 网络中为便于移动性管理，如图 5-14 所示，将整个服务区划分为 6 种不同区域。

① 服务区。服务区是指移动台可获得服务的区域，即 PLMN、PSTN 或 ISDN 用户无须知道移动台实际位置而可与之通信的区域。一个服务区可由一个或若干个 PLMN 组成。就地域而言，可以是一个国家或一个国家的一部分，也可以是若干个国家。

② PLMN 区。一个 PLMN 区可由一个或若干个 MSC 组成。在该区内具有共同的编号制度和共同的路由计划。PLMN 与各种固定通信网的接口是 MSC，由 MSC 完成呼叫接续。

③ MSC 区。MSC 区是指一个移动交换中心所控制的区域，一个 MSC 区连接一个或若干个基站控制器，每个基站控制器控制多个基站收发信机。从地理位置来看，一个 MSC 区包含多个位置区。

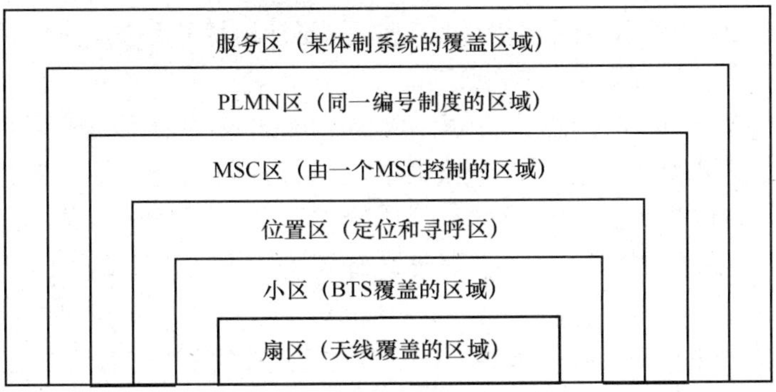

图 5-14　PLMN 中的区域定义

④ 位置区。位置区是移动台可任意移动不需要进行位置更新的区域，一个位置区可以由一个或若干个小区组成。呼叫移动台时，通常向一个位置区内的所有基站同时发寻呼信息。

⑤ 小区。小区是基站收发信机有效的无线覆盖区。

⑥ 扇区。当基站收发信机采用定向天线时，一个小区分为若干个扇区。若采用 120°定向天线时，一个小区分为 3 个扇区；若采用 60°定向天线时，一个小区分为 6 个扇区。

4．信令系统

在通信网中，除了传输用户业务信息（如语音、数据），还必须在交换机与交换局、用户与交换机之间传送各种控制信号，以保证交换机协调工作，完成用户呼叫和处理、接续、控制与维护管理等功能。这些与通信有关的控制信号统称为信令，通信网中对信令所遵守的协议称为信令方式，每个交换局为完成特定信令方式的传递与控制所需的硬件和软件设施称为信令系统。通信网中信令种类很多，按作用区域可分为接入信令和网络信令。

（1）接入信令

在移动通信中，接入信令是指移动台到基站之间的信令。按信号形式的不同，接入信令又可分为数字信令和音频信令两类，由于数字信令具有速度快、容量大、可靠性高等明显的优点，已成为目前移动通信网中采用的主要形式。在传输数字信令时，为便于接收端解码，要求数字信令按一定的格式编排。信令格式是多种多样的，不同通信系统的信令格式也各不相同。典型的数字信令格式如图 5-15 所示，它包括位同步码（P）、字同步码（SW）、信息码（A 或 D）、纠错码（SP）四部分。

P	SW	A或D	SP

图 5-15　典型的数字信令格式

位同步码（P）：又称为前置码，提供位同步信息，以确定每一码位的起始和终止时刻，以便接收端进行积分和判决。为便于提取位同步信息，位同步码一般采用 1010…的交替码。接收端用锁相环路即可提取出位同步信息。

字同步码（SW）：用于确定信息（报文）的开始位，相当于时分多路通信中的帧同步，因此也称为帧同步。适合用作字同步的特殊码组很多，它们都具有尖锐的自相关函数，便于与随机的数字信息相区别。在接收时，可以在数字信号序列中识别出这些特殊码组的位置来实现字同步。最常用的是著名的巴克码和 m 序列等伪随机码。

信息码（A 或 D）：表示实际的信令信息，主要是地址和数据，通常包括控制、选呼、拨号等信令，各种系统都有其独特的规定。

纠错码（SP）：有时也称为监督码，用于检测和纠正信令在传送过程中的差错。不同的纠错编码有不同的检错和纠错能力。一般来说，监督位码元所占的比例越大，检（纠）错的能力就越强，但编码效率就越低。可见，纠错编码是以降低信息传输速率为代价来提高传输可靠性的。移动通信中常用的纠错编码是奇偶校验码、汉明码、BCH 码和卷积码等。

（2）网络信令

网络信令是指网络节点之间的信令，在移动通信中网络常用的信令是 7 号信令（SS7），主要用于在交换机之间、交换机与数据库（如 HLR、VLR、AUC 等）之间交换信息。

7 号信令系统被划分为一个公共的消息传递部分（Message Transfer Part，MTP）和若干用户部分（User Part，UP），其协议结构如图 5-16 所示。

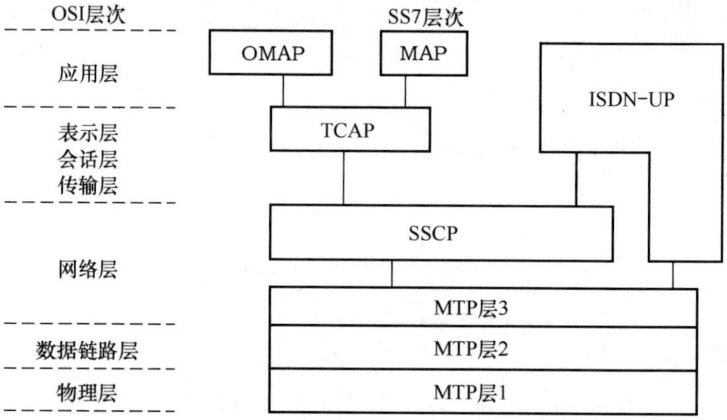

图 5-16　7 号信令的协议结构

MTP 只负责消息的传递，不负责消息内容的分析，提供一个无连接的消息传输系统。它可以使信令跨越网络到达其目的地，MTP 中的功能可以避免网络中发生的系统故障对信令信息传输产生不利影响。MTP 包括 3 个功能级。

① MTP-1 层为信令数据层，定义了信号链路的物理和电气特性，是在一种传输速率下传送信令的双向数据通道，即双工链路。它相当于 OSI 结构中的物理层。

② MTP-2 层为信令链路层，提供数据链路的控制，负责提供信令数据链路上的可靠数据传送。它相当于 OSI 结构中的数据链路层。

③ MTP-3 层是信令网络层，提供公共的消息传送功能，包括信令消息处理和信令网管理两部分。它属于 OSI 结构中的网络层。

信令连接控制部分（Signaling Connection Control Part，SCCP）的目的是实现网络节点直接传送控制消息无须经过呼叫链路。例如，移动通信中移动台和位置登记（HLR、VLR）之间的信令消息。与信令网络层相结合，构成了 OSI 结构中较完备的网络层功能。

事务处理能力应用部分（Transaction Capabilities Application Part，TCAP）对网络节点间的对话和操作请求进行管理，为各种应用业务信令过程提供基础服务。它本身属于应用层协议，但与具体应用无关。

与具体业务有关的各种应用部分（AP）已定义或部分定义的包括 7 号信令网的操作维护应用部分（OMAP）、智能网应用部分（INAP）和移动应用部分（MAP）。它们均为应用层协议。

ISDN 用户部分（ISDN-UP 或 ISUP）支持的业务包括基本的承载业务和许多 ISDN 补充业务。ISDN-UP 既可以使用 MTP 业务在交换机之间可靠地按顺序传输信令消息，也可以使用 SCCP 业务作为点对点信令方式。

5．移动性管理

当移动用户从一个位置区漫游到另一个位置区时，会引起网络各个功能单元的一系列操作，这些操作将引起各种位置寄存器中移动台位置信息的登记、修改或删除，若移动台正在通话，则将引起越区转接过程，这些都是支持蜂窝系统移动性管理的过程。

（1）位置登记

用户的位置信息是蜂窝式移动通信系统中的一项重要特征，它是通过移动位置管理来实现的。在固定式通信系统中，每个用户特征的号码（即电话号码）对应一个物理地址，它一般为一个电话线插座，是静态不变的。在移动式通信系统中，从网络观点看，用户移动终端的号码仅是一个逻辑地址，它并不是固定的，而是动态变化的。

为了适应用户的移动性，系统需要不断地识别移动台所在位置，且需要移动台始终处于“待机”（空闲模式）状态，并通过无线链路将用户位置告知网络，这些都属于移动性管理，显然它会增加大量的信令业务和无线接口上的处理工作量。这一点与固定式通信不同，固网中由于终端与接入点固定不动，因此也不会给网络增加任何附加的信令业务与相应的处理过程。

位置登记是指网络跟踪、保持移动台所处的位置并存储其位置信息，一般是存储在两个寄存器中，即存储在静态的归属用户位置寄存器 H LR 和动态的访问用户位置寄存器 VLR 中。

位置登记主要包含以下过程。

① 位置更新。当移动台开机后或在移动过程中，收到的位置区识别与其存储的位置区识别不一致时，即发出位置更新请求，并通知网络更新该移动台的新位置区识别消息。

② 位置删除。移动台到一个新位置区后，需要为其在当前 VLR 重新登记并从原来 VLR 中删除该移动台的有关信息。

③ 周期性位置更新。使处于待机状态且位置稳定的移动台以适当的时间间隔周期性地进行位置更新。

④ 国际移动用户识别号码 IMSI 的位置更新。它产生在移动台关机时，或者在所在位置区内开机时，或者用户识别卡（如 GSM 的 SIM 卡）取出/插入时。

位置登记的目的是允许移动台在网络中选择一个最适合的小区，如具有最强的信号或最大的信噪比等，包括捕捉小区（移动台不断地收听附近基站的信号）、建立通信链路、完成位置更新等几个步骤。

（2）越区切换

蜂窝结构可以提高系统的容量，同时也产生了一个很复杂的问题，就是怎样保证用户在小区间移动时通信的不间断性，这个处理过程称为越区切换（简称切换）。由于切换发生在通信过程中，切换的性能直接关系到提供给用户的通信质量，切换的成功率是衡量通信质量的一个非常敏感的指标。

① 切换的分类。从网络角度看，切换可以按下列方式分类，如图 5-17 所示。

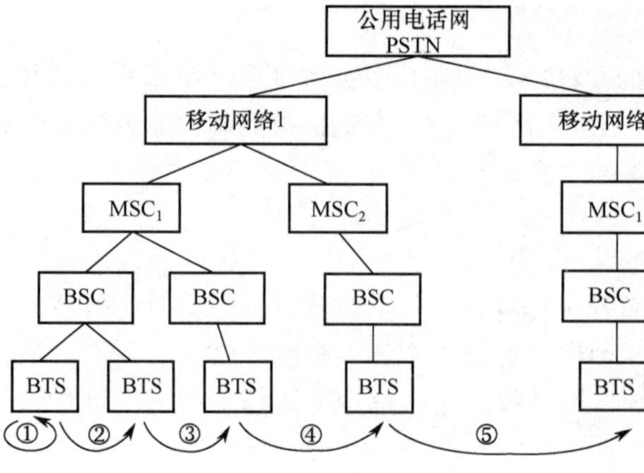

图 5-17　切换的分类

a. 小区内切换。小区内切换是最简单的切换，无须移动交换中心介入，由基站控制器（BSC）控制完成。在扇区化小区中，当移动台从一个扇区移动到另一个扇区时所进行的切换属于小区内的切换。还有，若移动台仍处于同一个基站的服务区内（移动台接收到的信号足够强），但当前使用的无线信道的干扰信号太高，也要进行小区内的切换。

b. 小区间切换。小区间切换是指在同一个 BSC 的管辖范围内，移动台从一个基站服务区进入另一个基站服务区时进行的切换，这时的切换仍由 BSC 控制完成。有时进行的小区间切换可能是为了平衡各基站间的业务负载。

c. BSC 间切换。BSC 间切换是指在同一个 MSC 的管辖范围内，移动台从一个 BSC 服务区进入另一个 BSC 服务区时进行的切换，这时的切换由 MSC 控制完成。

d. MSC 间切换。MSC 间切换是指移动台从一个 MSC 服务区进入另一个 MSC 服务区时进行的切换。这种切换是同一系统中控制最复杂的切换，由原 MSC 将切换请求发送到新 MSC，由两个 MSC 一起协调完成。

e. 网络间切换。网络间切换是指移动台可在不同类型的系统间进行切换。在 IS-95 中为了向下兼容，就实现了在 IS-95 网络和 AMPS 网络之间的切换。

② 切换过程。在一次呼叫的通信期内（传输用户的数据或信令）进行的切换一般可以分为 3 个阶段：链路监视和测量、目标小区的选择与确定、切换触发与执行。3 个阶段依次执行，并且目标小区的确定一般在测量阶段就开始了。

a. 链路监视和测量。测量的数据在处理后将用于对目标小区的确定和切换触发的算法。测量的参数不能太多，以免引起基站和移动台处理时过载。主要测量参数有：接收信号强度指标 RSSI，它表示无线链路的质量；误码率 BER；基站与移动台之间的距离；基站的身份；邻近基站的广播信道频率；各个信道的频率和时序。例如，在 GSM 中，测量参数一般取 3～10 个，测量参数报告的时间间隔改为 0.5s，而且移动台要向网络报告邻近的 6 个信号最强的基站的测量数据。

b. 目标（候选）小区选择与确定（以 IS-95 为例）。一般在参数测量和数据收集阶段，一个候选的目标小区名单已经产生，随后根据测量的数据，不断对后续的小区进行调整。例如，IS-95 系统将小区的信道划分为 4 组：运行信道组，目前正在使用的信道组；候选信道组，目前不在运行信道组中，但是其质量接近运行信道组，供运行信道组后备选用；邻近信道组，目前尚未达到候选信道组标准，但质量比较好的信道组；剩余信道组，包括不在上述三类信道组中系统剩下的所有信道。

c. 切换触发与执行。切换触发是建立在对当前运行基站和对邻近基站的一次监测和参数收集、处理判决后才进行的。当一次切换被触发以后，一个新的信道将被建立，通信将被转移到新的链路，同时原来的信道将被释放。根据新链路的建立途径不同可分为硬切换和软切换。硬切换是在新链路建立之前就释放当前链路，即先断开后切换，会造成短暂的中断，主要用于 GSM 及一切转换载频的切换。软切换是在新链路建立之后才开始释放当前链路，即先切换后断开，用于 CDMA 系统中同一载频内的切换。

③ 切换的控制方式。在移动通信系统中有 3 种切换控制方式：网络控制切换（NCHO）、移动台辅助切换（MAHO）和移动台控制切换（MCHO）。

a. 网络控制切换。网络控制切换是在移动交换中心的控制管理下进行切换的。每个基站连续监视它的所有反向信道的信号强度，并传送给移动交换中心，由移动交换中心来决定移动台是否需要进行切换。对于需要切换的移动台，由移动交换中心通知相邻基站监测该移动台的信号强度并把测量结果报告给移动交换中心，由移动交换中心确定新基站，并控制新旧基站和移动台进行切换。第一代的蜂窝系统 TACS 和 AMPS 系统均采用这种切换控制方式。

b. 移动台辅助切换。移动台辅助切换方式是由网络控制切换方式演化而来的。随着通信业务量的增大和小区半径的减小，切换越来越频繁，网络控制切换方式已不能满足数字蜂窝网的要求。移动台辅助切换是把切换中的检测和处理等功能部分地分散到各个移动台中处理。移动台测量其周围基站的信号质量并把结果报告给当前基站，移动交换中心根据测试结果决定何时进行切换以及切换到哪一个基站。GSM 和 IS-95 系统均采用这种控制方式，在切换频繁的微蜂窝环境下特别实用。

c. 移动台控制切换。移动台控制切换是由移动台来完成信号监测和切换决策。移动台连续监测当前基站和几个相邻基站的信号强度和质量。当满足切换条件时，移动台选择具有可用业务信道的最佳候选基站，并发出切换请求。无绳系统 DECT 和 PACS 均采用这种控制方式。

④ 切换时的信道分配。越区切换时的信道分配是解决当呼叫要转换到新小区时，新小区如何分配信道，使得越区切换失败的概率尽量小。常用的做法是在每个小区预留部分信道专门用于越区切换。这种做法的特点是：因新呼叫可使用信道数减少，虽增加了呼损率，但减少了通话被中断的概率，从而符合人们的使用习惯。

6. 安全性管理

随着移动系统的广泛使用，安全问题正变得越来越敏感。为了保证无线系统的安全，不仅要防止入侵者读取或修改系统中传输或存储的数据，而且要防止入侵者获取对系统资源或服务的访问权。从技术上考虑，主要有用户鉴权、加密、设备识别、网络识别等多个方面的问题，下面介绍用户鉴权和加密两个主要问题的解决方法。

（1）用户鉴权

用户鉴权就是确认用户的合法身份，防止无权用户接入系统。在每次位置登记、呼叫（主呼与被呼）建立或执行某些补充业务的登记、删除前需进行鉴权。最简单的鉴权方法是用户口令，即 PIN 码（个人标识码）。在无线环境中，这是一种低级别的保护方法，通过窃听可以很容易破获 PIN 码。现在移动系统的安全协议一般都要求交换有关鉴权信息。总体来说，鉴权由用户设备和网络设备共同完成。

在 GSM 系统中的鉴权过程涉及 SIM（用户识别模块）卡、AUC、HLR 和 VLR。AUC 产生用于鉴权的随机数（RAND），并利用存储的用户鉴权键 K_i 通过加密算法 A_3 和密钥算法 A_8 产生符号响应（SRES）和密钥 K_c。用于鉴权的多个参数组（RAND、SRES、K_c）存储在 HLR 中，在 MSC/VLR 需要鉴权时，从 HLR 中提取参数组，并向用户发送 RAND。SIM 卡根据 RAND 完成用户侧的鉴权计算，并将 SRES 传送给 MSC/VLR，验证用户合法性，GSM 系统的鉴权过程如图 5-18 所示。

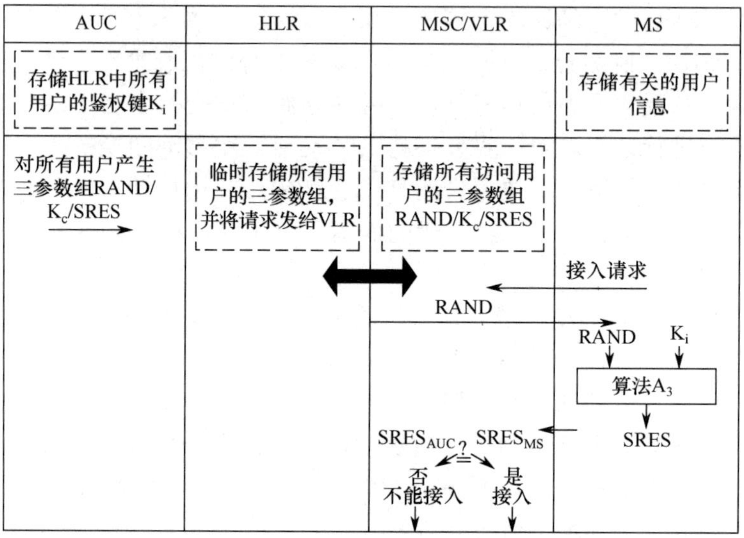

图 5-18　GSM 系统的鉴权过程

IS-95 系统中根据应用的场合不同分为注册鉴权、发起呼叫鉴权、寻呼响应鉴权、唯一查询鉴权等不同的鉴权方式，鉴权算法在不同方式下输入参数的组成是不同的，相比 GSM 进一步提供了系统的安全性能。

（2）加密

无线通信传播的开放性导致信息有可能被人截获。加密是避免用户信息被入侵者截获的一种编码技术。对于现代数字移动通信系统，由于信息流是完全数字化的，因此直接使用密钥对二进制数据进行编码。

在 GSM 系统中，无线接口上传送的数据是加密的。通信信息加密如图 5-19 所示。在 BTS 侧和 MS 侧均使用一致的密钥 K_c，在 MS 侧，由密钥 K_c 和 TDMA 帧号一起经过加密算法 A_5，对用户信息数据加密后在无线信道上传输，在 BTS 侧，用相同密钥 K_c 和 TDMA 帧号进行解码，反之亦然。但在 GSM 网络侧，所有用户数据与信令都是明文传输的，若在网络侧进行监听与截获，则能够比空中接口更容易获取所需信息。

数据业务与多媒体业务的开展进一步促进了移动安全保密技术的发展，如基于移动因特网的各种数据业务：电子商务、电子贸易、电子银行结算和电子炒股，以及特殊数据业务认证与加解密等。3G 和 4G 系统安全体系在支持 2G 主要安全措施的基础上，进一步采用了双向认证、认证与密钥协商、数据完整性保护等机制提供移动通信系统的安全性。

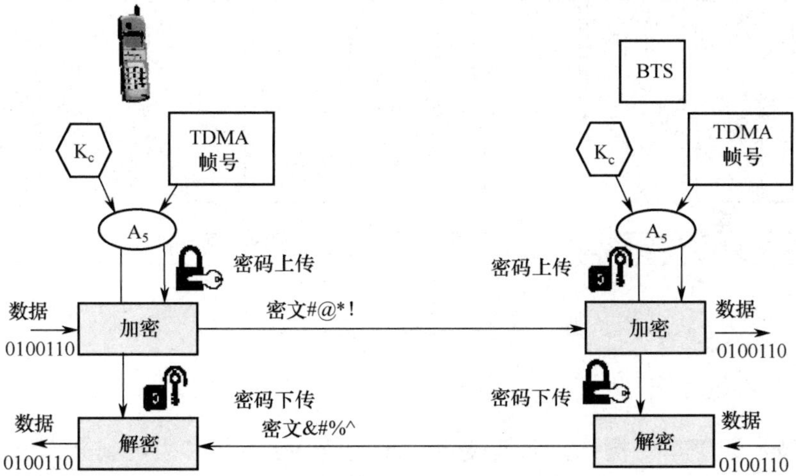

图 5-19　通信信息加密示意图

5.2.4　蜂窝移动通信系统

蜂窝移动通信系统将一个服务区划分成若干小区，每一个小区设置一个基站，多个小区像蜂窝（Cell）一样覆盖着整个服务区域。系统包括基站、移动台、移动交换中心 3 种主要设备实体。蜂窝移动通信既能满足大的无线覆盖区和高速移动用户的要求，又能满足高密度、低速移动用户的要求，同时还可满足室内用户的要求。公用陆地移动通信系统都采用蜂窝体制，蜂窝移动通信目前是移动通信中最大和最主要的网络系统。世界各国都建立了蜂窝移动通信系统，实现不同容量、质量、数据速率和业务的移动通信，并实现跨区、跨国乃至全球的漫游业务和网络管理。

1. 蜂窝移动通信的概况

蜂窝移动通信是当今移动通信发展的主流，它的迅猛发展奠定了移动通信乃至无线通信在当今通信领域的重要地位。从公用移动通信的发展历程来看，自 20 世纪 80 年代起，移动通信系统已出现了四代的概念。第一代模拟蜂窝系统，真正解决了公用移动通信系统要求容量大与频率资源有限的矛盾，其历史任务已经完成。第二代数字蜂窝系统，克服了模拟移动通信系统的弱点，完成了模拟技术向数字技术的转变，使得数字通信网得到迅猛发展。第三代蜂窝通信系统，解决了第二代移动通信系统中带宽受限、移动通信标准不统一等问题，在支持更高带宽和数据速率的同时，提供多媒体服务，实现多种信息一体化，可以提供更加快捷、方便、高服务质量、高保密性、安全的无线应用。第四代移动通信系统采用正交频分复用（Orthogonal Frequency Division Multiplexing，OFDM）和多入多出（Multi-input Multi-output，MIMO）技术来提供更高的频谱利用率，改进并且增强了传统的无线空中接入技术。2012 年，LTE-Advanced 被确立为 4G 国际标准，LTE 包括 LTE 时分双工（Time Division Duplexing，TDD）和 LTE 频分双工（Frequency Division Duplexing，FDD）两种制式。第五代移动通信系统还处于技术标准制定和实验阶段，预计将于 2020 年后完成标准化并开始商用部署。图 5-20 给出了蜂窝移动通信系统发展的主要历程。

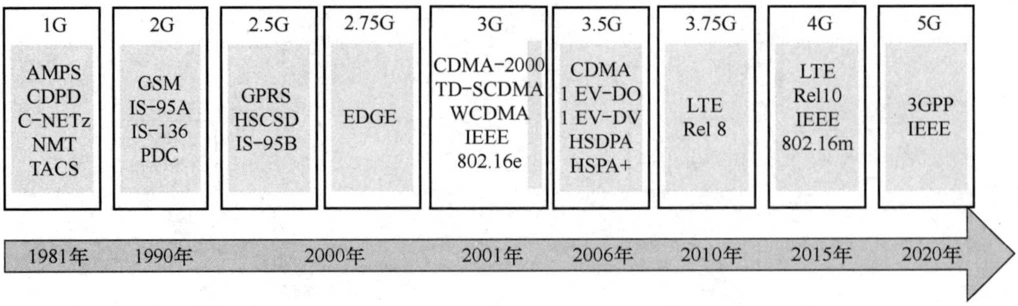

图 5-20　蜂窝移动通信系统的发展

2．CDMA 系统概况

CDMA 技术源于军用抗干扰通信技术，20 世纪 90 年代初由美国高通公司创新推广为商用蜂窝移动通信技术，1995 年第一个 CDMA 商用系统运行之后，CDMA 技术理论上的诸多优势在实践中得到了检验，CDMA 在 20 世纪 90 年代末进入黄金发展阶段，特别是在 1997 年后，CDMA 在韩国、日本、美国、中国等国家形成增长的高峰期。由于 CDMA 体制具有抗人为干扰、抗窄带干扰、抗衰落、抗多径时延扩展，并可提供十分巨大的系统容量和便于与模拟或数字体制共存的优点，使得 CDMA 成为第二代移动通信系统中的两种主要多址方式中除 TDMA 之外的另一种主要形式，最典型的是 IS-95。它也是第三代移动通信系统的主要技术手段，如 CDMA2000、WCDMA 和 TD-SCDMA。下面以 IS-95 系统为例介绍 CDMA 系统概况。

（1）工作过程

图 5-21 所示为 CDMA 系统的工作示意图。CDMA 系统为每个用户分配了各自特定的地址码（C_1，$C_2,\cdots,C_N$），利用公共信道来传输信息。CDMA 系统的地址码相互正交，用于区别不同地址，而在频率、时间和空间上都可能重叠。系统的接收端必须有完全一致的本地地址码，用来对接收的信号进行相关检测。其他使用不同码型的信号因为和接收机本地产生的码型不同而不能被解调。它们的存在类似于在信道中引入了噪声或干扰，通常称为多址干扰（MAI）。

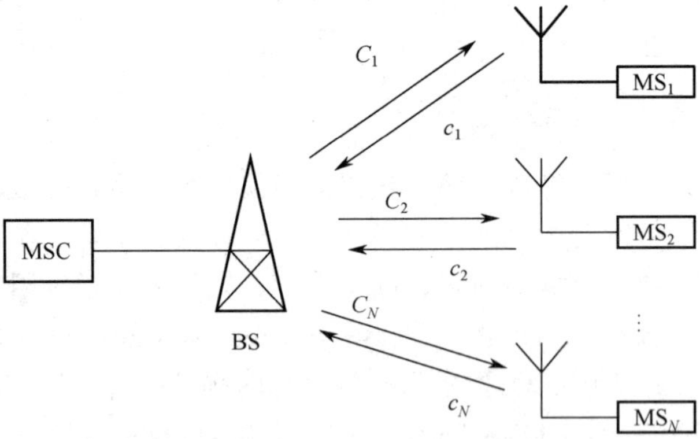

图 5-21　CDMA 系统的工作示意图

（2）信道组成

CDMA 蜂窝系统在基站到移动台的传输方向（前向）上设置了导频信道、同步信道、寻呼信道和前向业务信道；在移动台至基站的传输方向（反向）上设置了接入信道和反向业务信道。

① 前向信道。在 CDMA 系统中，由基站发往移动台的信道称为前向信道，也称下行传输或下行链路，它包括前向控制信道和前向业务信道，其中控制信道又分为导频信道、同步信道和寻呼信道。CDMA 系统前向传输的逻辑信道划分组成如图 5-22 所示。

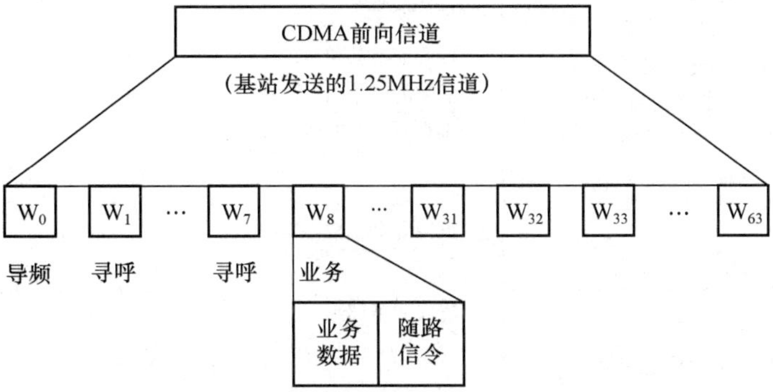

图 5-22 前向传输的逻辑信道划分组成

前向传输中，采用 64 阶沃尔什函数区分逻辑信道，分别用 W_0，W_1，…，W_{63} 表示，其中 W_0 用作导频信道，W_1 是首选的寻呼信道，W_2，…，W_7 也是寻呼信道，即寻呼信道最多可达 7 个。W_8，…，W_{63} 用作业务信道（其中 W_{32} 为同步信道），共计 55 个。

a. 导频信道用来传送导频信息，由基站连续不断地发送一种直接序列扩频信号，供移动台从中获得信道的信息并提取相干载波以进行相干解调，并可对导频信号电平进行检测，以比较相邻基站的信号强度和决定是否需要越区切换。

b. 同步信道用于传输同步信息，在基站覆盖范围内，各移动台可利用这些信息进行同步捕获。同步信道上载有系统时间和基站引导 PN 码的偏置系数，以实现移动台接收解调。同步信道在捕捉阶段使用，一旦捕获成功，一般就不再使用。

c. 寻呼信道供基站在呼叫建立阶段传输控制信息，在每个基站有一个或几个（最多 7 个）寻呼信道，当有市话用户呼叫移动用户时，经移动交换中心（MSC）或移动电话交换局（MTSO）送至基站，寻呼信道上就播送该移动用户识别码。

d. 业务信道载有编码的语音或其他业务数据，除此之外，还可以插入必需的随路信令。例如，必须安排功率控制子信道，传输功率控制指令。又如，在通话过程中，发生越区切换时，必须插入越区切换指令等。

② 反向信道。在 CDMA 蜂窝系统中，由移动台发入基站的信道作为 CDMA 的反向信道，也称为上行信道。反向信道中只包含接入信道和反向业务信道，其中接入信道与前向信道中的寻呼信道相对应，其作用是在移动台接续开始阶段提供通路，即在移动台没有占用业务信道之前，提供由移动台至基站的传输通路。供移动台发起呼叫或对基站的寻呼进行响应，以及向基站发送登记注册的信息等。接入信道使用一种随机接入协议，允许多个用户以竞争的方式占用。在一个反向信道中，接入信道数 n 最多可达 32 个。在极端情况下，业务信道数 m 最多可达 64 个。每个业务信道用不同的用户长码序列加以识别，在反向传输方向上无导频信道。

3. 呼叫建立与接续

IS-95/CDMA2000 移动台的简单呼叫流程如图 5-23 所示，图 5-24 所示为 IS-95/CDMA2000 系统移动台终止呼叫的流程。

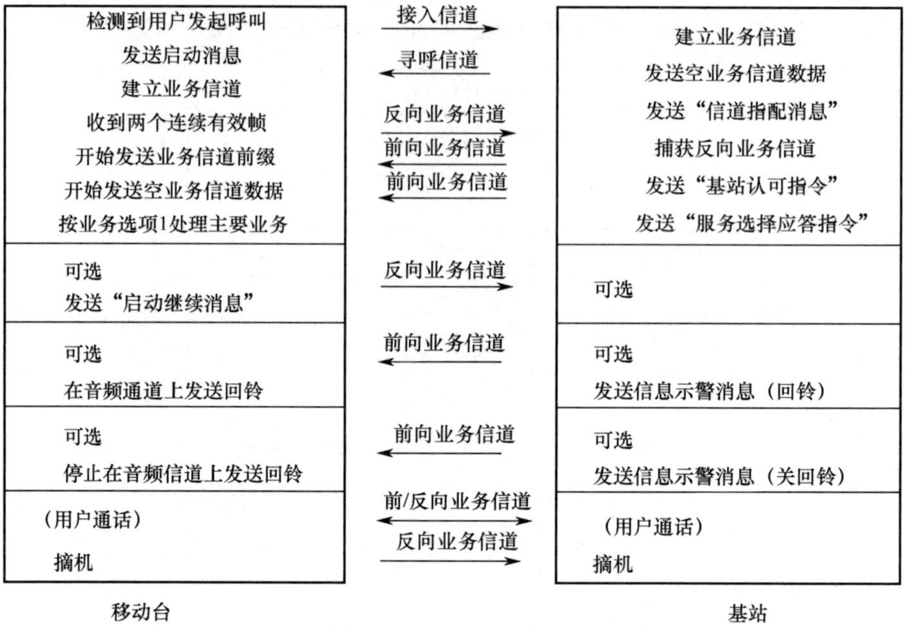

图 5-23　IS-95/CDMA2000 移动台的简单呼叫流程

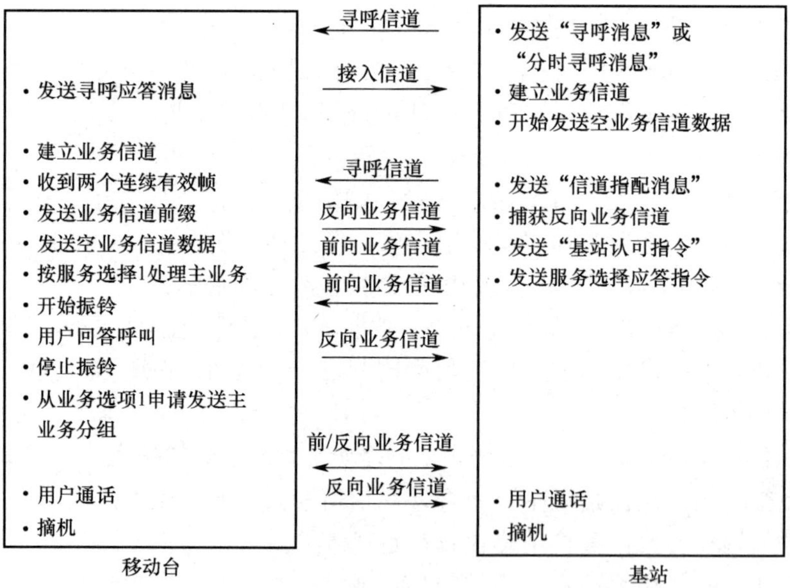

图 5-24　IS-95/CDMA2000 系统移动台终止呼叫的流程

4. 关键技术

CDMA 技术自第二代的 IS-95 系统起开始用于移动通信系统，并得到蓬勃发展，其关键技术有地址码设计、Rake 接收、功率控制、软切换等。

（1）地址码设计

在 CDMA 系统中地址码主要可以划分为 3 类。

① 用户地址码：用于区分不同移动用户。

② 信道地址码：用于区分每个小区内的不同信道。

③ 基站地址码：用于区分不同的小区。

在 3 类地址码中，信道地址码是唯一具有扩频功能的序列。这是由于 CDMA 是信噪比受限系统，且实际用户之间的干扰主要取决于信道间的隔离度，因此信道码的选取直接决定用户的数量（容量）和质量。采用 Walsh 函数来实现扩频，不仅具有理想的正交信道隔离特性，还由于扩频增益提高了抗干扰性能。

用户地址码与小区基站地址码的主要目的是区别用户与基站，它们均不具备扩频功能，但能起到在传输中平衡 0/1 数目的扰码作用，因此又称为扰码。这两类码一般采用数目较多、准正交的伪码 PN 序列，如 m 序列或 Gold 序列来实现。

（2）Rake 接收

在 CDMA 系统中综合采用多种分集技术，来减少衰落对信号的影响，以获得高质量的通信性能。扩频本身就具有频率分集作用，通过交织编码实现时间分集，利用软切换时多基站天线实现空间分集，利用 Rake 接收技术实现路径分集。根据前向信道和反向信道所具有的不同特征，其 Rake 接收机的结构也有所不同。

① 移动台的 Rake 接收机。前向信道是一种“一点对多点”的通信链路，多个用户利用它接收来自同一基站的信号。基站不仅专门设置了导频信道，而且赋予导频信道较大的功率增益。这为移动台对扩频信号进行搜索、跟踪和相干解调提供了方便，路径时延只需通过导频序列来搜索即可。因此，在移动台使用一个具有 3 个分支的并行相关 Rake 接收机。

移动台的并行相关 Rake 接收机由一个搜索器、3 个相关器和一个合并器组成，如图 5-25 所示。搜索器主要利用码的自相关及互相关特性，在多个接收信号源中搜索 3 个最强的多径信号，提取对应的路径时延。3 个并行相关器在搜索器输出信号的控制下，对 3 路最强的多径信号进行相关解调。合并器调整各相关器输出时延，采用最大比值合并准则进行合并处理。合并后的信号输出到译码单元，进行信道译码处理。

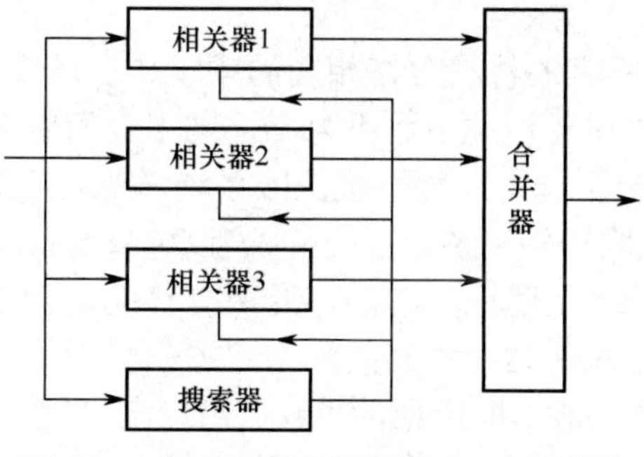

图 5-25　移动台的并行相关 Rake 接收机

② 基站的 Rake 接收机。反向信道是一种“多点对一点”的通信链路，基站利用它来接收多个用户的信号。由于没有导频信道，这使得基站接收机中的同步和信道估计变得困难，通常采用差分相干或非相干解调方案。但是为了实现 Rake 接收机，对多径信号的搜索和跟踪仍然是必须解决的前提条件。

基站的 Rake 接收机由两个搜索器、4 个相关器和一个合并器组成，如图 5-26 所示。IS-95 系统中每个小区有 3 个扇区，每个扇区有一副发射天线和两副接收天线（其中一副为收发共用），因此每个小区有 6 副接收天线。两个搜索器从多个接收信号源中搜索 4 个最强的多径信号，提取对应的 PN 码相位。4 个并行相关器在搜索器输出信号的控制下，对 4 路最强的多径信号进行数据解调。合并器调整各相关器输出时延，采用最大比合并准则进行合并处理。合并后的信号输出到译码单元，进行信道译码处理。

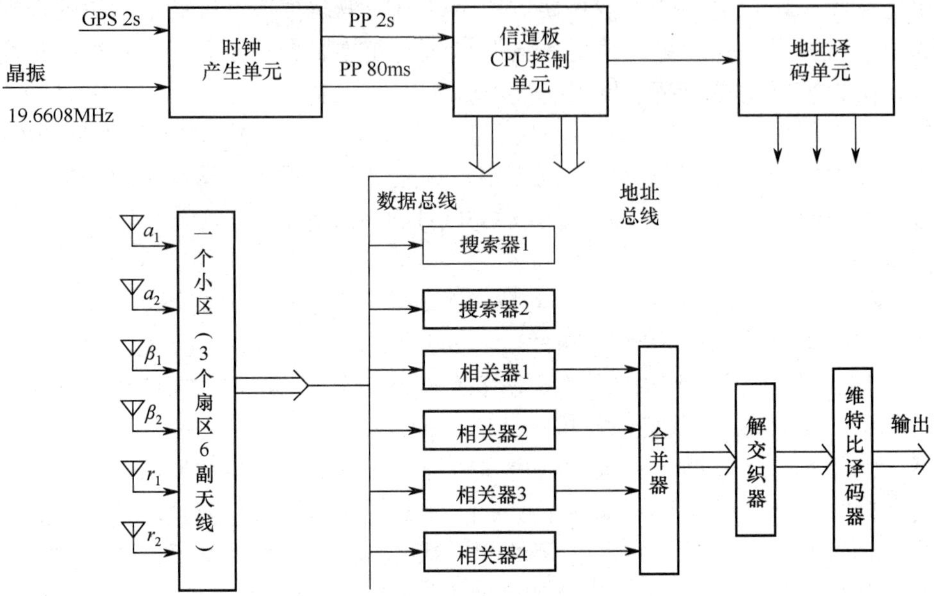

图 5-26　基站的 Rake 接收机

当移动台进行不同基站间的软切换时，在基站方面有多个基站同时收到一个移动台的信号，各基站将经 Rake 接收机处理的信号送到 MSC，由 MSC 按“择大”准则选取信号。

当移动台进行同基站不同扇区的更软切换时，两个或 3 个扇区同时收到移动台的信号，一起送到本基站的 Rake 接收机进行处理。

（3）功率控制

在 CDMA 系统中由于所有的移动台在相同的频段传送信号，用户间仅靠不同的地址扩频码来加以区分，若用户间的互相关系数不为零，则用户间就存在着干扰，称这类干扰为多址干扰。同时由于 CDMA 系统是一种干扰受限系统，多址干扰的大小直接影响系统容量和语音质量。因此有效地克服和抑制多址干扰就成为 CDMA 系统中最主要、最关键的问题。

在基站覆盖区内，移动台是随机分布的。若所有移动台都以相同的功率发射，则由于移动台到基站的距离不同，在基站接收到的各用户的信号电平会相差甚远，这就会导致近处强信号抑制远处弱信号的接收，即所谓的“远近效应”。当移动台位于相邻小区的交界处时，收到所属基站的有用功率很低，同时还会受到相邻小区基站较强的干扰，即所谓的“角效应”。

当移动台处于移动状态时，由于传播环境的不断变化，存在快衰落、慢衰落、阴影效应、外部干扰等现象，这些都将导致系统容量下降和实际通信服务范围缩小等问题。解决这些问题的一个最有效的办法是采用功率控制技术。因此，功率控制技术是 CDMA 走向实用化的一项核心技术。

功率控制准则是功率控制的基本依据，最典型的准则有：功率平衡准则，即要求接收端收到的有用功率相等；信干比 SIR 平衡准则，即要求接收端收到的 SIR 相等。功率平衡准则易于实现，但性能不如 SIR 平衡准则；而 SIR 平衡准则存在局限性，当一个移动台到达基站的 SIR 较小时，需增大其发射功率以使 SIR 平衡，但同时也增大了对其他用户的干扰，导致其他用户也增大发射功率，形成正反馈，从而导致系统崩溃。为了克服 SIR 的正反馈引起的系统不稳定性，在实际系统中（如 IS-95 系统）采用 SIR 平衡准则与误帧率 FER 相结合的方法，即功率控制准则选用 SIR 平衡准则，但 SIR 的参考阈值由 FER 决定。

功率控制根据传输方向可分为反向（上行）功率控制及前向（下行）功率控制两种。反向功率控制用来控制移动台的发射功率，使基站接收到的所有移动台发射到基站的 SIR 基本相等。前向功率控制用来控制基站的发射功率，使所有移动台接收到的 SIR 基本相等。

功率控制方法可分为开环功率控制和闭环功率控制。在此以反向功率控制中采用的方法为例进行介绍，前向功率控制可以类推。

① 反向开环功率控制。移动台接收并测量基站发来的信号强度，并估计正向传输损耗，然后根据这种估计来调节移动台的反向发射功率，对移动台发射功率进行调节，如图 5-27 所示。

这种方法对于控制车载移动台快速驶入或驶出地形起伏区或高大建筑物遮蔽区而引起的信号强度变化是十分有效的。但由于收发频率的间隔大大超过信息的相干带宽，前向信道和反向信道上的衰落特性并不一致，对于信号因多径传输而引起的瑞利衰落变化效果不好，因此主要用于确定用户的初始发射功率，或者用户接收功率发生突变时的发射功率调节。反向开环功率控制的特点是简单、直接，有较大的动态调节范围（IS-95 标准中为 ±32dB），但不够准确，需要和其他控制方法联合使用。

② 反向闭环功率控制。由基站检测来自移动台的信号强度，并根据测得的结果形成功率调整指令，通知移动台，使移动台根据此调整指令来调节其发射功率，如图 5-28 所示。实现这种办法的条件是传输调整指令的速度要快，处理和执行调整指令的速度也要快。一般情况下，这种调整指令每次 1.25ms，调整范围 ±24dB。反向闭环功率控制的特点是准确，但控制相对复杂，速度较慢。

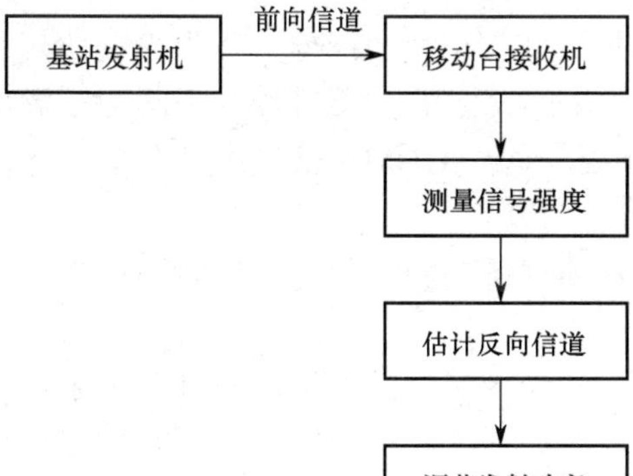

图 5-27 反向开环功率控制

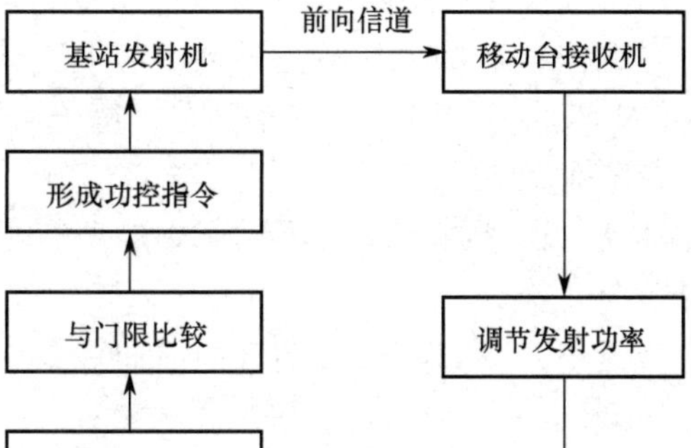

图 5-28 反向闭环功率控制

（4）软切换

越区切换是蜂窝系统移动性管理中的一个重要环节，在 CDMA 系统中的越区切换有以下类型。

① 软切换。当移动台从一个小区进入相同频率的另一个小区，在移动交换中心控制下，移动台在切换过程中同时与原基站和新基站保持通信，切换完成再中断与原基站的通信，如图 5-29（a）所示。软切换技术能减少通信中断的概率，同时为系统中实现分集接收提供了条件，是 CDMA 系统中的关键技术之一。

② 更软切换。当移动台由同一基站的一个扇区进入另一个具有相同频率的扇区时发生的软切换，切换过程由基站控制完成。

③ 硬切换。当移动台穿越工作于不同频率的小区时发生的切换，此时移动台在切换过程中先中断与原基站的联系，再与新基站取得联系，如图 5-29（b）所示，包括在不同 CDMA 运营者的基站之间的切换、在 CDMA 和模拟系统之间的切换。

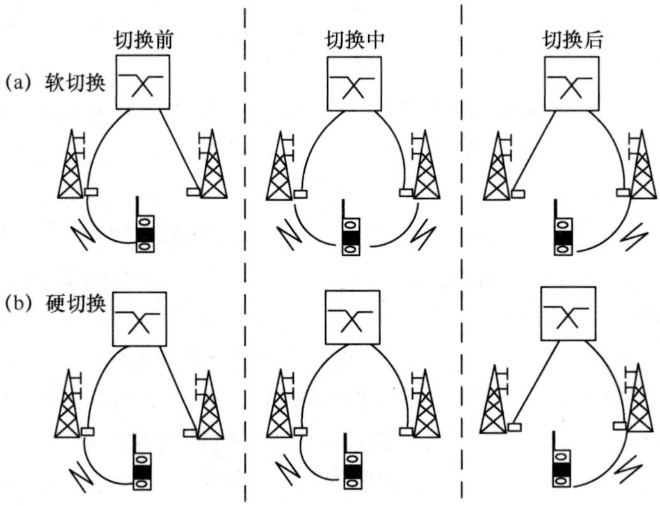

图 5-29　软切换与硬切换示意图

CDMA 系统采用的切换方式是移动台辅助切换方式，切换的标准主要为导频信号的强度。导频信号是每个基站在导频信道上连续发射的未经调制的扩频信号，不同的导频采用同一 PN 码的不同时间偏移来区分。每一可用导频要与同一 CDMA 信道中的前向业务信道相配合才有效。

移动台不断搜索来自不同基站的所有导频信号并测量它们的强度，将能够接收的导频信号分为 4 类。

激活组：与分配给移动台的前向业务信道结合的导频集合，在软切换过程中组内会有多个导频。

候选组：当前不在激活组，但其信号强度表明与其对应的前向业务信道可以被成功解调的导频集合。

相邻组：未列入激活组或候选组，但可作为切换的备用信道的导频集合。

剩余组：未列入上述 3 组的导频集合。

图 5-30 表示了随着导频强度的变化，在移动台的不同导频组中的转换过程。

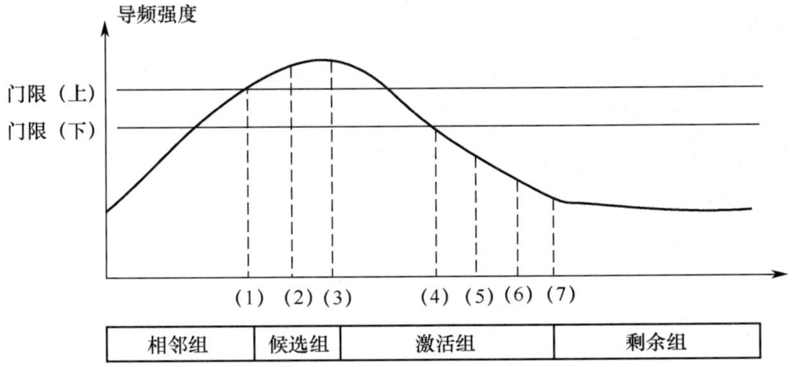

图 5-30　切换中的导频信号

① 当导频强度达到 T_ADD 时，移动台发送一个导频强度测量消息给基站，并将该导频转到候选组。

② 当导频满足激活组的条件时，基站经 BSC/MSC 确认，分配相应的前向业务信道，同时向移动台发送一个切换指示消息。

③ 移动台将此导频转到激活组，并回送一个切换确认消息给基站。

④ 当导频强度降到 T_DROP 以下时，移动台启动切换结束计时器。

⑤ 当切换结束计时器计满时，移动台发送一个导频强度测量消息。

⑥ 基站发送一个切换指示消息，要求回收相应的前向业务信道。

⑦ 移动台把导频从激活组转移到相邻组，并发送切换确认消息。

基站子系统 BSS 通过发送切换指示消息（即分配给移动台的新的前向业务信道）来响应导频强度测量消息。另外，切换指示消息还用来标识从激活组中去掉的导频。移动台将停止使用已从有效导频集中去掉的导频，并发出切换完成消息。

5.2.5　集群移动通信系统

1. 集群通信基本概念

追溯系统的起源，集群的概念是从有线电话通信中的中继概念发展而来的。为克服单信道移动通信系统容量小、频率利用率低的缺点，将有线电话通信中的中继线概念应用到移动通信之中，形成一个多信道共用的中继系统，有限个无线信道在中心控制台的控制下，自动、动态地指配给系统内全体用户使用，这样的指挥调度系统就是早期的集群通信系统。系统以半双工方式通信，基站以双工方式工作，移动台以异频单工方式工作，系统所有的可用信道为系统中的全体用户共用，具有自动选择信道功能，它是共享资源、分担费用、共用信道设备及服务的无线调度通信系统，对指挥调度功能要求较高的企业、公安、武警及部队等部门都十分适用。集群系统最主要的特点是：采用频率共用技术来提高系统的频率利用率，能使大量用户共享相对有限的频率资源而不互相影响。这种频率的动态分配有效地汇集所有信道的可用时间，为系统内用户提供了最大的可用工作时间，将信道的阻塞率减至最小。国际电信联盟无线电通信部门（ITU-R）称之为 Trunking Communication System，我国称之为“集群通信系统”。目前集群通信系统经历了模拟网，已进入数字网时代。

（1）集群通信的特点

集群通信系统是一种先进、高效、多用途的专用移动通信系统，主要为移动用户提供生产调度和指挥控制等通信业务，与其他移动通信系统相比有许多不同之处。

① 与常规的对讲系统比较。集群通信系统的一个重要特点是具有 PTT（Push To Talk）功能，正是因为这个特性，许多人将它和具有 PTT 的对讲系统混为一谈，实质上两种系统是有技术和功能上的差异的，表 5-4 列出了它们的主要不同点。

表 5-4　集群通信系统与常规对讲系统的区别

不同点	常规对讲系统	集群通信系统
频率利用率	信道固定分配方式，不能有效地利用现有的频率资源，频率利用率不高	信道动态分配，可以有效地利用现有的频率资源，频率利用率高
服务质量	信道之间不能平均负担话务量，呼损率高，服务质量较差	可将话务量平均、自动地分配给不同的信道，增加了系统和用户容量，降低呼损率，提高服务质量
通话的保密性	系统是一个大组，被指定到同一信道上，系统内成员之间的通话缺乏保密性，一个用户讲话其他用户都能听到	能提供一个用户与另一个用户私线通话的功能，系统内的成员之间通话具有保密性
容错能力	设备如果出现故障，整个系统就不能正常工作，系统没有任何容错功能	基站设备万一出现故障，系统还能继续提供集群或常规服务，通话不会中断

② 与蜂窝通信系统比较。集群通信系统与蜂窝通信系统在技术上有一些相似之处，如都采用了多信道共用技术，但从网络设置和应用的角度来看，又有很多差异。表 5-5 给出了集群通信系统与蜂窝通信系统的区别。

表 5-5　集群通信系统与蜂窝通信系统的区别

不同点	蜂窝通信系统	集群通信系统
使用对象	主要向社会各阶层人士提供打电话的服务。实现有线、无线互通	主要是满足政府、警察、水利和电力等各行业（部门）指挥调度的要求，业务主要集中在无线调度用户之间
工作方式	以全双工为主	以半双工为主，频率利用率较高
系统功能	不能实现无线调度，系统内用户级别相同，无优先级等区别	能较好且高智能化地实现群呼、组呼、强插、优先级、通话限时等各种无线调度和指挥的功能
工作频率	主要在 800MHz、900MHz 频段内	在 150MHz、350MHz、450MHz 和 800MHz 频段内
区域覆盖方式	通常采用小区制方式，小区覆盖半径一般为 2～15km，组网方式复杂，使用设备多	一般采用大区制覆盖方式，覆盖半径为 20～80km，基站数目远小于蜂窝通信系统，建网费用较低

③ 集群专网和公网。集群通信系统目前存在专网（Private Network）和公网（Common Network）两种形式。专用网是指由专门部门组织建立的网络，部门内部的用户利用该网络建立相互呼叫。公用网是由某个机构建立并运营的网络，目的是为公共的或第三方组织的注册成员提供通信服务。

（2）集群方式

在一个多信道无线调度系统中，集群方式是指用户通话时采取的占用（或分配）信道的方式。根据通话占用信道方式的不同，集群方式可分为消息集群、传输集群和准传输集群 3 种方式。

① 消息集群。消息集群又称为信息集群。用户通过一次占用信道完成整个通话过程。当用户发起呼叫后，系统控制中心给用户分配一个空闲信道，用户进入该信道开始通话。

在通话间歇期间，用户松开 PTT 键，系统将等待 6～10s 的“自动脱网”时间。若在脱网时间内原通话用户再次按下 PTT 键发话，则通话双方仍在该信道上通话；若超过了规定的脱网时间，信道将被收回，分配给其他用户使用。消息集群的工作过程如图 5-31 所示。

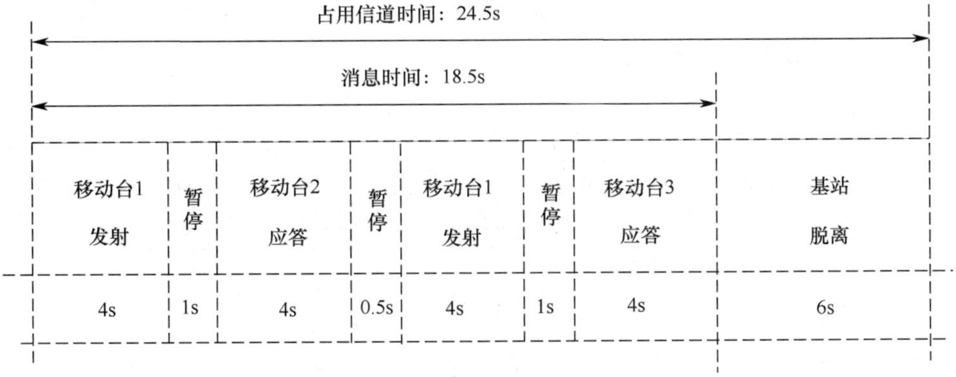

图 5-31　消息集群的工作过程

由上述可知，消息集群方式的优点是通话的完整性好，信道占用方式便于与有线电话网兼容；其缺点是信道利用率低，因为在通话停顿期及通话结束后的 6～10s 间仍占用信道。

② 传输集群。传输集群又称为发射集群。用户的通话是以按下 PTT 键和松开 PTT 键为条件来申请占用和释放信道的。用户按下 PTT 键，将由系统控制中心分配一个空闲信道用于通信，当用户松开 PTT 键时，系统控制中心将收回信道，可分配给其他提出申请的用户使用。通信中的任一用户再按下 PTT 键时又由系统再次分配信道，但不一定是原来的信道。传输集群的工作过程如图 5-32 所示。通话方每次按下 PTT 键所分到的信道是随机的，一次完整的通话过程要分几次在不同的信道上完成，如用户 1 在信道 1 上发射，用户 2 在信道 2 上应答，然后用户 1 在信道 3 上发射，用户 3 在信道 1 上应答，这样有利于通话的保密。可见，传输集群方式的优点是信道利用率较高，具有一定的保密性，缺点是可能出现通信不完整或延迟的现象。

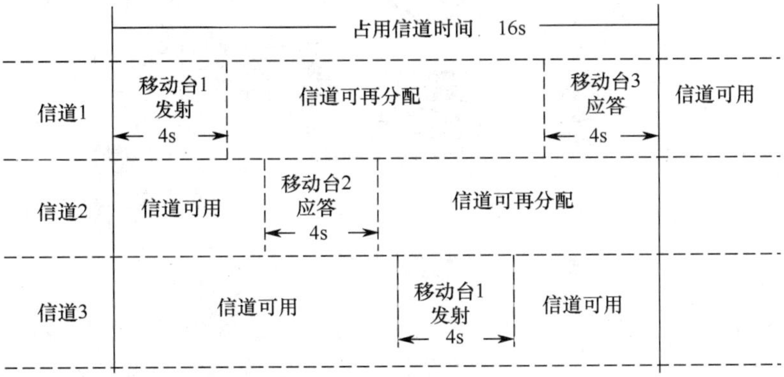

图 5-32　传输集群的工作过程

③ 准传输集群。为了克服传输集群方式存在的用户消息延迟或不完整的可能性，同时保持较高的信道利用率，出现了传输集群方式的改进型，称为“准传输集群”。

准传输集群在用户释放 PTT 键后并不立即发出“传输结束”信令，而是继续保持 0.5～1s，若在此期间该用户再次按下 PTT 键，则此信道会继续被占用，否则信道被释放。只有当超过 0.5s 通话双方均未按下 PPT 键时，此信道才释放成为公用空闲信道。准传输集群的工作过程如图 5-33 所示。

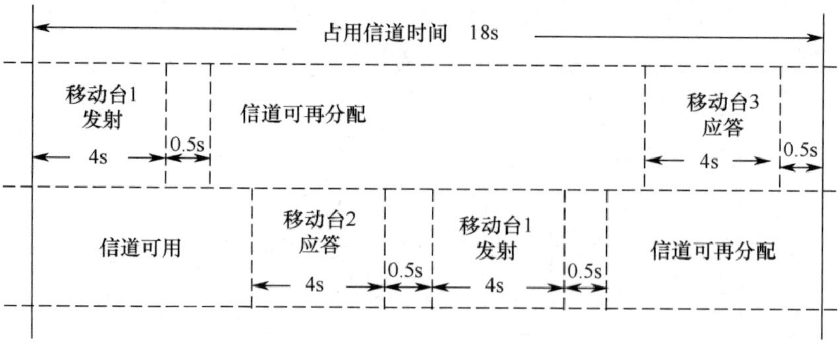

图 5-33 准传输集群的工作过程

准传输集群克服了传输集群的缺点，同时兼备了消息集群和传输集群的优点。这样就可以减少系统非常繁忙时传输集群存在的用户消息延迟或不完整的可能性，同时由于保持时间较短，因此信道的利用率也较高。

2．集群通信系统的组成和工作原理

（1）集群通信系统的组成

根据集群用户业务需求，集群通信系统的基本结构如图 5-34 所示，由基站（转发器）、系统控制中心、系统管理终端、调度台和移动台 5 个部分组成。

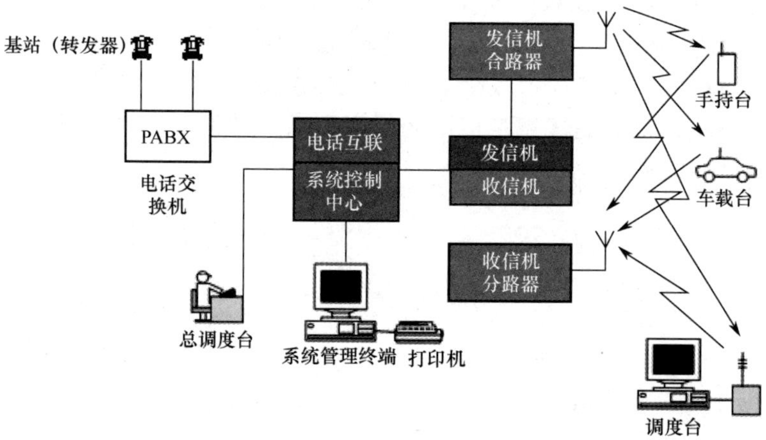

图 5-34 集群通信系统的基本结构

① 基站。基站主要有若干个转发器和天馈系统组成。每个信道一个转发器，通常一个基站可设 5～20 个信道，每个信道的转发器是一部全双工的收发信机，天馈系统由发信机合路器、收信机分路器、馈线、发信天线和收信天线等组成。

② 系统控制中心。系统控制中心主要由集群控制管理模块、转发器接口电路、电话互联终端、交换单元、保密单元及电源等组成。其功能主要是管理和控制整个系统的运行，包括选择和分配信道、监视语音信道状态、安排信令信道、检测系统运行和故障告警等。

③ 系统管理终端。系统管理终端主要由一台计算机及系统管理软件组成，并与系统控

制中心连接。值机员可通过此终端对系统进行管理控制，包括输入、修改运行参数、优先等级、信道状态报告、用户入网控制、设备状态、告警及信息打印输出等。

④ 调度台。调度台可分为有线和无线。有线调度台可与控制中心上的电话相连，也可与操作台相连。无线调度台则由收发信机、控制单元、天线、电源和操作台组成。通常，一个用户群有一个调度台。

⑤ 移动台。移动台包括车载台和手持台，主要由收发信机、天线、电源和控制单元构成，有单工和双工两种。

与蜂窝系统中的手机不同，集群系统中的调度台和用户台上有 PTT 按键，当用户要通话时，按下 PPT 键，将向基站发出申请信道的请求；当用户松开 PTT 键时，将向基站发送一个确定而可靠的“传输结束”信令，用来释放信道。

（2）集群通信系统的工作过程

集群通信接续包括移动台至移动台、移动台至有线电话、有线电话至移动台几种情况。由于集群通信主要用于调度指挥，其呼叫过程与公网系统有很大差异，集群通信系统的工作流程如图 5-35 所示。

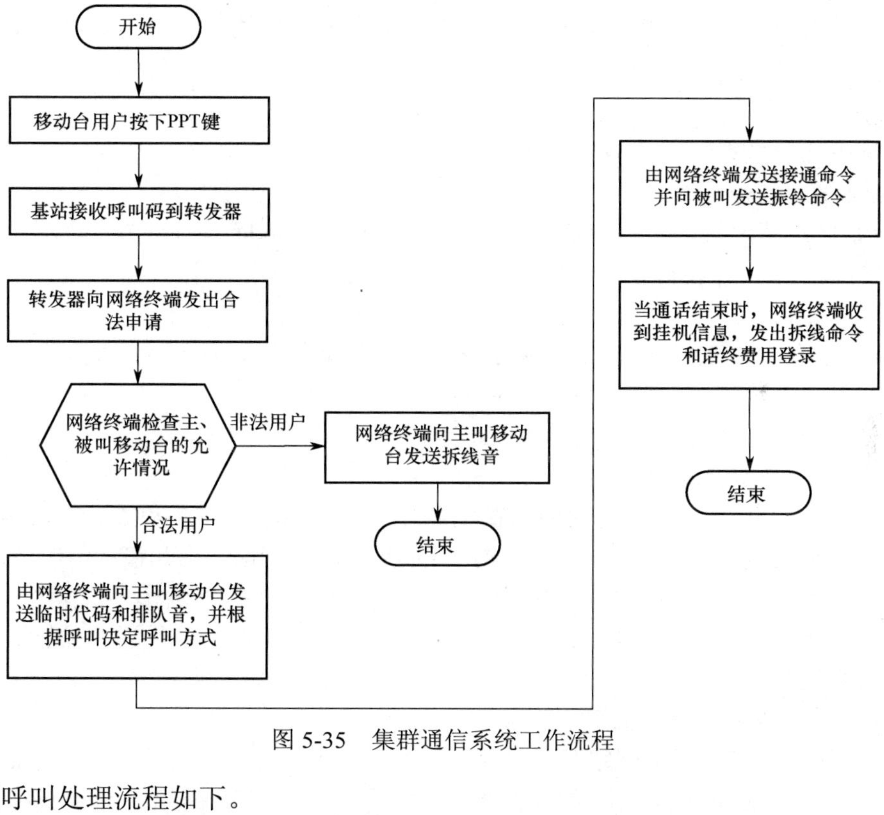

图 5-35　集群通信系统工作流程

典型呼叫处理流程如下。

① 网内的所有用户均未通信。

② 所有移动台（车载台、手持台等）、固定台及中心台都守候在自己的信道上。

③ 移动台与有线电话互联时，通过自己的信道，按下 PTT 键，发出一串数字信令给中心台的网络终端，表示此移动台需要申请通话。

④ 网络终端收到数字信令后，首先确认该移动台是否为合法用户；如果该移动台没有进行入网登记处理，将不提供服务。

⑤ 如果该移动台是合法用户，网络终端通过计算机分配给该用户一个空闲信道，并连接有线电话，建立通信。此信道被占用后，其他任何无线用户不得在其拆线之前使用该信道。

⑥ 如果系统繁忙，没有空闲信道，要求通信的用户则被编入等候行列进行排队。此时，网络终端会自动发出无空闲的繁忙信号："请稍候。"

⑦ 当有空闲信道时，网络终端会自动回叫排在第一位的用户，建立通信，而无须再进行任何操作。

5.3 移动通信系统的发展趋势及军事应用

未来移动通信系统相比于现有移动通信系统，要在技术和应用上有质的飞跃，将提供全球性优质服务，真正实现人类通信的最高目标——个人通信即"5W"：用各种可能的通信网络技术实现任何人（Whoever）在任何地方（Wherever）、任何时间（Whenever）可以同任何人（Whomever）进行任何形式（Whatever）的消息交换。本节首先介绍未来移动通信系统的发展趋势，然后简单介绍移动通信在军事方面的应用。

1. 移动通信的发展趋势

未来移动通信系统的发展方向主要有以下几个方面。

① 宽带化。

② 分组化。从传统的电路交换技术逐步转向以分组为基础，特别是以 IP 为基础的网络是发展的必然，IP 协议将成为电信网的主导通信协议。

③ 核心网络综合化，接入网络多样化。

④ 信息个人化是 21 世纪初信息业进一步发展的主要驱动力之一，而移动 IP 技术正是实现未来信息个人化的重要技术手段。

⑤ 应用导向。网络将从以技术为中心转向以应用为中心。未来市场的竞争焦点不在网络技术本身，而是应用的开发。

⑥ 网络结构分层化。在业务控制分离的基础上，网络呼叫控制和核心交换传送网的进一步分离，使网络结构趋于分为业务应用层、控制层，以及由核心网和接入网组成的网络层。

为了进一步提升移动互联网用户的体验、扩展物联网的支撑能力，第五代（5G）移动通信、天地一体化通信等新一代宽带移动通信系统应运而生。下面简要介绍两种通信系统的架构和研究现状。

（1）第五代（5G）移动通信系统

5G 作为新一代移动通信网络基础设施，通过提供人人通信、人机通信和机器之间通信的多种方式，支持移动因特网和物联网的多种应用场景。5G 网络具有提供多样化业务需求和业务特征的能力，以及适应不同应用场景和多种业务需求的灵活性，如超宽带、超低时延、海量连接、超高可靠性等。ITU 已经对 5G 定义了三大应用场景：① 增强型移动宽带（Enhanced Mobile Broadband，eMBB）；② 海量物联网通信（Massive Machine Type Communication，mMTC）；③ 低时延、高可靠通信（Ultra Reliable & Low Latency Communication，URLLC）。5G 系统应具备灵活使用所有可用频谱的能力，包括低频和高频、授权频段和非授权频段。移动通信传统工作频段主要集中在 3GHz，使得频谱资源十分拥挤。高频段（如毫米波、厘米波频段）可用频谱资源丰富，能够有效缓解频谱资源紧张的现状，可以实现极高速短距离通信，支持 5G 容量和传输速率等方面的需求。另外，5G 系统应具备足够的“弹性”，从而以最高效的方式满足多样化的业务特征、海量连接，以及大规模的容量要求，因而需要灵活的网络设计来提升频谱效率、增加连接数和降低时延。业务和应用需求的多样化和挑战将影响 5G 的空口和网络架构的设计。5G 新空口关键技术包括新的波形技术 Filtered-OFDM、稀疏码多址（Sparse Code Multiple Access，SCMA）、新的信道编码 Polar Codes，以及全双工技术和大规模 MIMO。5G 新的空口设计将有效提升频谱效率，增加用户连接数，降低时延，从而有效支撑面向物联网的场景部署及虚拟现实等高带宽需求应用。5G 无线接入网络致密化的实现是基于无线接入虚拟化策略和高性能的硬件平台，虚拟小区概念将取代传统物理小区的概念，通过消除传统用户接入时的小区边界效应，提升小区边缘的用户体验，保证用户体验的一致性。

（2）天地一体化网络

天地一体化网络是指通过卫星星间、星地链路将不同轨道、种类、功能的卫星、飞行器及相应地面设施连接在一起，并以某种方式实现信息互联互通，并在此基础上，有效利用空间、陆地、海洋各种传感器获取的感知信息，为各类应用需求提供高效服务的宽带大容量智能化综合网络。简单来说，是以涵盖陆、海、空、天的各类信息资源共享为目的，完成数据收集、处理、传输的新一代信息化基础设施。该网络的特点包括：①实现陆地、空间、海洋区域的直接感知，获取更为丰富的原始信息；②其网络层在 IP 基础上实现陆地互联网和卫星互联网的互联互通，形成天地一体化的骨干网络，可以为感知层各个部分（陆、海、空、天）获取的信息提供透明的传输通道；③一体化的信息交换及信息处理；④多来源、多功能的信息融合；⑤可实现全球无缝覆盖的唯一途径；⑥高度开放性，接入方便，但是给系统安全性提出了更高的要求；⑦在安全组网中，建立和保持星间链路及星地链路面临一定的技术挑战。从近年相关研究来看，天地一体化网络的研究呈现全 IP 化、天地一体化和业务综合化几个主要的技术发展趋势。为了实现天地网络有机融合及各类系统的互联互通，IP 技术将成为天地一体化网络的框架基础和协议基础，在此基础上，IP 协议体系在空间环境中的适应性调整、天地互联互通、协议转换、航天器移动接入和切换等问题有待进一步深入研究。

2. 移动通信的军事应用

这里对军用移动通信的特点和典型军用移动通信系统做简要介绍。

（1）军用移动通信的特点

现代战争是信息化的战争，通信、侦察、指挥系统对信息传输速率的要求越来越高，高速、可靠的通信手段成为了影响战争胜负的重要条件；同时，为了赢得未来战争的胜利，对部队的机动性提出了很高的要求，军事移动通信系统应能提供高速移动条件下的数据传输。

① 应用环境更复杂、恶劣。民用移动通信设备一般具备良好的基础设施，仅需要克服非敌意干扰。而军事移动通信设备往往用于山区、海岛等地区，地形复杂多变、电波传输损耗很大、多径影响严重；同时，战场的电磁环境也极为恶劣，除了非敌意干扰，敌方施加的有意干扰将对军事移动通信系统构成巨大威胁。

② 基站的机动性。军队作战不仅用户终端是移动式的，而且基站需根据敌我双方态势不断变化而转移，由此对军事移动通信系统中的基站设备提出更高要求：基站必须机动、灵活，易于隐蔽、伪装；开设撤收快，还要能抗敌方的测向、截获和干扰；基站的天线不

可能架得很高，而且数量要尽量减少；基站的设备不可能采用市电网供电，而需用发电机组，这会牵涉油料供给等问题。

③ 系统的保密性。军事移动通信由于其特殊性，对安全性及保密性有很高的要求，需要具备抗侦察、抗截获的能力。总之，军用移动通信系统在各个方面都比民用的要求高，因此技术复杂程度较高，也比较昂贵。

（2）典型军用移动通信系统

军用移动通信一般使用专用通信系统，包括对讲系统、集群通信系统、双工移动通信系统等。下面介绍几种典型的军用移动通信系统。

① 单工战斗网电台（CNR）通信。20 世纪 70 年代之前主要应用单工模拟电台进行移动通信，称为单工战斗网电台（CNR）通信。早期 CNR 都是单工模拟技术体制，一般只有语音和电报业务。经过不断改进和提高，现已具备了抗干扰和保密能力，能支持各种战术通信业务，所以至今仍然是军事通信体系中的重要组成部分。20 世纪 80 年代以后，军事移动通信进入数字化的发展阶段，实现移动数字传输和移动数字交换技术，不仅使 CNR 具备高保密性和高抗干扰性，而且推出军用双工移动通信系统。由于它与共用信道的民用移动系统相似，因此也称为军用移动电话网（MTN）。日益增长的战场数据业务，也促进了一种基于移动电台、可以无中心组网或有中心组网的分组无线（数据）网（PRN）的诞生。高技术战争要求军用移动通信不仅能支持多种业务，而且要有高度的安全性、可靠性、实时性和机动性，节省维护管理和后勤保障的人员和费用。经过开发、实验和评估，人们采用现代通信技术新成果，把 CNR、PRN、MTN 综合成一体的数字移动通信系统，并与其他各种移动通信系统互联互通。美军“21 世纪数字化战场通信网”和北约“Post—2000 战术通信系统”均是一体化综合移动通信系统。

② 军用 CDMA 系统。军用 CDMA 系统拥有独立的核心网及其网络管理系统，配有独特的可移动一体化基站与软交换设备，可接入并充分利用地方公众 CDMA 网的网络资源，并可紧密融入国防通信网，配有独立的鉴权与加密体系，通过增设控制、管理、安全保密等功能单元，提供具有军队特殊功能的系统业务。有的装备军队机动式 CDMA 移动通信系统，采用一体化车载设备，使用军队专用频段，利用微波接力、光缆和卫星链路，达成与军队 CDMA 移动通信系统核心网和地方 CDMA 公网的连接，并融入军队通信网，提供特殊条件、特殊地域的应急移动通信覆盖，实现军队不间断移动通信保障。

③ 军用集群通信系统。在采用有效的加密技术后，数字集群通信系统可以应用于军事。军用集群通信系统是一种具有安全保密的语音与数据无线调度通信功能、可大区制规模联网和机动部署、能够高效使用无线信道资源的数字集群移动通信系统。由于集群通信系统通常采用大区制组网方式，因此特别适用于部队在野战条件下一定区域内的机动通信。为了提高抗摧毁性，军用集群通信系统宜用分布式控制系统，并在小型化、轻量化、机动性、省电性、保密性方面均比民用系统有严格的要求。

④ 基于更高速率地面公网的军用专用系统（超短波 4G 宽带通信系统）。将目前最先进、成熟的 4G 移动通信技术与超短波频谱资源结合在一起，形成超短波 4G 宽带通信系统，采用 OFDM、载波聚合、频谱感知干扰协调、软件无线电等关键技术，具有覆盖广、容量大、速度快、抗干扰强、保密高和部署成本低等优点，支持城区组网、车载组网和单兵组网，可“一网打尽”警报通信、语音调度、视频采集和数据传输等多种业务，不但可以解决军用专用系统警报通信的诸多问题，还可以大大扩展完善应急指挥资源和手段，同时可兼作国防动员应急通信专网，具有重要的军事战备价值。

本章小结

现代战争是信息化的战争，通信、侦察、指挥系统对信息传输速率的要求越来越高，高速、可靠的通信手段成为了影响战争胜负的重要条件；同时，为了赢得未来战争的胜利，对部队的机动性提出了很高的要求，军事移动通信系统将为高速移动条件下的数据传输提供技术支撑。本章首先介绍了移动通信方式的特点、工作频段、分类等内容。然后介绍了移动通信系统的组成，从移动通信信道传输特性出发，介绍了系统所采用的各项传输技术，并对移动通信的组网技术进行了详细讨论。接着对 CDMA 蜂窝通信系统和集群通信系统的系统结构和相关技术进行了介绍。最后分析了移动通信系统的发展趋势和军事应用。

习　题

5-1　什么是移动通信？移动通信有哪些特点？

5-2　移动通信系统主要由哪些部分组成？

5-3　常用的移动通信系统包括哪几种类型？

5-4　现在有哪些常用的移动通信系统？你使用过哪些业务？

5-5　试述移动通信的发展方向。

5-6　移动通信信道具有哪些主要特点？

5-7　在移动通信信道中，电波传播共有哪几种主要方式？

5-8　移动通信中衰落现象有哪些类型，各自具有什么特征？

5-9　移动通信对调制技术的要求有哪些？

5-10　语音压缩编码有哪 3 种主要类型？移动通信中主要采用哪种类型的语音编码？

5-11　图像压缩技术中将图像分为哪几种类型，国际标准主要有哪两类？

5-12　在移动通信中，为什么要采用多种编码组合的方式？一般包括哪几种功能的编码？

5-13　分集技术的基本思想是什么？在移动通信中采用了哪几种分集技术？

5-14　均衡器有哪些类型？

5-15　FDMA、TDMA、CDMA、SDMA、OFDMA 五种多址方式的特点分别是什么？在移动通信中各用于什么系统？

5-16　什么是大区制？其有什么特点？

5-17　什么是小区制？其有什么特点？

5-18　区群的概念是什么？在实际应用中需要考虑什么问题？

5-19　试绘出单位无线区群的小区个数 N 为 4 时，3 个单位区群彼此邻接时的结构图形，假定小区半径为 r，邻近的无线区群的同频小区的中心间距如何确定？

5-20　多信道共用技术的概念是什么？

5-21　移动通信网的某个小区共有 100 个用户，平均每用户每天呼叫次数 C 为 10 次/天，每次呼叫时间为 120s/次，忙时集中系数 k 为 15%，那么为保证呼损率小于 2%，需共用的信道数是几个？若允许呼损率达 20%，共用信道数可节省几个？

5-22　设某基站共有 14 个信道，现容纳 300 个用户，每用户忙时话务量为 0.15Erl，那么此时的呼损率为多少？若用户数及忙时话务量不变，要使呼损率降为 1%，求所增加的信道数。

5-23　PLMN 包括哪些主要功能实体和哪几类接口？各功能实体的主要功能是什么？

5-24　为什么移动通信交换机的功能要比传统固定网的交换机要求多？

5-25　信令的作用是什么？分为哪几种？常用的网络信令是什么？

5-26　7 号信令的协议体系分为多少层？7 号信令网包括哪些主要部分？

5-27　移动通信系统的位置更新过程包括哪几个方面的内容？

5-28　什么是越区切换？其通常在什么时候发生？有哪 3 种切换控制方式？

5-29　什么是鉴权？如何鉴权？在 GSM 网络中哪些部分参与了鉴权行为？

5-30　以 GSM 系统为例，论述蜂窝系统中信息加密的过程。

5-31　试比较 GSM 与 IS-95 中信息安全技术的主要相同点与不同点。

5-32　第三代移动通信中信息安全技术与第二代相比有哪些主要改进？

5-33　蜂窝移动通信系统发展经历了哪几代，各自的特点是什么？其代表性系统制式有哪些？

5-34　CDMA 蜂窝通信系统中的关键技术有哪些？试简要说明。

5-35　CDMA 系统中地址码可分为哪 3 种？各自的实现方法是什么？

5-36　Rake 接收机的工作原理是什么？

5-37　说明 CDMA 蜂窝移动通信系统采用功率控制的必要性及对功率控制的要求。

5-38　什么是开环功率控制？什么是闭环功率控制？

5-39　简述 IS-95 系统中的软切换过程。

5-40　什么是集群移动通信系统？集群移动通信系统由哪些部分组成？

5-41　与一般的（非集群的）调度通信系统相比，集群移动通信系统有哪些优点？

5-42　集群移动通信系统和蜂窝移动通信系统相比有哪些异同点？

5-43　什么是消息集群？什么是传输集群？什么是准传输集群？不同的集群方式各有什么优缺点？

5-44　简述未来民用移动通信系统在技术上的发展趋势。

5-45　简述移动通信的军事应用。

参考文献

[1] 王华奎，李艳萍，张立毅，等. 移动通信原理与技术. 北京：清华大学出版社，2009.

[2] 杨家玮，盛敏，刘勤. 移动通信基础. 2 版. 北京：电子工业出版社，2008.

[3] 吴伟陵，牛凯. 移动通信原理. 2 版. 北京：电子工业出版社，2009.

[4] 蔡跃明，吴启晖，田华，等. 现代移动通信. 2 版. 北京：机械工业出版社，2010.

[5] 郑祖辉，陆锦华，丁锐，等. 数字集群移动通信系统. 3 版. 北京：电子工业出版社，2008.

[6] 徐小涛. 数字集群移动通信系统原理与应用. 北京：人民邮电出版社，2008.

[7] 李建东，郭梯云，邬国扬. 移动通信. 4 版. 西安：西安电子科技大学出版社，2006.

[8] 宋志群，马恒. 宽带无线移动通信及其军事应用，www.poly.com.cn/bljt/eWeb/.../pdf/宽带无线移动通信及其军事应用.pdf.

[9] 宋铁成，宋晓勤. 移动通信技术. 北京：人民邮电出版社，2018.

[10] Afif Psseiran，Jose F Monserrat，Patrick Marsch. 5G 移动无线通信技术. 陈明，缪庆育，译. 北京：人民邮电出版社，2018.

[11] 李兆玉，何维，戴翠琴. 移动通信. 北京：电子工业出版社，2017.

第 6 章　微波中继通信系统

微波是指频率为 300MHz～300GHz 的电磁波。微波中继通信是指用微波频率作为载波携带信息，在地面上通过设置地面中继站进行中继（接力）通信的方式。在军事通信中，该通信方式主要用于野战通信网的干线通信（如战术互联网的干线节点之间的通信）和支线通信，或者用于构成专向通信（如陆军旅指挥所之间，海军、空军的基地、场站之间的通信）。数字微波中继通信带宽大、架设简便，具有很强的顽存性、机动性及抗干扰性能，在当今电子战日趋激烈之时，其在军事通信中占有极其重要的地位，是战时军事通信的主要传输手段之一。

6.1　微波中继通信概述

顾名思义，微波是指波长极短的电磁波。在电磁波谱中微波是介于普通无线电波与红外线之间的波段。按照波长还可以细分为分米波、厘米波、毫米波，如图 6-1 所示。亚毫米波的频率范围为 300～3000GHz，有的教材将其单独划分出来，也有的教材将其归入微波波段。

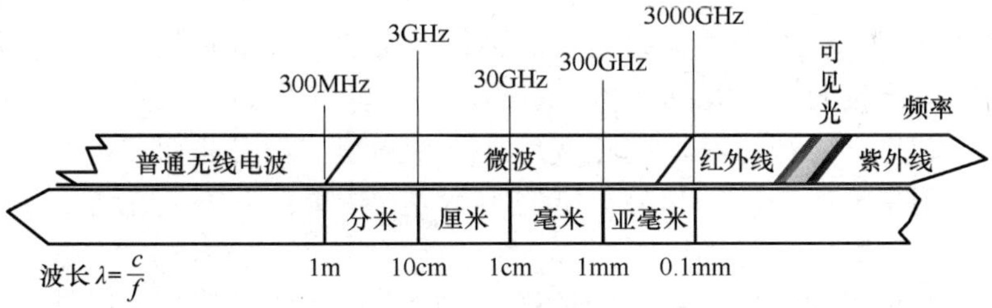

图 6-1　微波频谱的划分

与普通电磁波相比，微波具有频带宽、信号容量大的特点，所以军事上选择了微波来做干线通信的手段。同时由于微波具有视距传播的特点，因此地面远距离微波通信必须针对其特点采用特有的方法进行传输。

微波中继通信包括模拟微波中继通信和数字微波中继通信。

微波通信技术问世已近一个世纪，最初的微波通信系统都是模拟制式的，它与当时的同轴电缆载波传输系统同为通信网长途传输干线的重要传输手段，例如，我国城市间的电视节目传输主要依靠的就是微波传输。模拟微波中继通信早已发展成熟，且已不能适应宽带大容量的现代通信对频谱利用率的要求，2002 年后我国的模拟微波中继通信系统逐渐退出历史舞台，被数字微波中继通信取代。

我国的数字微波通信是从 20 世纪 70 年代中期开始的，经历了小容量、中容量和大容量的 3 个发展阶段。20 世纪 70 年代起研制出了中小容量（如 8Mb/s、34Mb/s）的数字微波通信系统，这是通信技术由模拟向数字发展的必然结果。20 世纪 80 年代后期，随着数字技术的发展，出现了 $N\times155$Mb/s 的大容量数字微波通信系统。到目前为止，我国的微波中继通信已接近世界先进国家的水平，无论在技术上还是在推广应用上都取得了重大成就。

6.1.1 微波中继通信的传播特性

电磁波的绕射能力与其波长有关，波长越短绕射能力越差。由于微波波长短，接近于光波，电波的绕射能力弱，因此信号的传输主要是利用微波在视线距离内的直线传播，又称为视距传播。

长波可以通过地波传播实现地面远距离通信，短波可以通过天波传播实现地面远距离通信。而微波绕射能力弱，且不受大气层和电离层的反射，对于地面上的远距离微波通信，只有依靠中继。

A、B 两地间的远距离地面微波中继通信系统的中继示意图如图 6-2 所示。

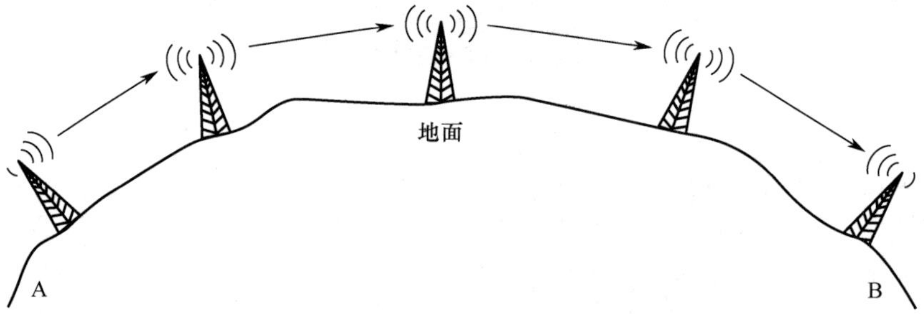

图 6-2 远距离地面微波中继通信系统的中继示意图

由于地球表面是球形曲面，如果在地面进行微波通信，就必须把天线架设到一定的高度，使发射天线与接收天线之间没有物体阻挡，彼此可以“互视”。在天线高度不变的情况下，当通信距离超过一定数值时，电磁波传播将受到地球自身曲面的阻挡，为了进行远距离通信，就要采用中继的方法，相隔一定的距离建立中继站，微波在每个中继站被放大之后再传送出去。

地面上的远距离微波通信，采用中继方式的直接原因有两个：首先，因为微波波长短，具有视距传播特性；其次，因为微波传播有损耗，随着通信距离的增加信号衰减，有必要采用中继方式对信号逐段接收、放大后发送给下一段，以延长通信距离。

从本质上讲，散射通信和卫星通信都属于中继通信，只是散射通信用大气中的不均匀介质做“中继站”，而卫星通信是将中继站送入了太空。例如，2018 年 5 月发射升空的“鹊桥”卫星，就是 2019 年 1 月着陆月球背面的“嫦娥四号”和地球通信的具有划时代意义的中继站。

微波中继通信传输容量大，主要用来传送宽频带信号，如长途电话的群路信号、电视信号、高速数据信号、移动通信系统基地站与移动业务交换中心之间的信号等，还可用于山区、湖泊、岛屿等特殊地形的通信。微波中继通信在军事上可构成专向通信（如陆军旅指挥所之间，海军、空军的基地、场站之间），或者用于野战通信网的干线通信和支线通信。

6.1.2　微波中继通信的主要特点

微波通信主要用于干线通信，在军事通信和应急通信中发挥着重要作用。这和微波通信的特点是分不开的。

相比于长波、短波、超短波无线通信方式，微波通信通常具有以下特点。

① 通信容量大。微波频段宽度是长波、中波、短波及超短波几个频段总和的 1000 倍。因此其通信容量远远大于长波、中波、短波及超短波通信。

② 抗干扰、抗截获能力强。微波通信抗干扰、抗截获能力强的原因主要概括为 3 个方面：一是天电干扰和太阳黑子的活动对其影响小，而这些自然环境因素会严重影响短波以下频段的通信；二是微波通信常采用高增益的抛物面天线，天线波束窄，也就是说只能在很小的覆盖地域宽度内才能接收到信号；三是微波通信信号频带宽，可采用扩频、跳频等抗干扰手段，并且可以采用较复杂的加密编码方式。

微波通信和光纤通信都有传输容量大的优势，常用于干线通信，与光纤通信相比微波通信还有以下特点。

① 机动能力强。一是微波通信设备架设时间短，军事上常用的微波通信设备一般在十几分钟就可以架设调试完毕；二是部署的灵活性，由于体积小、重量轻、布线方便，可以在各种艰苦的环境中安装架设。利用微波传输解决方案，不但在成本上远远低于部署光缆，而且在完成使命之后，临时架设的微波设备还可以轻松拆下，重复利用。现代军用光纤通信也具有一定机动能力，但与微波通信相比是不可同日而语的。与散射通信相比，由于其功耗小，不需要单独配备电源车，其机动能力也优于散射通信。

② 抗毁能力强。微波通信不像有线和光纤通信的线状结构，通信线路上任何一处断开都会影响通信，微波通信是点状结构，只要通信节点不被破坏就能保证通信。再加上其被破坏后重建速度快。因此微波通信在抗击洪灾、雪灾等自然灾害和军事破坏上都具有明显优势。

微波的主要缺点为：一是传输距离近，一般只有 20～30km，借助地形地物一般也不超过 50km；二是需要架设较高的天线，不容易伪装。

6.1.3　微波中继传输分析

因为微波波长短，接近于光波，是沿直线传播的，具有视距传播特性，而且它不受大气层和电离层的反射，所以微波中继传输主要受通信天线的架设高度和地形地物遮挡的影响。除此之外，它还受到自由空间传播损耗和大气中对流层特性的影响。

1. 视距与天线高度的关系

图 6-3 所示为视距传播的理想化几何模型。h_1 和 h_2 为保证 A、B 两点间视距传播的最小天线高度。令此视距距离为 d，则

$$d = d_1 + d_2 = \sqrt{(R+h_1)^2 - R^2} + \sqrt{(R+h_2)^2 - R^2} \tag{6-1}$$

式中，R 为地球半径，取 R 为 6371km。并利用 $h_1 \ll R$，$h_2 \ll R$，式（6-1）可简化为

$$d = d_1 + d_2 \approx 3.75 \times (\sqrt{h_1} + \sqrt{h_2}) \tag{6-2}$$

式中，h_1 和 h_2 的单位为 m，d 的单位为 km。这就是视距距离与天线高度的关系式。

若 $h_1=h_2=h$，式（6-2）可进一步简化为

$$d \approx 7.14\sqrt{h} \tag{6-3}$$

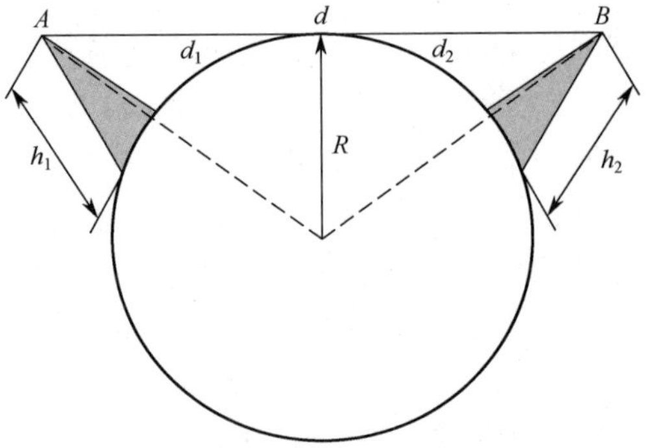

图 6-3　视距传播的理想化几何模型

表 6-1 给出了用式（6-3）估算的不同天线高度下的最大视距通信距离。

表 6-1　平原地区不同天线高度下的最大视距通信距离

h/m	10	15	18	20	30	40	50	60	70
d/km	23	28	30	32	39	45	50	55	60

必须注意，式（6-3）没有考虑大气与地面对传播的影响，只是估算。实际通信距离要综合考虑路由剖面地面反射和大气折射等因素才能确定。

2. 自由空间传播损耗

自由空间传播是指天线周围为无限大真空时的电波传播，它是理想传播条件。在自由空间传播的电磁波不产生反射、折射、吸收和散射等现象。以点源为例，电波在自由空间以球面波形式传播，电磁能量扩散在球面上，随着接收天线与辐射源距离的增加，单位面积上接收到的能量就越少，自由空间传播损耗就是这一含义上的等效损耗，而不是真实的损耗，电磁能并没有转换成其他能量形式。

自由空间损耗与距离的平方成正比，与波长的平方成反比，通常用分贝来表示，即

$$L_s(\text{dB}) = 10\lg\left(\frac{4\pi d}{\lambda}\right)^2 = 20\lg\left(\frac{4\pi d}{\lambda}\right) = 20\lg\left(\frac{4\pi df}{c}\right) \tag{6-4}$$

当用 $d(\text{m})$、$\lambda(\text{m})$ 表示时，可用式（6-5）计算。

$$L_s(\text{dB}) = 22 + 20\lg d - 20\lg\lambda \tag{6-5}$$

当用 $d(\text{km})$、$f(\text{GHz})$ 表示时，可用式（6-6）计算。

$$L_s(\text{dB}) = 92.45 + 20\lg d + 20\lg f \tag{6-6}$$

当用 $d(\text{km})$、$f(\text{MHz})$ 表示时，可用式（6-7）计算。

$$L_s(\text{dB}) = 32.45 + 20\lg d + 20\lg f \tag{6-7}$$

微波通信中实际使用的天线均为有方向性天线，当收发天线增益分别为 G_r（dB），G_t（dB）、收发两端馈线系统损耗分别为 L_{fr}（dB）、L_{ft}（dB），收发两端分路系统损耗分别为 L_{br}（dB）、L_{bt}（dB）时，则在自由空间传播条件下，接收机的输入电平为

$$P_r(dBm)=P_t(dBm)+(G_t+G_r)-(L_{ft}+L_{fr})-(L_{bt}+L_{br})-L_s \tag{6-8}$$

【例 6-1】 已知发信功率 P_t=1W，工作频率 f=3800MHz，两站相距 45km，$G_t=G_r$=39dB，$L_{ft}=L_{fr}$=2dB，$L_{bt}=L_{br}$=1dB。求：在自由空间传播条件下接收机的输入电平和输入功率。

解　由已知条件站距 d=45km，工作频率 f= 3800MHz，可求得自由空间损耗为

$$L_s(dB)=32.4+20\lg 45+20\lg 3800\approx 137dB$$

将 P_t=1W 换算成电平值：

$$P_t=10\lg 1000mW=30dBm$$

$$\therefore P_r(dBm)=P_t(dBm)+(G_t+G_r)-(L_{ft}+L_{fr})-(L_{bt}+L_{br})-L_s$$

$$=30+(39+39)-(2+2)-(1+1)-137=-35dBm$$

若求收信机的输入功率，只要将电平值取“反”对数即可。

$\because P_r(dBm)=10\log P_r$

$\therefore P_r(mW)=10^{\frac{-35}{10}}=10^{-3.5}mW=0.32\mu W$

3. 地形地物对微波传播的影响

由于微波中继通信的电磁波主要靠近地表的大气空间传播，因此地形地物对电磁波会产生反射、折射、散射、绕射和吸收现象。下文在讨论地形地物的影响时，没有考虑大气的影响。

（1）平坦地表对电磁波的反射

水面或平坦地面等平坦地表对电磁波具有反射作用，此时接收点除了接收到直射波，还接收到反射波。因此，收信点的合成场强是直射波和反射波的矢量和。当收发天线足够高时，可简单认为直射波是自由空间波。而在军事通信中由于天线架设高度受限，地面反射对接收点的接收信号电平有着重要影响。

与自由空间传播相比，平坦地表反射波的影响表现为引入了一个衰减因子 α 。假如接收点接收直射路径信号获得的场强为 E，总接收信号场强为 E_{all}，则

$$E_{all}=\alpha \cdot E \tag{6-9}$$

为简化分析，只考虑一路主反射波对电波传播的影响，直射波与反射波行程差值为 Δr，α 与 Δr 的关系如图 6-4 所示。图中 ρ 表示地表反射系数的绝对值，$0\leqslant\rho\leqslant 1$。$\rho=0$ 表示无反射，$\rho=1$ 表示全反射。

由图 6-4 可见，收信点的场强随着 Δr 周期变化，从零变化到直射波场强的两倍，场强为零时表示直射波完全被反射波抵消。当行程差为整数倍波长时，衰减达到极大值。

为了避免收信点的场强明显起伏，尤其要避免因反射波和直射波抵消而导致收信点接收信号趋近于零的现象，在进行微波站站址选择和微波线路设计时，应充分利用地形地物阻挡反射波。

（2）地表障碍物对微波视距传播的影响

地表障碍物是如丘陵、山头、树林和高大建筑物等会阻挡电磁波视距传播的地物。与自由空间传播相比，地表障碍物对微波视距传播的影响表现为引入了阻挡损耗。

根据惠更斯–菲涅耳原理，在电波的传播过程中，波阵面上的每一点都是一个进行二次辐射的球面波的波源，这种波源称为二次波源，如图 6-5 所示。而空间任一点的辐射场都

是由包围波面的任意封闭曲面上各点的二次波源发出的波在该点相互干涉、叠加的结果。

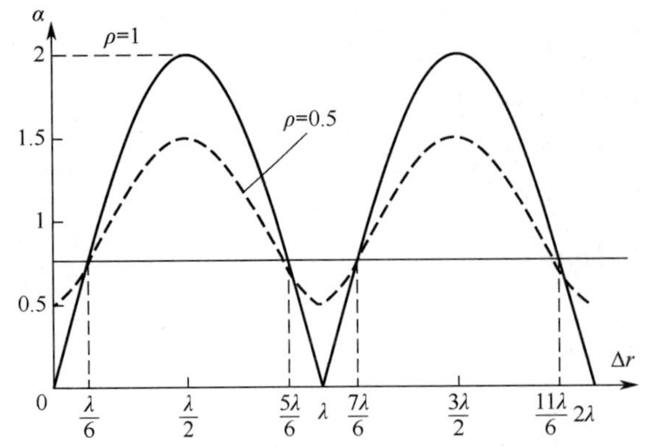

图 6-4　$\rho=0.5$ 和 $\rho=1$ 时 α 与 Δr 的关系曲线

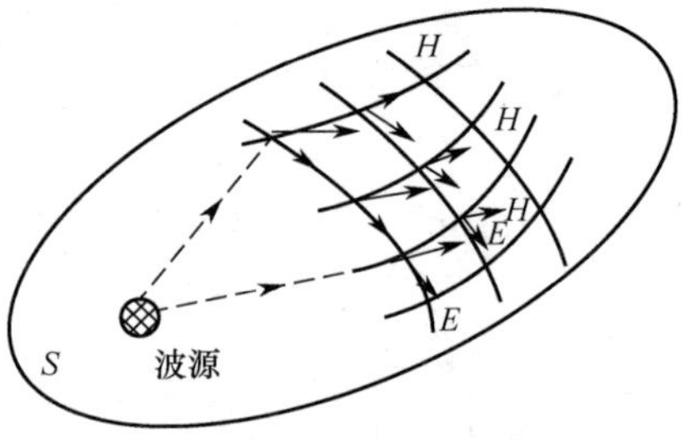

图 6-5　二次波源

如图 6-6 所示，自由空间 T 点是波源，R 点是接收点，以 T、R 为焦点的旋转椭球面所包含的空间区域，称为菲涅耳区。图中 P 是空间的一点，其所在与直线 TR 垂直的平面截菲涅耳区域得到一个圆 C_1，若该圆半径为

$$F_1=\sqrt{\frac{\lambda d_1 d_2}{d}} \tag{6-10}$$

式中，d 为 T、R 点间的距离，d_1、d_2 分别为 T 点和 R 点到圆 C_1 圆心的距离，这个圆所在的菲涅耳区域称为第一菲涅耳区。把菲涅耳区上一点 P 到 TR 连线的垂直距离称为菲涅耳区半径，用 F 表示。F_1 就是第一菲涅耳区半径。在自由空间，从波源 T 点辐射到 R 点的电磁能量主要是通过第一菲涅耳区传播的，只要第一菲涅耳区不被阻挡，就可以获得近似自由空间的传播条件。为了提高传输方向性，微波接力通信使用抛物面天线，它的传输主要能量集中在第一菲涅耳区内，为保证系统正常通信，收发天线架设的高度要满足使它们之间的障碍物遮挡尽可能不超过其第一菲涅耳区的 20%，否则电磁波多径传播就会产生不良影响，导致通信质量下降，甚至中断通信。

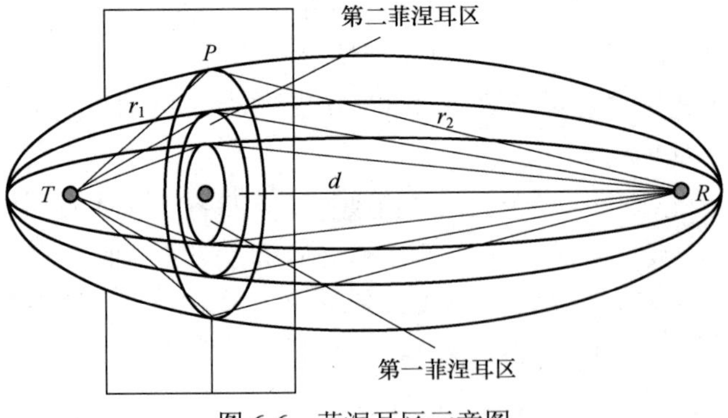

图 6-6　菲涅耳区示意图

最小菲涅耳半径用 F_0 表示。该半径就是接收点能得到与自由空间传播相同的信号强度时所需要的最小菲涅耳椭球区的半径。F_0 也可理解为“禁区”，阻挡物不可闯入微波通信通道的“禁区”，否则会严重影响通信质量。

各个菲涅耳区半径的关系如下。

$$F_n=\sqrt{\frac{n\lambda d_1 d_2}{d}}=\sqrt{n}F_1 \tag{6-11}$$

$$F_0=\frac{F_1}{\sqrt{3}} \tag{6-12}$$

经分析可以知道，相邻菲涅耳区在收信点 R 产生的场强反相（相位相差 180°）。也就是说，第二菲涅耳区在 R 点产生的场强与第一菲涅耳区反相；第三菲涅耳区在 R 点产生的场强与第二菲涅耳区反相，但与第一菲涅耳区同相。

在实际的微波线路中，有时会遇到传播路径上的刃形障碍物，如图 6-7 所示。这时，因为刃形障碍物不可能遮挡住所有的菲涅耳区，所以在收信点只要有一定数量的菲涅耳区空间不被遮挡，电波就能绕过刃形障碍物，使收信电平达到一定的数值。设刃形障碍物顶部到 T、R 连线的垂直距离为 H_c，称为菲涅耳余隙。

若定义刃形障碍物的阻挡损耗为收信点的场强幅值与自由空间传播场强幅值的比值，则阻挡损耗（dB）与相对余隙（H_c/F_1）的关系如图 6-8 所示。可见，当 H_c 为 0，即障碍物最高点与收发视距连线相切时，阻挡损耗为 6dB；当 H_c 为负值，即障碍物最高点超过收发视距连线时，阻挡损耗增加得很快；当 H_c 为正值，即障碍物最高点在收发视距连线以下，且 $H_c/F_1>0.5$ 时，阻挡损耗在 0dB 上下波动，即收信点的场强幅值与自由空间传播场强相近。

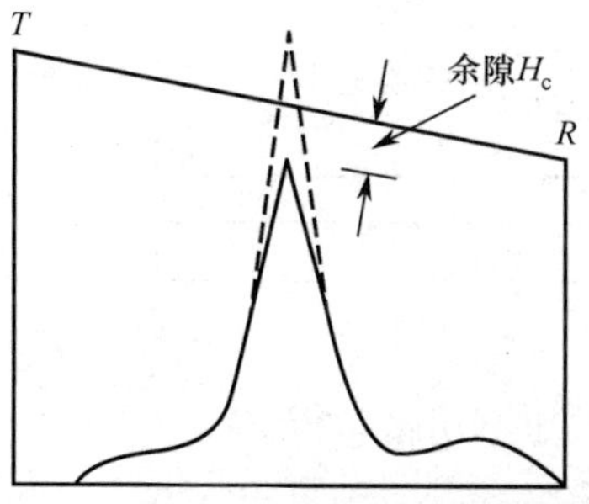

图 6-7　传播路径上的刃形障碍物图

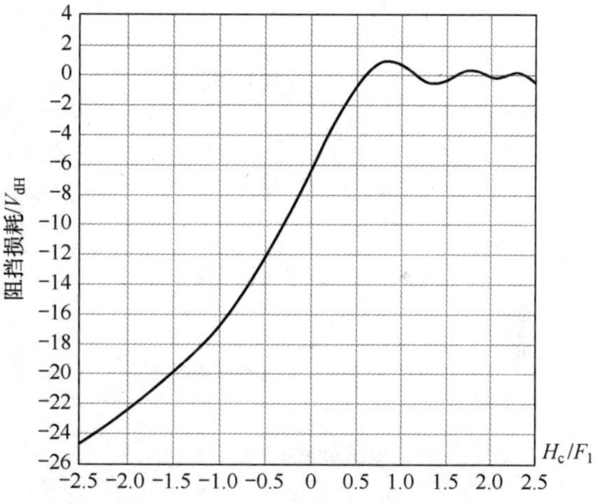

图 6-8　刃形障碍物的阻挡损耗

【例 6-2】已知条件见【例 6-1】，且传播路径上有如图 6-7 所示的刃形障碍物，若余隙 H_c=0，求收信电平。

解　① 求刃形障碍物的阻挡损耗，由 H_c=0，查图 6-8 得 V（dB）=−6dB。

② 根据【例 6-1】得出的结果，收信电平为 P_r（dBm）=−35dBm，故实际的收信电平为

$$P_r\text{（dBm）}=-35+(-6)=-41\text{ dBm}$$

通过以上分析可知，虽然微波通信属于视距通信，但并不是说只要收发天线不能互视就无法达成通信。在军事通信中，站址选择往往无法满足通视条件，但遮挡损耗不十分严重时，可以通过增加发射机发射功率、加大收发天线增益等方法来达成通信。

4．对流层对电波传播的影响

本节讨论大气对微波传播的影响，由于微波中继通信的大气空间电磁波传播主要在对流层中完成，因此仅讨论对流层对微波传播的影响。

对流层对微波传播的影响，主要表现在以下几点。

① 由于气体分子谐振引起对电磁波能量的吸收。

② 由雨、雾、雪引起对电磁波能量的吸收。

③ 由于气象因素等影响，使对流层也会形成云、雾之类的“水气囊”，形成了大气中的不均匀结构，从而对电磁波产生折射。

当微波中继通信系统的工作频率在 10GHz 以下时，前两个方面的影响不显著，只需考虑对流层折射的影响；当工作频率在 10GHz 以上时，3 个方面的影响都需要考虑。这里只讨论对流层折射的影响。

对流层不同高度的大气压力、温度和湿度，其折射率 n 也不同，因而电磁波在不同高度的传播速度 u 也不同，最终导致电磁波在大气中传播不是按直线而是按曲线前进的，如图 6-9 所示。在工程上为了表示对流层折射对微波传播的影响，引入了等效地球半径的概念，即认为电磁波还是直线传播，只是地球的“半径”发生了变化。大气折射也将引起余隙的变化，设地球凸起高度的变化为 Δh_e，则由图 6-10 可见，在数值上余隙的变化就是地球凸起高度的变化。

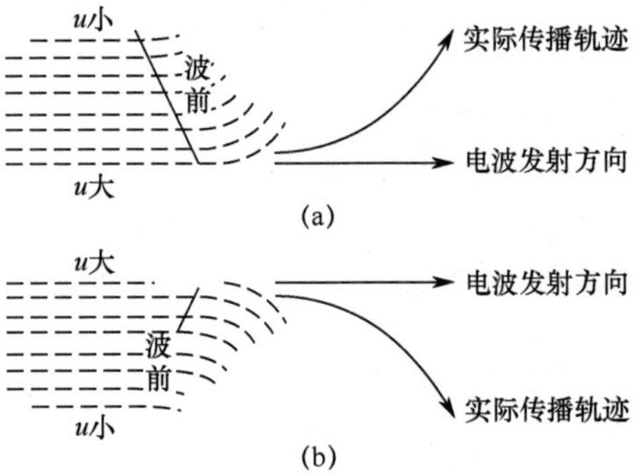

图 6-9　大气折射对电波轨迹的影响

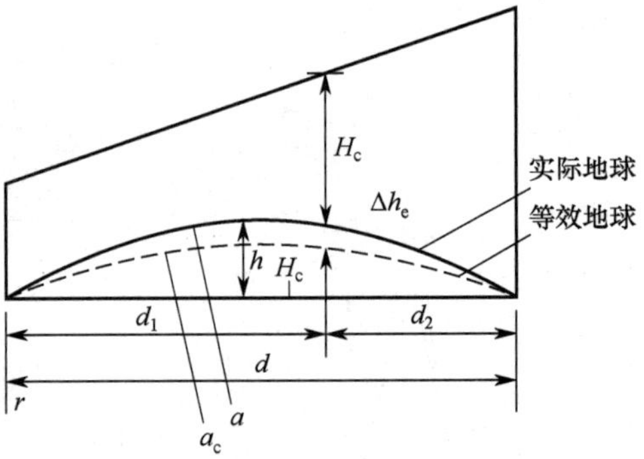

图 6-10　折射引起余隙的变化

6.2　微波中继通信系统的组成及关键技术

数字微波中继通信信号传输容量大、上下话路方便、长途传输质量较稳定、投资较少、建站较快，比有线和光纤通信更容易抵御自然灾害，因此受到世界各国的充分重视。数字微波中继通信和光纤、卫星通信一起被称为现代通信传输的三大支柱。为深入理解这一重要的通信系统，有必要对系统的组成、设备的组成和微波中继系统中采用的关键技术做进一步的了解。

微波中继通信线路示意图如图 6-11 所示。

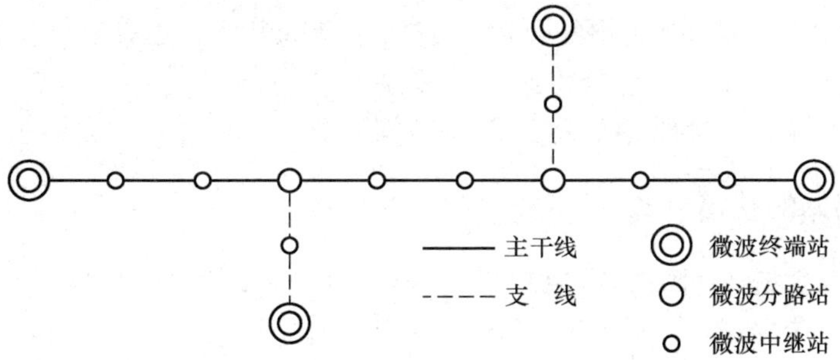

图 6-11　微波中继通信线路示意图

6.2.1　微波中继通信系统的组成

1．微波站

一条微波通信线路由若干微波站和电波空间组成，长度为几百千米甚至几千千米，支线可以有多条。微波站根据功能通常分为终端站、枢纽站、分路站和中继站等，如图 6-12 所示。

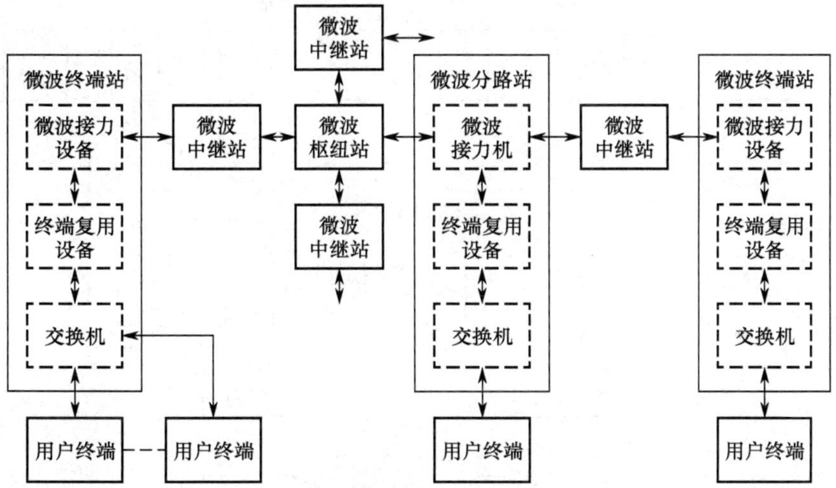

图 6-12　微波站根据功能划分

① 终端站的主要作用是把基带信号调制到微波频段发射出去，并将收到的微波信号转换成基带信号。终端站只向一个方向发送和接收信号。

② 中继站是把上一个站送来的信号转给下一个站，具有两个作用：一是把在传输过程中还没有恶化到一定程度的信号收下来，再发送出去；二是解决视距传输引起的站距限制问题。中继站是微波通信线路中数量最多的站型，一般都有几个到几十个。由于中继站的作用才使得微波通信将信号传送到几百千米甚至几千千米处。

③ 分路站是中继站的一种，除了能完成中继功能，还能够复分接基带信号。由于早期主要是传输话路信号，因此也常说能够上、下话路。对于通信中继线路，主干线与支线交会点上的中继站都需要具有复分接基带信号的能力，都属于分路站。

④ 枢纽站处在微波通信线路的中间，能沟通两条以上微波通信线路。这样不仅可以进行本线路的用户间信息交换，也可以与其他线路的用户进行信息交流，从而构成通信网，

使用户间的信息交流更加方便。枢纽站除了完成中继的任务，还有复分接基带信号的功能，其功能最完善，设备最齐全，比分路站更加复杂。

通常将微波中继站和分路站统称为微波中间站。

2．微波中间站的转接方式

微波中继通信系统中间站的转接方式一般是按照收发信机转接信号时的接口频带划分的，主要有 3 种：基带转接方式、中频转接方式和射频转接方式，其框图如图 6-13 所示。此外，还有无源转接方式。

（1）基带转接方式

中间站把来自某一通信方向的载频为 f_1 的接收信号经对应接力机的微波收信机天馈系统、微波低噪声放大器后，与该接力机的接收机本振信号混频，混频输出信号经中放后送到调解器解调输出基带信号，再转接到该中间站的另一接力机（数字微波中继通信系统还要先进行基带信号再生）调制其发信机的中频或直接对微波振荡器进行调制［图 6-13（a）只示出了前一种情况］。已调信号经过变频输出载频为 f_1' 的微波信号，该信号经微波功放、天馈系统后向中间站的另一个通信方向发送出去。

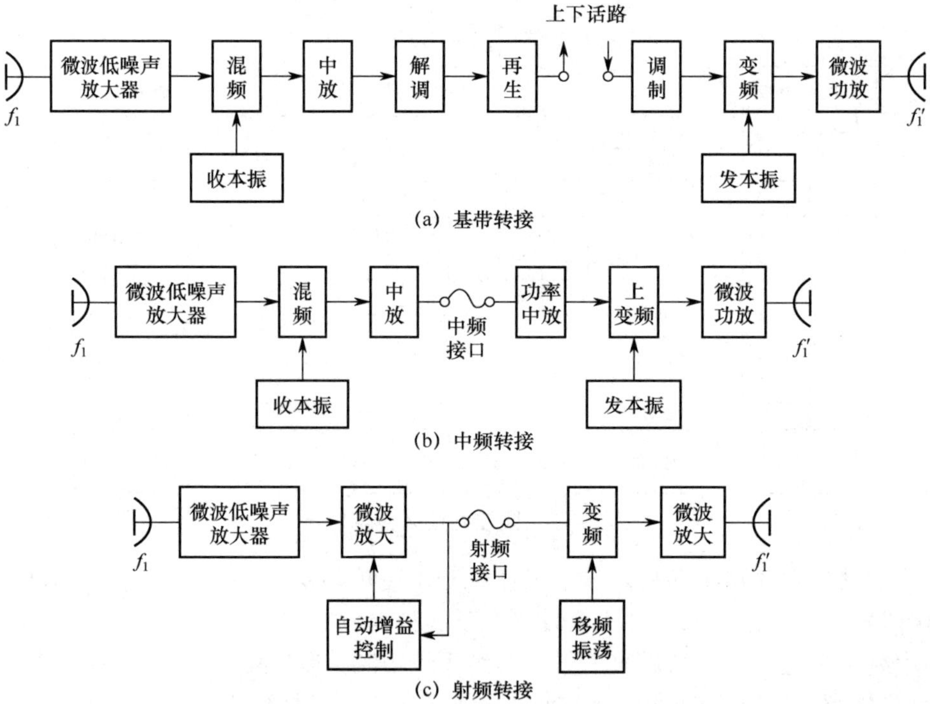

图 6-13　微波中继通信系统中间站的转接方式

可见，信号从中间站的一个接力机的收信机转接到另一接力机的发信机时，接口频带为基带，所以称为基带转接。模拟微波中继通信系统的基带转接又称为群频转接，数字微波中继通信系统的基带转接又称为再生转接。对群频转接而言，群路信号在调制、解调过程中产生失真，随着中间站数目的增加，调制、解调的次数增加，失真和噪声积累不断加剧，使系统的信噪比恶化，影响通信质量。对再生转接而言，由于解调信号在转接之前进行了再生，因而消除了噪声积累。再生转接方式是目前数字微波中继通信系统最常用的一种中间站转接方式。

基带转接方式可以方便上、下话路，是微波分路站和枢纽站必须采用的转接方式。采用这种转接方式的中间站的设备与终端站可以通用。

（2）中频转接方式

中间站把来自某一通信方向的载频为 f_1 的接收信号经对应接力机的微波收信机天馈系统、微波低噪声放大器后，与该接力机接收机本振信号混频，混频输出信号经中放后转接到该中间站的另一接力机的发信机功率中放，将信号放大到上变频器所需的功率电平，然后与发信机本振信号进行上变频，输出载频为 f_1' 的微波信号。该信号经微波功放、天馈系统后，向中间站的另一通信方向发送出去。

可见，信号从中间站的某一接力机的收信机转接到另一接力机的发信机时，接口频带为中频，所以称为中频转接。中频转接省去了调制解调器，简化了设备，且没有调制和解调引入的失真和噪声，中频转接的发本振和收本振采用移频振荡方案，降低了对本振稳定度的要求。但中频转接不能上、下话路，不能消除噪声积累。对于不需要上、下话路的中继站，可以采用中频转接方式，如模拟微波中继通信系统的中继站就常用这种方式。

（3）射频转接方式

射频转接与中频转接类似，但其转接接口是射频接口，且为了使同一中间站的转发信号不干扰接收信号，转信载频 f_1' 相对收信载频 f_1 需要移频，即移频振荡器的频率等于 f_1' 与 f_1 之差。另外，为了克服传播衰落引起的电平波动，还需在微波放大时采取自动增益控制措施。微波转接电路技术实现起来比中频转接困难，但微波转接方案简单，设备体积小、功耗低，对于不需要上、下话路的中继站可采用这种转接方式。

（4）微波直放方式

射频转接方式也可以不进行频率搬移称为微波直接放大转接方式，是射频转接方式中的一个特例。这种微波站称为微波直放站。

微波直接放大转接方式以微波宽带低噪放大器、微波宽带线性功率放大器和微波分路滤波器等器件为基础，进行有源、双向、无频率变换的微波信号直接放大，适用于模拟微波中继通信和数字微波中继通信。采用该方式的微波直放中间站不进行变频，其结构大为简化，体积很小，可以直接安装在天线支架上；其功耗低，可利用太阳能供电；其可靠性较高，一般无须维护。微波直放转接可用于延长通信距离，改善衰落储备或克服某些地形障碍，且不需要建机房、修道路和架设电力线路，节省基建费用。但由于其转信和收信在同一载频，因此必须采用增益高、方向性强、旁瓣低、防卫度好的天线，或者加大天线之间的垂直间距，以避免本站收发信号之间的相互干扰。对于越站干扰，可利用地形地物的阻挡，以及合理选择站址使形成的路径转折角度小于 160° 的方法来排除。

（5）无源转接方式

无源转接方式本质上也是射频转接方式中的一个特例。无源转接方式利用金属反射板改变微波波束的方向，这种转接方式维护简单，主要用于克服山河等地形障碍，但对反射板的抗风能力要求很高，且造价较高。

6.2.2 微波中继通信设备

微波中继通信系统的设备主要包括用户终端、交换机、终端复用设备和微波接力设备。

（1）用户终端

用户终端是逻辑上最靠近用户的输入/输出设备，如自动电话机、电传机、计算机等。用户终端主要通过交换机集中在微波终端站或微波分路站。

（2）交换机

交换机既可实现本地用户终端之间业务互通，如实现本地语音用户之间的通话，又可通过微波中继通信线路实现本地用户终端与远地（对端交换机所辖范围）用户终端之间的业务互通。交换机配置在微波终端站或微波分路站。

（3）终端复用设备

终端复用设备的基本功能是将交换机送来的多用户信号适当变换并组成为多路信号或群路信号，然后送到微波终端站或微波分路站的发信机；将微波终端站或微波分路的收信机送来的多路信号或群路信号适当变换后送到交换机。模拟微波中继通信系统的终端复用设备是频分多路载波机；数字微波中继通信系统的终端复用设备是时分多路数字终端机。终端复用设备配置在微波终端站或微波分路站。现代军用交换机一般都集成了终端复用设备的功能，因此军用设备很少有单独的终端复用设备。

（4）微波接力设备

微波接力设备的作用主要是用微波信号实现微波站之间的通信。主要设备包括发信设备、收信设备、天馈系统、电源设备，以及保障通信线路正常运行和无人维护所需的监测控制设备等。

下面仅就发信设备、收信设备和天馈系统进行简单介绍。

1．发信设备的组成及主要性能指标

从目前使用的数字微波通信设备来看，分为直接调制式发信机（使用微波调相器）和变频式发信机。中小容量的数字微波（480 路以下）设备可用前一种方案，多数微波系统使用的是变频式发信机。图 6-14 所示为一种典型的变频式发信机的原理框图。

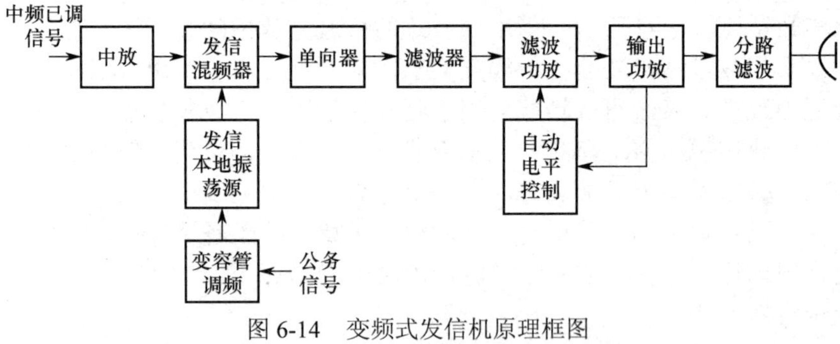

图 6-14　变频式发信机原理框图

发信设备由调制器、发信本地振荡源、发信混频器和微波功率放大器等主要部件组成。调制器在模拟微波通信系统中多为调频制，即用载波电话机输出的模拟群频信号控制调制器中副载频的频率，以形成调频信号；在数字微波通信系统中则用调相制或正交调幅制，即用脉码调制设备输出的、由数字化语音信号组成的高次群数字信号控制调制器中副载频的相位，以形成调相或正交调幅信号。发信本地振荡源，一般采用晶振倍频方式或直接微波腔体振荡方式产生高稳定度的单一微波信号。

在发信设备中，勤务信号经常采用微波调制方式，即把勤务信号直接调制到本机的微波振荡频率上。在数字调制的载波上进行浅调频的这种复合调制方式，具有设备简单，不过多占用主信道的功率与频带，以及可在非基带转接中继站上、下勤务信号等优点，是目前数字微波很常用的一种勤务传送方式。图 6-14 就是利用变容管对主振频率进行浅调频，然后对中频已调信号进行上变频的一种方案。

发信混频器则将调制器输出的调制信号与发信本振频率进行混频，使调制信号由中频搬移到所需的微波频段，上变频后的信号经过带通滤波器取出上边带或下边带信号，然后再经功率放大器放大到发射机额定的输出功率，最后通过分路滤波器送到天线发射出去。为了保证末级功率放大器不超出线性工作范围，并保证足够的发射功率以确保通信距离，要用自动电平控制电路把输出功率维持在合适的电平。

发信设备的主要性能指标包括工作频段、输出功率和频率稳定度等。

① 工作频段：指发信设备所能覆盖的工作频率，一般是微波频率中的某一段。例如，某发信设备的工作频段是 610～960MHz。

② 输出功率：指发信机输出端口处功率的大小。例如，某设备的输出功率为 5W。

③ 频率稳定度：发信机的每个工作波道都有一个标称的射频中心工作频率，用 f_0 表示。频率稳定度指的是 f_0 的稳定度。例如，某型设备在工作温度−40℃～85℃环境下频率稳定度为 5×10^{-7}。

2．收信设备的组成及主要性能指标

数字微波的收信设备和解调设备组成了收信系统，这里所讲的收信设备只包括射频和中频两个部分。图 6-15 所示为一个有空间分集接收的收信设备组成框图。

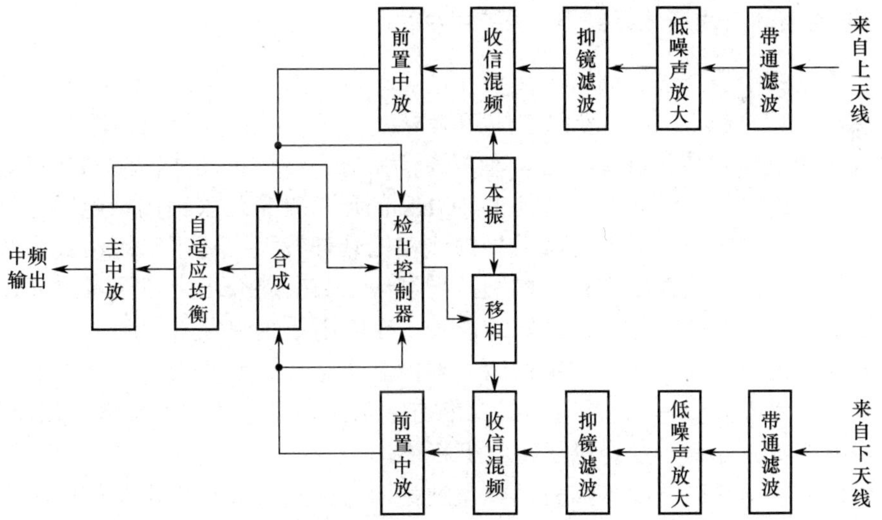

图 6-15　收信机设备组成框图

收信设备由本地振荡源、收信混频器、中频放大器和解调器组成。收信本地振荡源的工作原理和采用的技术同发信本地振荡源类似。收信混频器将接收到的微波信号和收信本地振荡信号差频转为中频，再经中频放大器放大，然后送至解调器。解调器的功能和发射机的调制器相反，即把调制信号还原为原来的模拟信号或数字信号，然后再经这些基带信

号的相应复用设备还原为语音信号。

收信设备的主要性能指标包括工作频段、收信本振的频率稳定度、噪声系数、通频带、选择性、收信机的最大增益、自动增益控制范围等。

① 工作频段：指收信设备所能覆盖的工作频率。收信机是与发信机配合工作的，其覆盖频率一般与发信机覆盖频率相同。

② 收信本振的频率稳定度：收信设备的频率稳定度应该与发信设备具有相同的指标。

③ 噪声系数：数字微波收信机的噪声系数一般为 2.5～7dB，比模拟微波收信机的噪声系数小 5dB 左右。

④ 通频带：收信机接收的已调波是一个频带信号。为了有效抑制噪声干扰和获得最佳信号传输，应该选择合适的通频带和通带形状。接收机的通频带特性主要由中频滤波器的通带特性决定。

⑤ 选择性：指接收机在通频带以外，对各种干扰的抑制能力。对某个波道的收信机而言，要求它只接收本波道的信号，对邻近波道干扰、镜像频率干扰，以及本波道的收、发干扰等要有足够的抑制能力。这一指标主要由微波滤波器、中频滤波器和镜像抑制滤波器的特性来保证。

⑥ 收信机的最大增益：接收机输入端允许的最小接收信号电平与解调器输入端正常工作电平的差值。

⑦ 自动增益控制范围：由于受衰落的影响，收信机的输入电平会在一个较大的范围内波动。自动增益控制电路的作用是，调整接收通道的增益，使得信号到达解调器输入端时被调整为一个固定电平的信号，从而保证信号的正常解调。自动增益控制范围就是通道增益的最大值与最小值的差。

3．微波通信的天线馈线系统及主要性能指标

微波通信系统中的馈线有同轴电缆型和波导型两种形式。民用 2GHz 以下的频段多采用同轴型馈线；2GHz 以上的频段则多应用波导型馈线。在高频段同轴馈线比波导的损耗大，但由于同轴电缆安装和拆卸方便，军事通信系统中常为机动式微波站，对天线系统的架设时间有严格的要求，因此军事通信中 5GHz 的通信设备仍采用同轴电缆作为馈线。矩形波导馈线，波形传输稳定，但与圆波导馈线相比衰耗较大，适用于短馈线系统；圆波导馈线，衰耗虽小，但必须直线装设；椭圆波导馈线，其衰耗介于上述两者之间，可以制成整根软波导管，安装方便，是一种良好的馈线，在民用系统中应用广泛。

微波天线都采用定向天线，常用微波天线的基本形式有喇叭天线、抛物面天线、喇叭抛物面天线及潜望镜天线等。目前用得最多的有喇叭抛物面天线和卡塞格林双反射面天线，用高频同轴电缆或波导管与发射机或接收机相连。

军事通信系统中的微波站常为机动式微波站，考虑到天线小型化及抗风能力，常采用角反射天线（图 6-16）和网状抛物面天线（图 6-17）。

在一个微波站内，同一传输方向的收发，可以单独装设发射天线和接收天线，军事通信中为了缩短架设时间、节省架设空间、提高微波站的机动能力，一般收发共用一副天线。微波接力传输一般采用线极化波，包括水平极化和垂直极化，相邻波道或收发之间可采用不同的极化形式。收发频率和极化的合理配置、良好的天馈线系统交叉极化鉴别率和良好的天线防卫度，能保证波道间和收发信系统间不因干扰而影响通信质量。微波天线的主要

技术指标有如下几个方面。

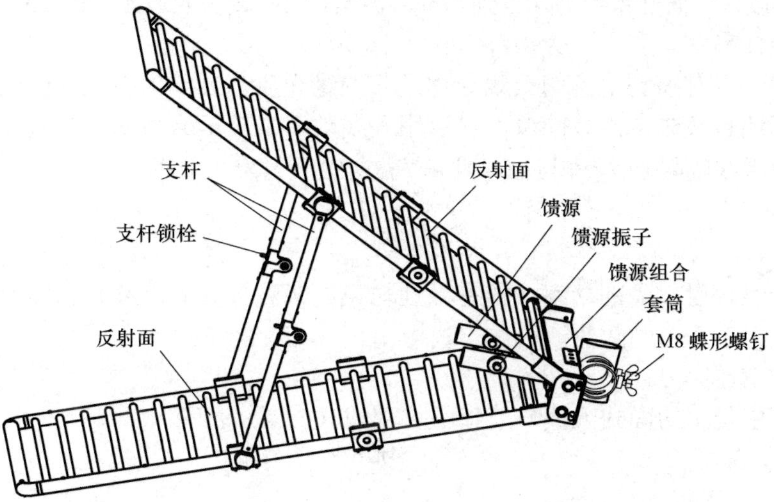

图 6-16　角反射天线

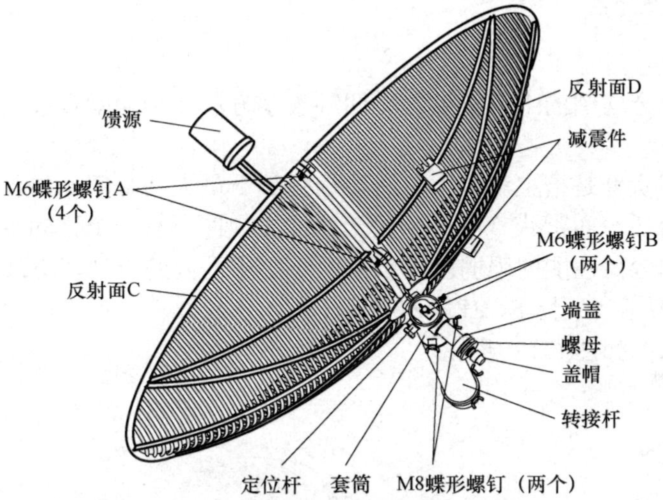

图 6-17　网状抛物面天线

（1）天线的方向性系数

天线的方向性是指天线向一定方向辐射电磁波的能力。它的这种能力可采用方向图、方向图主瓣的宽度、方向性系数等参数进行描述，所以方向性是衡量天线优劣的重要因素之一。天线有了方向性，就能在某种程度上相当于提高发射机或接收机的效率，并使之具有一定的保密性和抗干扰性。

方向性系数是用来表示天线向某一个方向集中辐射电磁波程度（即方向性图的尖锐程度）的一个参数。为了确定定向天线的方向性系数，通常以理想的非定向天线作为比较的标准。定向天线的方向性系数是指在接收点产生相等电场强度的条件下，非定向天线的总辐射功率对该定向天线的总辐射功率之比。

按照上面的定义，由于定向天线在各个方向上的辐射强度不等，因此天线的方向性系数也随着观察点的位置不同而不同，在辐射电场最大的方向，方向性系数也最大。通常如果不特别指出，定向天线的方向性系数就是指天线最大辐射方向的方向性系数。

在微波波段，方向性系数为几百到几千，甚至几万。用分贝表示就是20～40dB。

（2）天线效率

一般来说，载有高频电流的天线导体及其绝缘介质都会产生损耗，因此输入天线的功率并不能全部地转换成电磁波能量。可以用天线效率来表示这种能量转换的有效程度。天线效率定义为天线辐射功率 P_r 与输入功率 P_{in} 之比，记为 η_A，即

$$\eta_A = \frac{P_r}{P_{in}} \tag{6-13}$$

它是指天线辐射出去的功率（即有效地转换电磁波部分的功率）和输入到天线的有功功率之比，是恒小于1的数值。

（3）天线增益

微波通信中使用的面式天线，其增益可用式（6-14）表示。

$$G = \frac{4\pi A}{\lambda^2}\eta_A \tag{6-14}$$

式中，A 为天线的口面面积；λ 为波长；η_A 为天线效率，对于面天线也称口面利用系数。

（4）主瓣宽度

主瓣宽度是指方向图的主瓣宽度，有两种表示方法：半功率点波瓣宽度和零功率点波瓣宽度。

半功率点波瓣宽度是指主瓣最大值两边场强等于最大功率密度的一半的两辐射方向之间的夹角，又称为3分贝波束宽度。如果天线的方向图只有一个强的主瓣，其他副瓣均较弱，那么它的定向辐射性能的强弱就可以从两个主平面内的半功率点波瓣宽度来判断，常用 $2\theta_{0.5E}$ 和 $2\theta_{0.5H}$ 表示（下标E、H表示E、H面，下同）。

主瓣宽度示意图如图6-18所示。

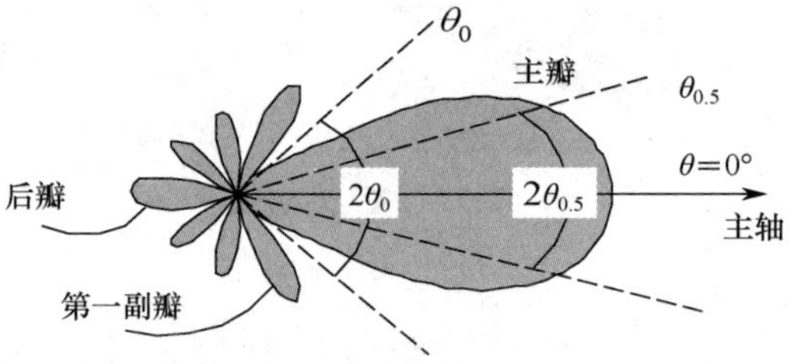

图6-18　主瓣宽度示意图

对于只有一个主瓣且副瓣比较低的天线，通过半功率点波瓣宽度可以估算天线增益 G。工程上有如下经验公式。

$$G = 10\lg\left(\frac{30000}{2\theta_{0.5E}\cdot 2\theta_{0.5H}}\right) \tag{6-15}$$

式中，$2\theta_{0.5E}$ 和 $2\theta_{0.5H}$ 为单位的度。例如，E面、H面半功率点波瓣宽度均为5°的天线，按式（6-15）计算增益大约是30dBi。

零功率点波瓣宽度是指主瓣最大值两边两个零辐射方向之间的夹角，常用 $2\theta_{0E}$ 和 $2\theta_{0H}$ 表示。

在视距微波通信线路中，人们希望天线对通信方向的辐射能力强、增益高，通常固定站的天线主瓣半功率角小于 5°。在军事应用中常用的机动站为了提高天线的架设速度，减少天线方向调整所需要的时间，半功率角往往比较大，频率较低的天线，一般在 30° 左右，频率高的天线，为减小功放体积往往采用高增益天线，其半功率角为 1°～5°，这种情况可适当缩短通信距离来降低对天线对准的要求。

（5）天线的驻波比

如果终端负载与传输线阻抗不匹配，在传输线的负载端就会有反射波。反射波与入射波叠加就会形成驻波或行驻波。当传输线上入射波与反射波同相叠加时，合成波出现最大值；而反相叠加时出现最小值

$$\begin{aligned}|U|_{\max}&=|U_{\rm i}|+|U_{\rm r}|=|U_{\rm i}|(1+|\varGamma|)\\|U|_{\min}&=|U_{\rm i}|-|U_{\rm r}|=|U_{\rm i}|(1-|\varGamma|)\end{aligned}\tag{6-16}$$

式中，$U_{\rm i}$ 为入射电压波；$U_{\rm r}$ 为反射电压波。

电压（或电流）驻波比 ρ 定义为传输线上合成电压（或电流）的最大值与最小值之比，即

$$\rho=\frac{|U|_{\max}}{|U|_{\min}}=\frac{|I|_{\max}}{|I|_{\min}}\tag{6-17}$$

在不特别说明的情况下，驻波比指的是电压驻波比。

在整个工作频段内，要求天线与馈线应匹配连接，否则将造成反射，影响整个收发信机的性能。

（6）交叉极化鉴别率

交叉极化鉴别率（XPD）是指当发射天线发射一种极化波时，接收天线在同极化形式上接收到的信号电平与交叉极化上接收到的信号电平之比。

在采用双极化的微波天线中，由于天线本身结构的不均匀性及不对称，不同极化波（如垂直极化波和水平极化波）可在天线中互相耦合、互为干扰。

交叉极化鉴别率，以线极化为例其计算公式为

$$\text{XPD}=\frac{\text{发射水平（垂直）极化、接收为水平（垂直）极化所接收的信号功率}}{\text{发射水平（垂直）极化、接收为垂直（水平）极化所接收的信号功率}}\tag{6-18}$$

一般交叉极化鉴别率要求在主方向上接收的交叉极化增益要小于主极化增益 30dB 以上，当然不同场合其要求会有变化。另外，还有一个交叉极化隔离度（XPI）的概念，两种定义都是衡量交叉极化分量的大小，但两者的出发点不同，大家可以查阅相关文献。

这两项指标不好，工作信道会相互干扰，同时有用信号会有一定损失。

（7）天线防卫度

一般常用的是相对于最大接收方向 90° 和 180° 的防卫度，也称正交防卫度和后向防卫度，是指天线抑制侧向和背向干扰来波的能力，在数值上可以通过天线主辐射方向的场强与 90° 方向辐射场强（或 180° 方向辐射场强）的比值来计算。

6.2.3　微波中继通信关键技术

1. 射频波道的频率配置

对两套对通的微波收发信机而言，它们的射频频带宽度是有限的，因而其传输容量也

是有限的。为了增加微波中继通信系统的传输容量，各微波站在每个通信方向上可以使用多套微波收发信机同时工作，而同一方向的每套收发信机必须使用不同的微波收发频率，以免相互干扰。这样，每两套对通的微波收发信机构成了一条独立的双向微波信道，称为射频波道。因此，在一条微波中继通信线路上，相邻两个微波站之间将有多条射频波道。所谓射频波道的频率配置，就是如何分配各相邻两个微波站之间各条射频波道收发信机的微波收发频率。

（1）频率配置原则

不论是模拟微波还是数字微波，其频率配置都应符合下面的基本原则。

① 在一个中间站，一个单向波道的收信和发信必须使用不同频率，而且有足够大的间隔，以免发送信号被本站的收信机收到，使正常的接收信号受到干扰。

② 多波道同时工作时，相邻波道频率之间必须有足够的间隔，以免互相发生干扰。

③ 整个频谱安排必须紧凑，使给定的频段能得到经济、合理、有效的利用。

④ 因为微波天线和天线塔建费用很高，多波道系统要设法共用天线。所以选用的频率配置方案应既有利于天线共用，达到天线建设费用低，又能满足技术指标的目的。

⑤ 对于外差式收信机，不应产生镜像干扰，即不允许某一波道的发信频率等于其他波道收信机的镜像频率。

（2）单波道频率配置

当一条微波中继通信线路各相邻两个微波站之间只有一个波道工作时，其频率配置称为单波道频率配置。常采用二频制方案，即整个微波线路共使用两个不同的微波频率 f_1、f_2，且这两个频率在两个信息传输方向上都是交替出现的，如图 6-19（a）所示。单波道频率配置还可以采用四频制方案，即整个微波线路共使用 4 个不同的微波频率 f_1、f_2、f_3、f_4，f_1 与 f_4、f_2 与 f_3 各组成一个双向波道，这两个双向波道在两个信息传输方向上交替出现，如图 6-19（b）所示。

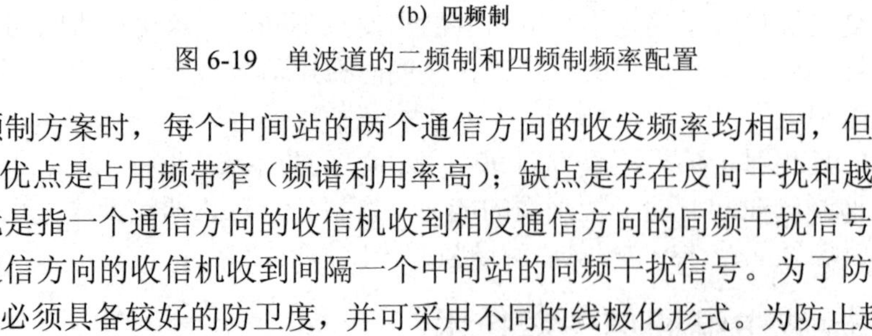

图 6-19　单波道的二频制和四频制频率配置

采用二频制方案时，每个中间站的两个通信方向的收发频率均相同，但收发频率逐站更换一次。其优点是占用频带窄（频谱利用率高）；缺点是存在反向干扰和越站同频干扰问题。反向干扰是指一个通信方向的收信机收到相反通信方向的同频干扰信号。越站同频干扰是指一个通信方向的收信机收到间隔一个中间站的同频干扰信号。为了防止上述两种干扰，要求天线必须具备较好的防卫度，并可采用不同的线极化形式。为防止越站同频干扰，在微波线路设计和站址选择时应妥善安排。

采用四频制方案时，没有反向干扰问题，但仍存在越站同频干扰问题，且其占用频带带宽比二频制大 1 倍。

（3）多波道频率配置

当一条微波中继通信线路各相邻两个微波站之间有多个波道同时工作时，其频率配置称为多波道频率配置，此时应参考 CCIR 的有关建议配置频率。例如，对于 2GHz 和 4GHz 频段的微波中继通信系统的多波道频率配置，CCIR 382-3 号推荐了两种方案，即交错制（相间式）方案和分割制（分集式）方案，这两种方案都基于各相邻两个微波站之间，共有 6 个波道同时工作，整个微波线路共使用 12 个不同微波频率，即 f_1、f_2、f_3、f_4、f_5、f_6 与 f_1'、f_2'、f_3'、f_4'、f_5'、f_6'，分别如下所述。对于其他频段微波中继通信系统的多波道频率配置，也可参照进行。

① 交错制方案。采用交错制方案的微波线路，中间站两个通信方向的频率配置如图 6-20（a）所示，其中同一波道的收信频率与发信频率相邻排列，6 个波道的收发频率按波道号交错排列。对于图中所示的中间站，两个通信方向的收信频率都是 f_1～f_6、发信频率都是 f_1'～f_6'；下一中间站则相反，即收发频率逐站更换一次。在这种方案中，相邻波道的发信或收信频差（80MHz）是同一波道收发频差（40MHz）的 2 倍，因而较易实现分波道滤波，但由于收发频差不太大，为保证发射频率和接收频率之间有足够的隔离度，对带通滤波器的频带特性要求较高。此外，交错排列的 6 个收信频率和 6 个发信频率布满整个频段，发射天线和接收天线很难做到宽频带内的阻抗匹配，因此各中间站需要设置多副天线。

② 分割制方案。采用分割制方案的微波线路，中间站两个通信方向的频率配置如图 6-20（b）所示，其中 6 个波道的收信频率集中在频段的一半，发信频率集中在频段的另一半。对于图中所示的中间站，两个通信方向的收信频率都是 f_1～f_6、发信频率都是 f_1'～f_6'；下一站则相反，即收发频率逐站更换一次。在这种方案中，相邻波道的发信或收信频差小，不易实现分波道滤波；同一波道的收发频率间隔较大，容易达到收发隔离的要求。收发频率分割排列使得发射天线和接收天线只需在半个频段内做到阻抗匹配，多个波道的发射天线（或者接收天线）可以共用。因此，微波中继通信系统多数采用分割制方案。

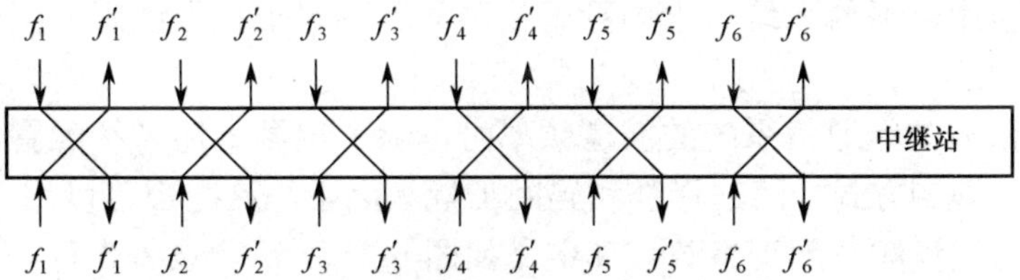

(a) 交错制方案

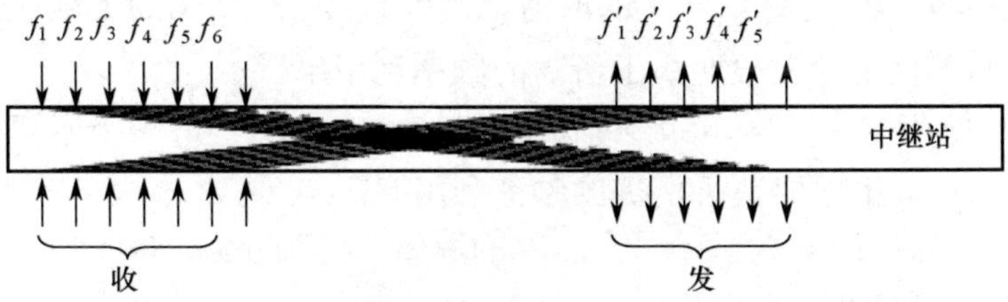

(b) 分割制方案

图 6-20　多波道频率配置的两种方案

（4）数字微波中继通信系统的波道频率再用

为了提高频谱利用率，在数字微波中继通信系统中可以进行波道频率再用，即在相同或相近的射频频率位置，利用电波的不同极化（如水平极化和垂直极化）来安排更多的射频波道。由于军事应用的特殊性有可能在一个较小地域同时有大量接力设备同时工作，为解决频谱资源不足，波道频率再用也是常用的解决方案之一。波道频率再用有两种方案，即同波道型方案和插入波道型方案，分别如图 6-21（a）和图 6-21（b）所示。前者的主用和再用射频频率完全重合，但极化方式不同；后者的主用和再用射频频率相互错开，且极化方式不同。

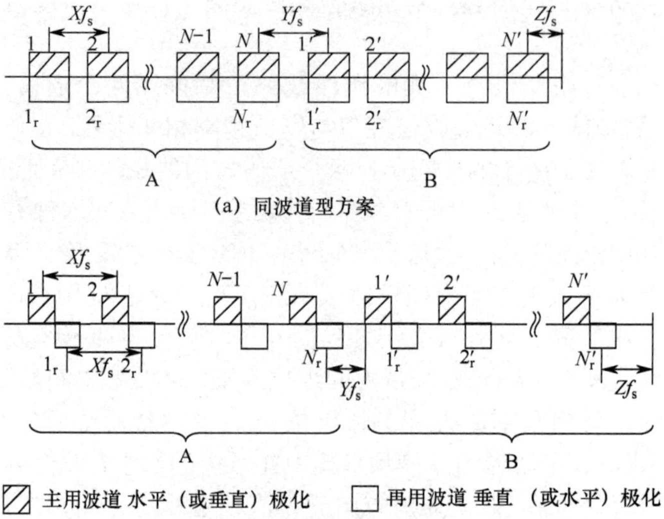

(a) 同波道型方案

(b) 插入波道型方案

图 6-21　波道频率再用的两种方案

采用何种方案取决于接收端天线的交叉极化鉴别率 XPD，当 XPD 小于 15dB 时，只能采用插入波道型方案；当 XPD 大于 15dB 时，两种方案都可采用。

由于模拟微波中继通信系统对于同频干扰和邻近频率干扰很敏感，因此很少进行波道频率再用。

在配置数字微波中继通信系统的波道频率时，除了遵循上述频率配置的基本原则，还需考虑传输容量、调制方式、滤波特性和码间干扰等因素。这些都可以用 X、Y、Z 及 XPD 等参数表征，称为波道频率配置参数，其定义如图 6-21 所示。设 f_s 为每一波道的码元（符号）速率，则 X、Y、Z 与频率配置的关系如下。

① 相邻波道间隔 $\Delta f_{波道}=Xf_s$，X 的取值范围为 $1<X<2$。X 的下限取决于滤波器的选择性和允许的码间干扰量，上限取决于所需的频率利用率。

② 相邻收发间隔 $\Delta f_{收发}=Yf_s$，Y 的取值范围为 $1<Y<5$。Y 的下限取决于滤波器的选择性和天线的方向性，上限取决于所需的频率利用率。

③ 频段边沿的保护间隔 $\Delta f_{保护}=Zf_s$，Z 的取值范围为 $0.5<Z<1$。Z 的选择要考虑到与邻近频段的相互干扰等因素。

④ XPD 主要取决于天线设备和电波传播条件。

2．抗衰落技术

大气中有对流、平流、湍流及雨雾等现象，它们都是由对流层中一些特殊的大气环境造成的，并且是随机产生的，这些都会引起电波传播的衰落。在军事通信中，中继站往往需要临时架设，这些机动站天线架设高度受限，电波传播也会受地面或水面反射影响引起电波传播的衰落。为了保证信号的传输，线路的设计必须保留一定的衰落深度，衰落深度又称为衰落储备。另外，还需要采取一些抗衰落技术措施。

对抗衰落的技术措施本书主要从两个方面考虑：一是对正在准备建设的微波线路的考虑，二是对已建成微波线路的衰落严重接力段的考虑。

对准备建设的微波线路来说，首先要按设计程序选好路由，为了防止地面反射造成的干涉型衰落，应尽量避免使线路穿越水网、湖面或海面等强反射区域。对已建成的微波线路或无法避开强反射区域的，可以采用分集技术来对抗衰落，设法取得衰落信道传输中两个或两个以上彼此衰落概率不同的信号，并在接收端以一定方式将其合并。这样，当其中一个信号发生衰落时，另一个（或多个）信号不一定也衰落，只要采用适当的信号合成方法就可保证一定的接收电平，克服或改善衰落的影响。可用分集改善效果和分集改善度来说明其作用。分集改善效果是指采用分集技术与不采用分集技术两者相比，对减轻深衰落影响所得到的效果（好处）。

目前，常用的分集接收技术有频率分集、空间分集和混合分集 3 种。这 3 种技术都假设多个射频信号在传输过程不可能同时发生衰落。该部分内容在前面的章节已经介绍，本章不再赘述。

6.3　微波中继通信的军事应用及发展趋势

微波中继通信广泛地应用于军事通信领域中。一般军方称为区域网络通信系统是以作战地区划分的，在作战地区内设置通信中继站，彼此依靠微波相互连接形成网络，中继站的设置形态可以是固定式和机动式。固定式中继站可涵盖作战区域中大部分的范围，而机动式中继站则可视作战需要机动更换中继站的位置，弥补固定式中继站的不足。

6.3.1　微波中继通信在区域网络通信中的应用

初级战术互联网和战术互联网是为保障战役、战术自动化指挥而在作战区域内布设的一种野战干线通信网络。从军事指挥上讲，战役通信的保障对象是集团军战役、方面军战役和战区战役；战术通信的保障对象则是旅及旅以下的战术部队。

战术互联网是从传统的干线通信网发展起来的，其发展过程在后续章节进行详述，这种网络为克服传统的干线通信网结构存在的缺点，采用栅格状网络结构。网络的主体是覆盖区域的干线节点网。多个干线节点分布在作战地域，节点之间的互联主要依靠的就是中继通信。

与民用通信网（见图 6-11）不同，这种网络的所有节点平等，如图 6-22 所示，任何节点或传输链路损坏都不会影响全局。干线节点上的中继设备具有基带中继功能，都可以上、下话路。干线节点上除接力机之外一般还要配备交换机、保密机和网管设备，这些设备一般装在干线节点车上。干线节点网的布设相对用户独立，用户能在任何节点进网；干线节点网在不影响通信的情况下滚动转移；支持唯一的用户号码，不管用户处于何处，拨该用户号码就能找到。

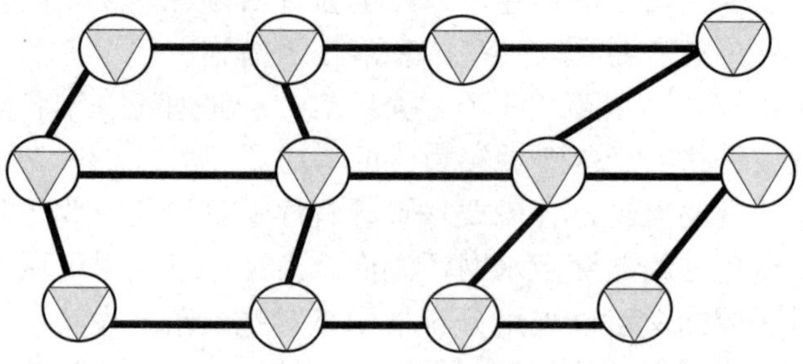

图 6-22　干线节点网结构示意图

军用微波中继设备的另一主要应用是用于初级战术互联网的干线入口节点。入口节点主要由入口节点交换机和接力机（用于接入干线节点）组成，这些装备一般装载在入口节点车上。固定用户一般经有线或无线接到入口节点交换机，所以用户通常分为有线用户和无线用户。这些用户有电话（含模拟电话、数字电话）、电传、汉字终端、传真、数据用户等。图 6-23 所示为微波接力通信组成的初级战术互联网节点示意图。

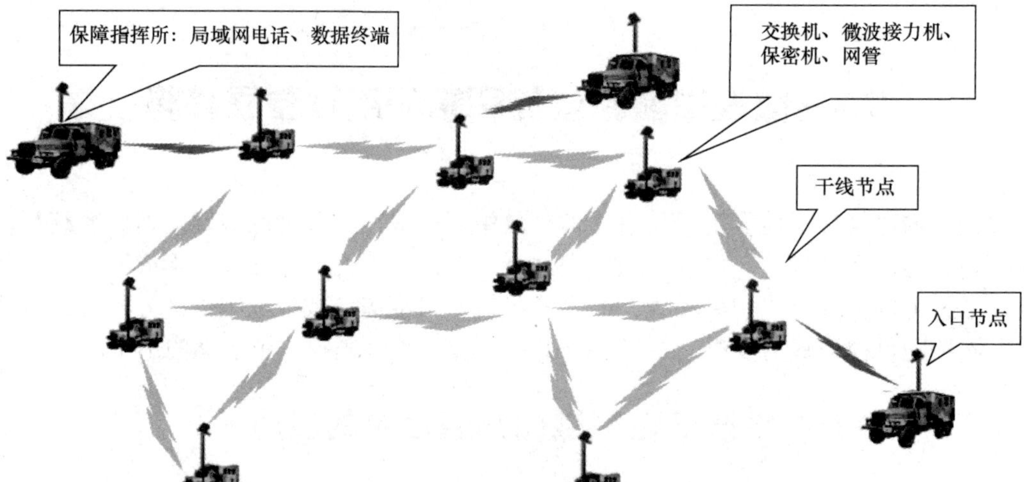

图 6-23　微波接力通信组成初级战术互联网节点示意图

6.3.2　军用中继通信的抗干扰手段

由于微波中继使用开放信道进行通信，在军事通信中需要重点考虑微波中继通信的抗干扰问题。

1．军用微波中继通信的主要干扰威胁

战场上使用的干扰机有固定式、投掷式和机载式等多种，而战术互联网一般处于距战场最前沿 10～20km 的地带，已超过敌方地面通信对抗系统的作用距离。因此，对接力机

最主要的威胁将是机载式干扰和投掷式干扰。

假如干扰机升空 500m，干扰距离可达 100km 以上。每秒钟只要干扰 100ms 就能使时分复用多路信号的帧同步和群路加密的密码同步受到破坏，从而使通信中断。为避免升空干扰，接力机抗干扰处理增益要大于 30dB 才能有效地工作。

投掷式干扰机一般是通过飞机、火箭等运载工具发射到阵地上，功率多为瓦量级，并利用定时器或指令启动它工作，实施干扰后自行爆炸。投掷式干扰与欲干扰的接力机距离很近，因此它的干扰威胁是严重的，在防御作战时尤为突出。

2．军用中继设备常用的抗干扰方式

军用群路接力机的抗干扰技术主要有跳频、直接序列扩频、前向纠错编解码、干扰检测和快速自适应改频、天线自适应调零和自动功率控制等。跳频或直接序列扩频技术是基本的抗干扰体制，只有在跳频或直接序列扩频的基础上才能发挥其他抗干扰技术的综合效能。

① 跳频。跳频通信是一种瞬时窄带通信，具有躲避大功率窄带瞄准式干扰的能力。关于跳频通信的详细论述已在前面的章节进行了介绍，在微波中继通信中只是应用的频段不同，在此不再赘述。

② 直接序列扩频。扩频通信最突出的优点是抗干扰能力强。简单地说，如果信号频带展宽 10 倍，干扰方面需要在更宽的频带上进行干扰，分散了干扰功率，在总功率不变的条件下，其干扰强度只有原来的 1/10。而要保持原有的干扰强度，则必须加大 10 倍的总功率，这在实际的战场条件下，有时是难以实现的。另外，由于在接收端采用了扩频码序列进行相关检测，即使采用同类型信号进行干扰，如果不能检测出有用信号的码序列，由于不同码序列之间不同的相关性，干扰也起不了太大的作用。

扩频通信系统扩展的频谱越宽，抗干扰能力越强。一般将扩频信号的带宽与信息带宽之比称为处理增益。处理增益越高，抗干扰能力越强。对于工作在 UHF 频段的接力机，由于 UHF 频段频带还不太宽，而信息速率又比较高（例如法国某型接力机可达 10MB/s），信息频带比较宽，因此扩频倍数不太大，处理增益一般为几分贝到十几分贝，只用扩频的办法不能满足对干扰抑制的要求，还应结合其他措施。

③ 前向纠错编解码。在数字（数据）通信中，常用的纠错编码方式有自动请求重发（ARQ）、前向纠错（FEC）和混合纠错 3 种方式。在 ARQ 方式中，收端只能发现错误，不能纠正错误。当收端发现错误后，将信息自动反馈到发端，请求发端重发，直到正确接收为止。在前向纠错（FEC）方式中，收端不仅能发现错误，而且对其中不超过纠错能力的差错能自动进行纠正。混合纠错则是前两种方式的综合。

前向纠错（FEC）方式常用于移动通信、卫星通信中，这种方法的优点是不需要反馈信道，因而能用于单向通信系统和一点发送多点接收的通播系统；没有反馈重发过程，适用于实时通信系统；纠错能力强，适用于信道质量不太好但要求可靠性较高的野战军事通信系统。FEC 方式的缺点是为了达到一定的纠错能力，纠错码需要较多的附加冗余码元。在常用的前向纠错系统中，冗余码元占总发送码元的 20%～50%，从而降低了传输效率。另外，在满足一定的信息准确度的条件下，FEC 方式所需的设备比 ARQ 方式复杂一些。

采用前向纠错编码可消除因大的尖脉冲干扰（如雷电干扰或敌方的脉冲干扰）引起的

突发误码，采用这种措施，可使误码率从 10^{-2} 下降为 10^{-6}。

④ 干扰检测和快速自适应改频。适时改变工作频率以避开干扰，在可能的条件下是一种方便实用的方法。采用这种抗干扰措施时，接力机应有检测和判断干扰的功能。当干扰影响超过规定值时，能自动快速切换到预先指定（预置）的备用频率上。干扰影响程度可用误码率来衡量，一般当误码率大于 1×10^{-2} 时，要能自动快速换频。

⑤ 天线自适应调零。自适应调零天线又称为零位控制自适应天线阵，它对抵抗附近大功率干扰电台有针对性的干扰比较有效。它是利用干扰信号与正常信号来向的不同实现干扰抑制。采用零位天线，在敌方干扰偏离通信方向较大时，抗干扰效果明显，可获得大于25dB 的抑制。当敌方干扰在天线的旁瓣时，也可以称为旁瓣抵消技术，其技术实质与天线自适应调零类似，需要采用辅助天线或阵列天线并结合自适应算法实现干扰的消除，如图 6-24 所示。

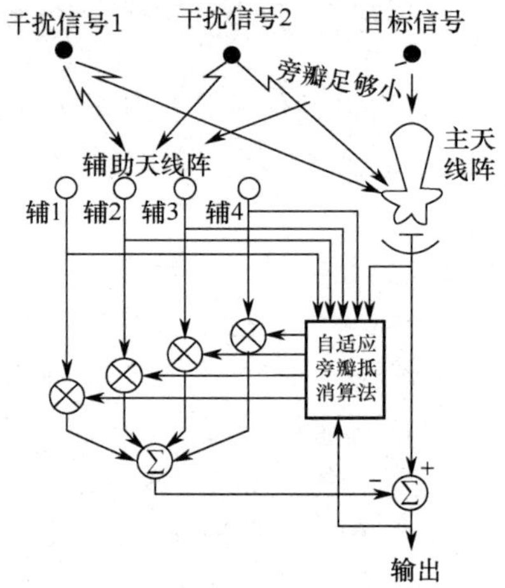

图 6-24　采用辅助天线实现旁瓣抵消

⑥ 自动功率控制（APC）。自动功率控制就是在保证通信质量（主要是误码率满足要求）的前提下，自动减小发信机的发射功率，以减小被敌方侦听的机会。

6.3.3　典型军用微波中继设备

军用中继系统主要使用特高频（UHF）和超高频（SHF）频段，也有少量中继系统工作于极高频（EHF）频段。

UHF 频段为 300～3000MHz，典型军用微波中继设备有意大利 SELEX 公司的 MH502 微波接力机，工作频率为 225～400MHz；德国的 CTM209 微波接力机，工作频率为 610～960MHz；德国的 CTM218 微波接力机，工作频率为 1350～2700MHz。常用调制方式为 FSK、MSK、BPSK、QPSK、DQPSK、QAM；通信容量（比特速率）最高可达 10Mb/s；采用角反射天线，如图 6-25 所示，天线架高 10m、12m、15m、18m，通信距离为 25～30km；采用的抗干扰技术主要有：自适应跳频、直接序列扩频、多种伪码选择、自动功率控制、自动干扰检测、窄带抗干扰自适应陷波技术、群路前向纠错、自动功率控制、自动快速改频、脉冲干扰恢复等。

图 6-25　某型 UHF 微波接力机角反射天线

SHF 频段为 3～30GHzHz，典型军用微波中继设备有美国 HARRIS 公司的 RF-7800W-OU500 微波接力机，工作频率为 4.4～5.875GHz；意大利 SELEX 公司的 MH515 微波接力机，工作频率为 14.5～15.35GHz。常用调制方式与 UHF 频段微波中继设备相同。发射机输出功率为几十毫瓦到几百毫瓦，采用网状抛物面天线，通信距离为 10～30km（取决于地形、地物）。采用的抗干扰技术与 UHF 频段微波中继设备相似，但是技术更加先进，例如自动快速改频抗干扰技术。UHF 频段的法国某型接力机，采用四腔加载调容滤波器，最大改频时间为 15s；SHF 频段接力机采用最先进的开关电容滤波器技术，改频时间可缩短到毫秒级。

SHF 接力机的主要特点如下。①体积小。收发信机和天线为一个结构，重量轻，便于携带，便于隐蔽。②安装容易。③抗干扰能力较强；天线的主瓣波束仅有 1°～5°，抗截获能力强。但由于天线的主瓣窄，也有天线方向不容易对准、抗风能力差的缺点。

SHF 接力机可以在不同场合使用。例如，可作近距离通信干线的传输设备，可作战场前沿短距离使用，可作无线电接入节点车与干线节点车之间的引接设备，可作大、中用户入口节点车与干线节点车之间的引接设备等。图 6-26 所示为外军某型 SHF 微波接力机装备的天线和主机。

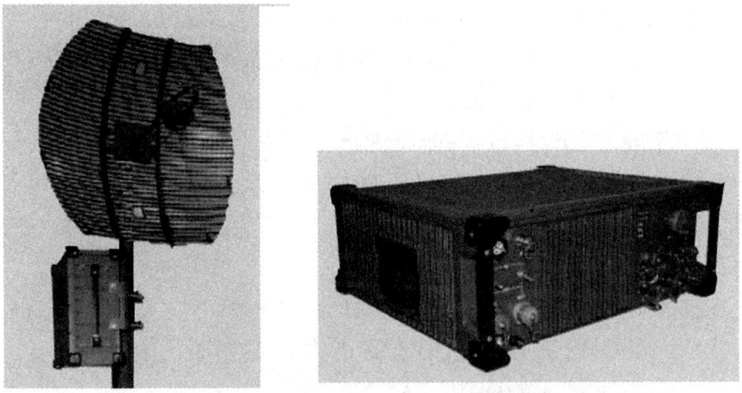

（a）网状抛物面天线　　（b）主机

图 6-26　某型 SHF 微波接力机装备的天线和主机

美军目前装备的 Falon III RF-7800W 高性能多任务微波接力机，作为美军战术互联网节点用于广域战场网络的构建，使旅级和营级指挥所与前线各作战分队保持指挥控制、态势感知等信息通联。该型微波接力机装备在美国陆军和海军陆战队，并随美军部署于全球 20 余个国家。RF-7800W 采用先进的波形能力和 MIMO 技术，具备高速率和低误码率性能。

应用模式包括 PTP（点对点）和 PMT（点对多点）两种，在 4.4～5.875GHz 频段上，数据吞吐量可达 428Mb/s，净空条件下的视距传输距离超过 160km。天线系统便于展开并快速跟踪、对准，适用于车载、舰载、机载等动中通场景，可为美军提供易部署的长距离无线宽带通信。

6.3.4 微波中继通信的发展趋势

随着图像、视频和多种数据业务的增加，微波中继通信主要是向保证更高的数据速率发展，对于军事通信同样还要保证通信的高可靠性和低截获概率。

美国陆军基于网络中心战理念，提出建设作战人员信息网（WIN-T）。WIN-T 是美国陆军的动中通、高速、高性能骨干通信网络，能够将地面作战人员与指挥官和全球信息栅格连在一起。WIN-T 是美军全球信息栅格陆军部分的延伸，是美军陆战网的关键组成部分，可为战场上的分散部队提供大容量和高机动性通信。

WIN-T 包括 4 个增量任务：“增量 1”提供驻停通能力、“增量 2”提供初始动中通能力、“增量 3”提供全网动中通能力、“增量 4”提供转型卫星通信能力。

目前，战术作战信息网 WIN-T“增量 2”已投入使用。战术作战信息网 WIN-T“增量 2”继续大量使用商用组网产品，为战场部队提供初始动中通能力。“增量 2”在“增量 1”的基础上增加了地面扩展节点：战术通信节点（TCN）、存在点（POP）、战术中继塔（TR-T）和士兵扩展节点（SNE），横向使 WIN-T 网络传输覆盖面积更大，纵向使战区指挥官能够直接指挥到连指挥员。此外还增加了三项关键技术：网络中心波形（NCW）、高频段网络波形（HNW）和网络自动化工具，使 WIN-T 网络具备自组织、自愈合的初始动中通能力。

高频段网络波形（HNW）用于 WIN-T 的视距通信网络，核心装备为微波接力装备，波形针对高性能宽带网络进行了优化，能够支持移动 Ad Hoc 网络，工作频段在 C 频段，具有自组网、自愈合、对等网络等特点，采用的调制样式有 BPSK、QPSK、16QAM、64QAM，通信距离达 30km，数据传输速率达 27m/s，能够提供高容量的数据服务。未来，HNW 将使地面接力设备具有初始动中通能力。

“增量 3”利用“增量 2”的基础，在军事规格包装下为战场部队提供全网动中通能力。进一步提高 HNW 的动中通能力，使 WIN-T 网内所有节点全部具备动中通能力。

微波中继通信的发展趋势主要可以概括为以下几个方面。

（1）高频段的开发

为了获得更高的数据传输速率，载波频率不断向高频率发展，10～20GHz 频段的数字微波系统已投入使用，40GHz 频段也已用于城市内电视中继传输系统。

（2）点对多点和自组网技术的应用

点对多点技术和自组网技术已经应用于微波中继通信，并由于其组网灵活能够实现中继通信的动中通等优势必将在中继通信应用中逐步得到广泛应用。

（3）提高微波频谱的有效利用率

调制方式逐渐向频谱利用率高的调制方式过渡。常用的调制方式有脉码调制—调频（PCM—FM）、脉码调制—相移键控（PCM—PSK）及脉码调制—正交调幅（PCM—QAM）等。

调频制已达到每个波道传输 3600 话路，而采用单边带调幅，则可使每个波道传输 6000 话路，数字微波通信也由于采用 8PSK 和 16QAM 等调制方式，使每个波道传输码率达到 2×34Mb/s 和 140Mb/s。为了进一步提高频谱利用率，目前使用了维数更高的 QAM 调制方式，数据率得到了更大的提升。目前已达到 1024/2048 QAM，甚至实现了 4096 QAM。与此同时，对信道滤波器的设计提出了极为严格的要求。在某些情况下，其余弦滚降系数应低至 0.1，现已做到 0.2 左右。

（4）为降低误码率采用新的调制和编码技术

为降低系统误码率，必须采用复杂的纠错编码技术，但由此会导致频带利用率的下降。为了解决这个问题，可采用先进编码技术，自适应编码调制。

（5）采用新的衰落对抗技术

在大容量数字微波通信系统中，由多径传输引起的衰落不但使信噪比变差，而且产生幅度失真和相位失真，导致误码率恶化。因此，除采用空间分集、多重空间分集接收、频率分集等抗衰落措施之外，还发展了时域自适应均衡技术。使用高性能、全数字化二维时域均衡技术减少码间干扰、正交干扰及多径衰落的影响。另外，多载波并联传输技术可显著降低发信码元的速率，减少传播色散的影响。运用双载波并联传输可使瞬断率降低到原来的 1/10。

（6）抗干扰技术和抗截获技术

智能天线技术是自适应调零天线的进一步发展，随着器件水平的发展，智能天线技术将逐步实用化，由于其具有良好的抗干扰和抗截获能力，必将在军事领域得到广泛应用。传统的抗干扰和抗截获技术（如扩频技术）将向更高扩频增益发展；跳频技术将向更快的跳频速率发展；自动换频、自动功率控制技术、干扰检测和干扰恢复等技术也将向更灵活、更智能的方向发展，多种抗干扰技术的融合也将成为必然。

（7）软件无线电和认知无线电技术

软件无线电技术已经在部分微波中继装备中得到应用。随着认知无线电技术的发展，能够兼容多种体制、多种信号形式，并具有智能判别能力的认知无线电技术也必将应用于微波中继通信系统。

随着技术的不断发展，除了在传统的传输领域，数字微波技术在固定宽带接入领域也越来越引起人们的重视。工作在 28GHz 频段的 LMDS（本地多点分配业务）已在发达国家大量应用，预示着数字微波中继技术将向更广阔的领域拓展，并拥有良好的应用前景。

本章小结

本章首先从微波通信传播机制出发，重点分析了该种通信方式的特点，然后对微波通信传播过程所遭受的各种损耗进行了简单分析，以便对微波通信的传播有更深入的了解，能对链路进行简单估算。紧接着介绍了微波中继通信系统的组成，并对关键技术进行了详细讨论。与其他通信手段相比，微波通信具有其独特性，从产生之日开始一直是军事通信的一个重要手段。最后重点对微波通信在军事中的应用进行了剖析，介绍了国外发展概况及国内微波装备的发展过程，并探讨了其发展趋势。微波通信以其机动灵活及其不可替代的地位必将在国内外军事上得到更大的应用。

习　题

6-1　微波的波长范围和频率范围分别是多少？

6-2　微波通信的特点是什么？

6-3　什么是微波中继通信？简述其特点。

6-4　对于地面上的远距离微波通信，采用中继方式的直接原因是什么？

6-5　微波中继通信的主要用途有哪些?

6-6　军事上常见的天线架设设备高度有 9m、15m、18m，估算这几种天线架设设备的视距通信距离。

6-7　微波站可分为哪几类？微波分路站的作用是什么？微波中继站的作用是什么？

6-8　最基本的数字微波通信系统设备由什么组成?

6-9　数字微波通信系统设备中终端复用设备的基本功能是什么？

6-10　微波中继站的转接方式有哪些？基带转接和中频转接各有什么优点？

6-11　微波中间站的转接方式中，哪些可以上、下话路，哪些不能上、下话路？

6-12　单波道频率配置可采用哪两种方案？二频制方案时，其优缺点是什么?

6-13　多波道频率配置可采用什么方案？各有什么特点？

6-14　如何进行波道频率再用?

6-15　射频波道的频率配置应满足什么原则?

6-16　已知发信功率 P_t=1W，工作频率 f=4500MHz，两站相距 45km，G_t=G_r=39dB，L_{ft}=L_{fr}=2dB，L_{bt}=L_{br}=1dB，且传播路径上有如图 6-7 所示的刃形障碍物，若余隙 H_c=−0.5，求收信电平。

6-17　对流层折射对微波传播的影响工程上如何表示？是什么含义？

6-18　微波中继通信系统中抗衰落的措施有哪些？

6-19　军用接力机的常用频段有哪些？当两个接力站的天线无法保证“互视”时最好采用哪个频段的接力机？

6-20　微波中继通信在军事应用上常用的抗干扰和抗截获手段有哪些？

参考文献

[1]　陈援越. 陆军部队通信组织运用. 北京：解放军出版社，2011.

[2]　及燕丽. 现代通信系统. 北京：电子工业出版社，2001.

[3]　吕海寰. 卫星通信系统. 北京：人民邮电出版社，1988.

[4]　沈民谊，蔡镇远. 卫星通信天线、馈源、跟踪系统. 北京：人民邮电出版社，1993.

[5]　张政. 数字微波. 北京：人民邮电出版社，1993.

[6]　李慧燕. 国外军用微波接力通信设备的现状与发展. Radio Communications Technology.Vol.23 No.4.

[7] John G Proakis. Digital communication．third edition. Mc Graw Hill，1995．

[8] 地面发射对微波传播的影响. http://www.linkwan.com/gb/wireless/index.htm.

[9] 徐辉. 军用微波通信的干扰与抗干扰. http://www.ctm.com.cn.

[10] 张冬辰. 军事通信. 2 版. 北京：国防工业出版社，2008.

[11] 微波通信与应用. http://www.cnlad.net/.

[12] Microwave Digital Radio System．http://www.ccc-can.com.

第 7 章　卫星通信系统

在当今信息化社会，电信领域展现出一幅多姿多彩的画卷，各种新业务、新网络和新终端设备不断出现，为人与人之间及人与机器之间的通信提供了更加广泛的选择。单纯依靠有线网和地面蜂窝系统不能更大限度地满足人们日益增长的通信需求，这就为发展卫星通信提供了契机。卫星通信可为地面固定、航空、海事和地面移动用户提供服务，把通信的覆盖范围扩展到全球，具有独特的优势。卫星通信由于覆盖范围广、信号质量好和便于实现多址通信等优点，更加适用于军事通信，对国家安全战略具有重要意义。

7.1　卫星通信概述

卫星通信就是通信双方利用固定或移动的地球站（地面、空中、水面或水下）通过人造地球卫星作为中继站的通信方式，它是微波中继通信的一种特殊形式。

图 7-1 所示为卫星通信示意图。地球上的各种站型（包括固定站、车载站、机载站、舰载站等）利用人造地球卫星作为中继站，并进行相互之间的通信。

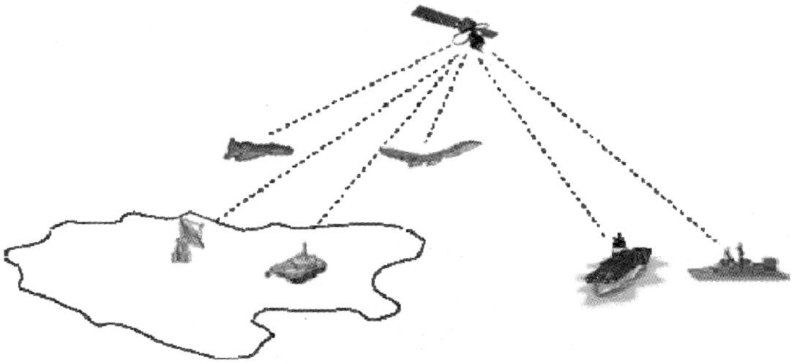

图 7-1　卫星通信示意图

现代战争要求通信必须迅速、准确、保密和不间断。在卫星通信出现以前，地面通信站之间的远距离通信主要采用短波通信手段。远距离短波通信是利用地球表面数百千米上空的电离层进行反射，其与季节和太阳活动周期关系非常密切，电离层不稳定时，会造成通信联络不稳定，难以保持良好的通信特性。采用超短波通信，虽然可以克服上述缺点，但超短波的传输距离受地表弯曲的限制，需要设置很多中继站，而未开发地区设置中继站十分困难，在海洋中设置中继站更加难以实现。通信卫星的出现，为改变远距离通信提供了更好的手段。

从第一颗同步静止轨道通信卫星发射成功至今，经过几十年的发展，通信卫星已从最初简单的仅重几十公斤的中继站发展到目前重达十余吨具有先进星上处理和转发技术的交换平台。特别是自 20 世纪末开始，大型可展开天线、多波束天线、星上处理/交换、星间链路等各种新技术不断被应用于通信卫星，出现一批具备新型技术特征和应用能力的卫星通信系统。新技术、新系统的出现正在改变卫星通信的传统角色，并影响着未来的军事卫星通信系统的发展走向。

由于卫星通信具有其他通信方式所不可替代的优点，因此卫星通信始终受到各军事强国的高度重视。军事卫星通信已成为实现信息作战的重要手段，是数字化战场信息传输系统的重要组成部分，卫星通信在现代高技术局部战争的作用也充分证明了它的重要性。

7.1.1　卫星通信的特点

卫星通信可以及时、准确、有效地传输信息，与其他通信方式相比，具有独特的优势和特点。

① 覆盖范围广。能覆盖其他地面通信手段难以覆盖到的区域，如广阔的海洋、沙漠，适合偏远地区和全球通信。

② 对通信距离不敏感。在卫星通信中，通信速率和成本同两个站之间的距离几乎无关，这常称为卫星通信的距离不敏感性。

③ 信道条件比较好。卫星通信受环境和自然因素影响较小，信道条件比较好，不像短波通信那样容易受电离层的影响，可以获得比较稳定的通信质量。

④ 通信容量大。卫星通信的可用带宽比较宽，适合语音、数据、视频和图像等各种业务的综合传输。

⑤ 卫星通信具有广播能力。由于通信卫星离地面距离远，单颗卫星的覆盖范围大，单颗 GEO 卫星可以覆盖超过地球表面三分之一的面积，其覆盖范围内的各种终端均可通过该卫星实现通信。这一优点在军事通信中非常有吸引力，利用单颗卫星就可以实现大范围内各类终端的灵活通信。

⑥ 支持移动通信。卫星通信是无线电通信，相对于地面有线通信，可实现对大地域范围内移动用户的支持能力，特别适用于对战场部署、行进中部队，以及执行特种作战任务小分队及单兵行进中的通信。

卫星通信的重要作用在美军最近几次局部战争中得到证明。在伊拉克战争中，美国动用的各类相关卫星达 150 多颗，整个战场通信任务的 90%以上都是由卫星通信完成的。卫星通信是美海军、空军的主要通信手段。

7.1.2　通信卫星轨道

轨道是通信卫星在空间运行的轨迹，是卫星通信的重要资源。对卫星轨道的划分有多种方式，可根据轨道高度、周期、形状、倾角来进行划分。由于地球磁场从太阳风中俘获了大量高能电子和质子，在地球赤道上空形成了两个高能辐射环带，以南北纬 40°～60°为界，内层辐射带由质子和电子的混合物组成，带电粒子的浓度约在 3700km 高度上达到峰值。外层辐射带主要由电子组成，带电粒子的浓度约在 18500km 高度上达到峰值。这两个辐射带以它的发现者范·爱伦（Van Allen）命名，称为范·爱伦带。带内的高能粒子穿透力极强，对人造卫星的电子电路损害很大，特别是要避免卫星在范·爱伦带内长时间的驻留。

1．卫星轨道分类

（1）按卫星轨道的高度划分

按照卫星轨道高度划分，可分为低轨道卫星、中轨道卫星和高轨道卫星，划分标准如下。

① 低轨道（LEO）卫星：轨道高度 $H \leqslant 1500$km。

② 中轨道（MEO）卫星：5000km $\leqslant$ 轨道高度 $H \leqslant 15000$km。

③ 高轨道（HEO）卫星：轨道高度 $H \geqslant 20000$km。

图 7-2 给出了按高度划分轨道示意图。

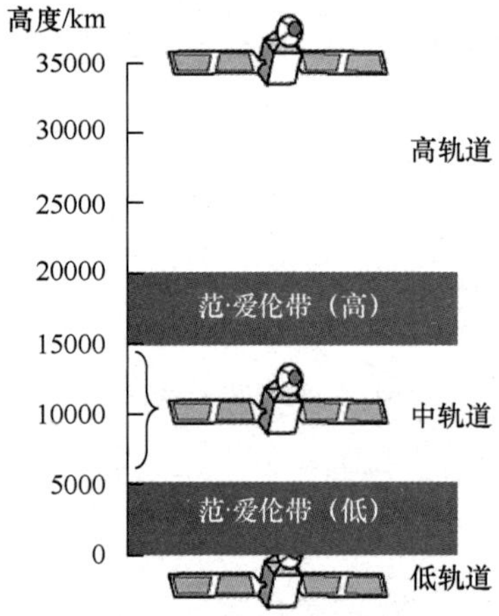

图 7-2　通信卫星轨道按高度的划分

（2）按卫星轨道与地球赤道平面的夹角，即卫星轨道平面的倾角 i 来划分

① 赤道轨道卫星：卫星轨道平面与赤道平面重合，即 i=0°。

② 倾斜轨道卫星：卫星轨道平面与赤道平面的夹角为锐角，即 0°＜i＜90°。

③ 极轨道卫星：卫星轨道平面通过地球的南北两极，并与赤道平面垂直，即 i=90°。

（3）按卫星的运转是否与地球自转同步划分

① 同步卫星：即卫星的运行周期为 24 恒星时的卫星；同步静止轨道卫星是运行周期为 24 恒星时、轨道半径为 42164.6km、运行方向与地球自转方向相同的赤道轨道卫星。

② 准同步卫星：即卫星的运行周期为 N×24 或 24/N 恒星时的卫星，N 取不为 1 的正整数。

③ 非同步卫星：卫星的运行周期为 $T \neq N \times 24$ 或 24/N 恒星时的卫星，N 取不为 1 的正整数。

（4）按卫星运行的轨迹划分

① 圆轨道卫星：即卫星的运行轨迹为圆形，轨道的偏心率为 e=0，地球位于圆形轨道的圆心。

② 椭圆轨道卫星：即卫星的运行轨迹为椭圆形，轨道的偏心率为 0＜e＜1，地球位于该椭圆的一个焦点。

虽然存在着众多的可应用于军事卫星通信的轨道方案，但是考虑到不同的作战战略、技术可行性及经济性等因素，目前应用于军事卫星通信系统的轨道方案是有限的。下面给出几种具有代表意义的军事卫星轨道方案。

2．常用通信卫星轨道

常用卫星通信轨道包括地球同步静止轨道、倾斜椭圆轨道与中低轨道等，如图 7-3 所示。

（1）地球同步静止轨道

地球同步静止轨道是目前军用卫星采用的最主要的轨道形式。位于该轨道的卫星，在地球上任意一点看卫星的位置都保持固定不变，即卫星和地心连线同地面的交点（星下点）固定不变。地球同步静止轨道只有一条，即位于赤道平面半径为 42164.6km（高度约为 35786km）的圆形轨道。在此轨道卫星的运行方向同地球的自转方向一致。这是目前商用、军用卫星的主要轨道形式。

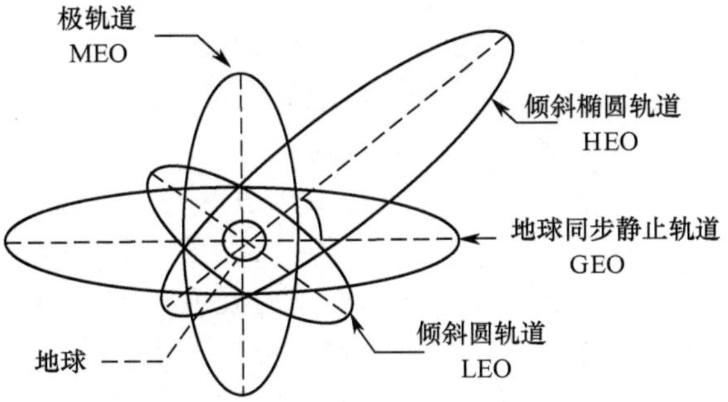

图 7-3　通信卫星轨道示意图

地球同步静止轨道具有以下优点。

① 单颗卫星可覆盖地球表面约 1/3，实现全球覆盖和区域覆盖所需卫星数较少。

② 信道传播条件较好，多普勒频移和多径时延较小。

③ 星座和网络控制简单，地面系统无须复杂的跟踪设备。

④ 单颗卫星的通信容量可以做得很大。

但是事物是具有两面性的，这种轨道也有它自身的缺点。

① 位置固定，抗干扰、抗摧毁能力差。

② 传输路径长，导致传输损耗和时延大。

③ 轨道位置有限。

④ 不能覆盖两极地区，且高纬度地区是低仰角覆盖（$<10°$），对 Ka、EHF 频段系统来讲，系统的可利用度大大降低。

对于一个地球站，确定到指定卫星的视角至关重要，而且这也是在实际工作中经常碰到的问题，需要 3 种信息来确定一个地球站到对地静止轨道卫星的视角。3 种信息分别为：地球站纬度，表示为 θ_1；地球站的经度，表示为 ϕ_1；卫星的经度（星下点的经度），表示为 ϕ_2。

计算中，北纬将被取为正角度，南纬取为负角度。格林尼治子午线的东经取为正角度，西经取为负角度。例如，如果规定了南纬 40°，就取−40°，如果规定了西经 35°，就取为−35°。经度差 $\phi=\phi_1-\phi_2$。

根据卫星与地球站之间的三角关系，可得到地球站指向卫星的仰角 ϕ_e、方位角 ϕ_a 及地球站到卫星之间的距离 d。

$$\phi_e = \tan^{-1}\left[\frac{\cos\theta_1\cos\phi - 0.151}{\sqrt{1-(\cos\theta_1\cos\phi)^2}}\right] \tag{7-1}$$

$$\phi_a = \tan^{-1}\left[\frac{\tan\phi}{\sqrt{\sin\theta_1}}\right] \tag{7-2}$$

$$d = 42164.6\times\sqrt{1.023-0.302\cos\theta_1\cos\phi}$$

式中，对地静止轨道高度取 35786.6km，地球半径取 6378km。

（2）倾斜椭圆轨道

对于大多数国家来讲，静止轨道卫星是非常好的选择，但是对于高纬度（纬度高于 70°）国家和地区来讲，如俄罗斯、北欧国家、加拿大北部等，由于极低的工作仰角甚至卫星的不可见，他们就无法选择静止轨道卫星来提供通信服务。此时，倾斜椭圆轨道是他们考虑的主要轨道形式之一。由于在椭圆轨道上卫星运行速度在近地点快、远地点慢，因此椭圆轨道系统主要是依赖于卫星位于远地点附近时进行通信。

Molniya 轨道：俄罗斯采用的主要轨道形式，美国也有多颗通信卫星采用该轨道，由 Molniya 卫星而得名。在远地点具有相当于同步轨道的高度，而在近地点只有 1000km 左右。Molniya 又可分为周期为 12h 和 24h 的 Molniya 轨道。Molniya 轨道的倾角为 63.4°，其中 12h 的 Molniya 轨道近地点为 1260km，24h 的 Molniya 轨道的近地点为 1000km。对于北约来讲，12h 的 Molniya 轨道约 3 颗卫星，24h 的轨道需 2 颗卫星可实现全时连续覆盖，虽然 24h 的轨道所需卫星数较少，但发射费用昂贵，传输时延和损耗较大。倾斜轨道的倾角常选择为 63.4°，因为这可以克服卫星轨迹在轨道平面的旋转效应，可以节省用来修正轨道位置所需的燃料。

LOOPUS 轨道：德国提出的主要轨道形式，也是北约为下一代卫星通信系统（NATOV）所考虑采用的轨道形式之一。LOOPUS 具有多种变形，其中 LOOPUS Mobile D 型轨道，是考虑为欧洲、亚洲和北美提供移动业务而设计的轨道形式。该轨道倾角为 63.4°，近地点为 5784km，周期为 14.4h，工作区在远地点 30150～41449km 之间。

（3）中低轨道

中低轨道卫星最早应用在军事中，如侦察、预警、气象、全球定位等系统，目前如长曲棍球雷达照相卫星（800km）、数字照相侦察卫星 KH-11、KH-12 等都采用了中低轨道。中低轨道卫星通信系统也是目前商用卫星通信研究的一个热点。出现了以“铱”系统、Globalstar 等为代表的以电话和低速数据业务为主的移动卫星通信系统。表 7-1 给出了几种中低轨道卫星通信系统。

表 7-1　几种中低轨道卫星通信系统

系统名称	轨道高度/km	卫星数	轨道数
“铱”系统	780	66	6
Globalstar	1414	48	8
ICO	10354	10	2
Teledeisc	700	288	12
ORBCOMM	780/580	36	6

中低轨道卫星具有以下优点：卫星单颗造价低，发射方便且风险小；传输损耗和时延较小；卫星移动，数目多，可实现空间备份，抗干扰能力强；频率复用能力强；用户终端尺寸可以非常小。但是，中低轨道也有其缺点：单颗卫星的覆盖面积小，星座和网络控制复杂；所需卫星数目多，多普勒频移和多径时延严重；总的投资较大；单颗卫星的能力有限，而且还要面临不断发展的地基武器的攻击。

7.1.3　星蚀与日凌中断

星蚀与日凌现象发生在卫星、地球与太阳在一条直线上时，如图 7-4 所示。如果地球

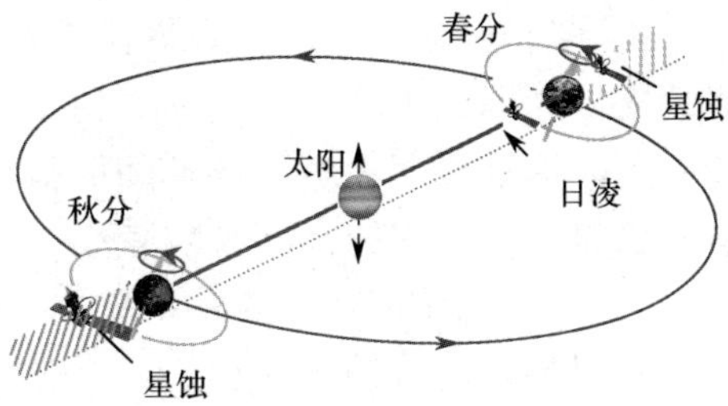

图 7-4　星蚀与日凌现象示意图

赤道面与地球围绕太阳旋转的黄道面重合，对地静止卫星将每天一次遭受地球的星蚀，但赤道面相对黄道面倾斜 23.4° 的角，这使得卫星在一年中大部分的时间内能完全看到太阳，只是在春分点和秋分点前后，有一段时间内卫星进入地球的阴影区，称之为星蚀。星蚀从二分点（春分点或秋分点）之前 23 天开始，在二分点之后 23 天结束。星蚀持续时间从星蚀开始和结束时的约 10min，增加到完全星蚀时的最大约 72min。在一个星蚀期间，太阳能电池不工作，卫星的工作电源必须要由星上蓄电池供给。

在二分点期间不可避免的另一个事件是处于地球和太阳之间的卫星的日凌现象，这时太阳处于地球站天线的波束内。当日凌发生时，太阳就像一个完全淹没了卫星信号的极大的噪声源。由于日凌效应造成通信信号的中断称为日凌中断，它在二分点前后 6 天中每天持续较短的时间。日凌中断的发生和持续时间与地球站的纬度有关，典型的最大中断时间约为 10min。

7.1.4　卫星通信频率

频率资源是卫星通信的另一个重要资源。电磁频谱的带宽及传输特性是影响频段选取的一个重要因素。影响电磁波传播的主要自然现象有大气中水分子和氧分子的吸收、雨、云、雾、雪、雨夹雪等，这些自然现象必然引起电磁波的传输损耗。这些因素对通信信号的影响分为以下几种情况。

① 大气损耗：晴朗天气下的大气损耗主要是由于氧分子和水分子的吸收所引起的，两者加在一起的效果为：在大约 22.5GHz 处有一个水分子谐振峰，但其最大损耗不超过 0.5dB，且随着空气中水分含量变化而稍作变化，在此谐振峰处的损耗同降雨损耗相比，可忽略不计；在大约 60GHz 处有一个氧分子谐振峰，其最大值在 100～140dB 之间，因此该区域为星地之间通信链路绝对禁用区，其宽度在 55～64GHz（假设允许的大气损耗为 1dB）之间。当所选频段避开这两个峰值时，大气损耗所造成的影响不大。

② 降雨损耗：降雨主要对频率大于 10GHz 的频段影响严重，对 EHF 频段尤其严重（大气的谐振峰除外）。降雨损耗同降雨强度有密切的关系，降雨强度越大，降雨损耗就越严重。在 44GHz 时，在中等降雨下，降雨损耗可达 15～25dB。降雨是影响 EHF 频段在卫星通信中应用的一个重要原因。在 SHF 频段降雨损耗主要是通过设置门限余量来解决的，但是在 EHF 频段如此大的降雨损耗如果通过链路余量来解决，那么系统将不堪重负。通常做法是在设置一定的链路余量的基础上，通过其他方法来解决，如自适应资源分配、改变数据率、更高效编码等。一般来讲，当频率小于 10GHz 时，大气损耗大于降雨所造成的损耗，当频率大于 10GHz 时，降雨所造成的损耗逐渐超出大气损耗。当频率大于 20GHz 时，降雨所造成的损耗占主要作用（谐振峰除外）。

③ 电离层闪烁：指夜间电离层不规则变动所引起的，其结果导致信号发生衰落。这种影响是随季节而变化的，对 UHF 频段所造成的影响最为严重，随频率的升高影响逐渐减弱。

④ 多径效应：当工作仰角较小时，所有的频段都会受到多径效应的影响，尤其对移动终端来讲影响最为严重。例如，树、房屋等障碍物都会阻挡和反射电磁波信号，造成时变的衰落，而且衰落深度和周期随终端的移动速度和障碍物的尺寸变化。就多径衰落而言，总的趋势是随频率的升高影响减小。

⑤ 去极化效应：主要是电离层、降雨和冰粒（对 Ku、Ka 等频段）等因素造成的，所造成的影响是信号的衰落和相移。去极化效应随频率的升高而变得严重，但不是非常迅速。

⑥ 核爆炸的闪烁效应：核爆炸对所有的无线电通信都会造成显著的影响，总体来说，EHF 对核爆炸的耐受能力最强，被影响的区域仅是爆炸点周围的几百千米，持续时间仅为几十分钟。而核爆炸对 UHF 的影响则要广得多，甚至可以影响到整个大陆以致全球都能感受到，而且持续时间从数小时到几天。这也是美军 Milstar 工作在 EHF 频段的原因之一。

对卫星业务的频率分配是一个相当复杂的过程，它要求国际协调和规划，是在国际电信联盟（ITU）的管理下进行的。目前，军事卫星通信使用的主要频段有 UHF、SHF 和 EHF，其中 EHF 频段是未来发展的趋势。表 7-2 给出了军事卫星通信系统使用的主要工作频段。

表 7-2　军事卫星通信系统使用的主要工作频段

	频段范围	使用频段	工作频段	代表系统
UHF	300MHz～3GHz	225~400MHz	不确定	FLTSAT、UFO、MUOS
		L（1～2GHz）	（1.6/1.5GHz）	Iridium、Thuraya、ACeS 等
		S（2～4GHz）	（2.0/2.2GHz）	Gobalstar 下行频率、天通
			（2.6/2.5GHz）	
SHF	3～30GHz	C（4～8GHz）	4/6GHz	INTELSAT 等民用系统
		X（8～12GHz）	7/8GHz	DSCS
		Ku（12～18GHz）	11/14GHz	INTELSAT 等民用系统
			12/14GHz	
EHF	30～300GHz	Ka（27～40GHz）	20/30GHz	UFO/GBS、WGS
		20/44GHz	20/44GHz	Milstar

各个频段分别具有以下特点。

① UHF 频段受天气影响很小，可用带宽比较小，对天线的跟踪要求较低，一般用于卫星移动通信及导航系统。

② SHF 频段雨衰较大，轨道上通信卫星拥挤，其中的 C 波段与地面微波中继通信存在互相干扰。

③ EHF 频段受气候影响大，不存在与地面微波通信干扰问题，建站选址容易，天线波束宽度窄，有利于实现点波束，天线增益高，有利于地球站的小型化。

选择工作频段时，除了要考虑各频段的特点，还要考虑以下因素。

① 电波应能穿过电离层，传输损耗和外界附加噪声应尽可能小。

② 可供使用的带宽要大，以便增大通信容量。

③ 较合理地使用无线电频谱，防止各种宇宙通信业务之间，以及与其他地面通信业务之间的互相干扰。

④ 能充分利用现有的成熟技术和设备，并便于与现有通信设备接口。

⑤ 对于军事卫星通信，还要考虑不同频段的抗干扰能力。

7.2　卫星通信系统的组成与工作原理

卫星通信利用人造地球卫星作为中继站，通过中继转发实现地球站之间的信息传输。

7.2.1　卫星通信系统的组成

相对于短波和超短波无线通信系统，卫星通信系统要复杂得多。要实现卫星通信，首先要发射人造地球卫星；其次需要保证卫星正常运行的地面测控设备；最后必须有用于发射与接收信号的各种通信地球站。

一个卫星通信系统由空间段、地面段与控制段组成，如图 7-5 所示。

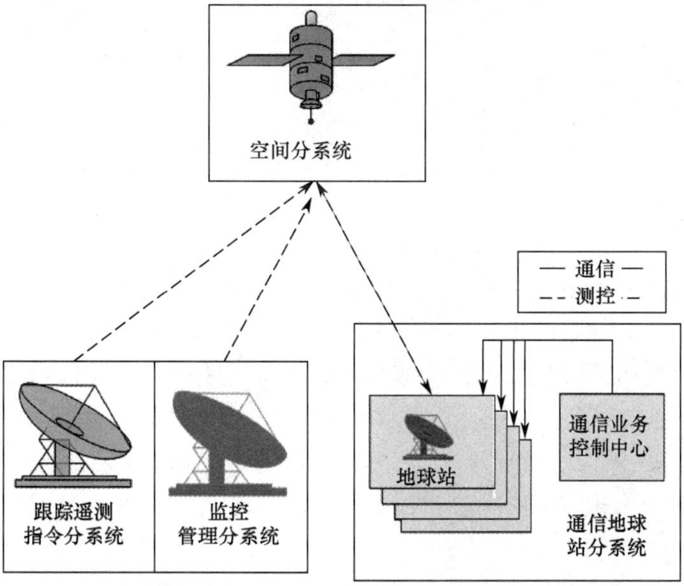

图 7-5　卫星通信系统的基本组成

① 空间段是指通信卫星。通信卫星内的主体是通信装置，其保障部分则是星体上的跟踪、遥测、指令分系统、控制分系统和能源（包括太阳能电池和蓄电池）装置等。通信卫星主要起无线电中继站的作用，它是靠卫星上通信装置中的转发器和天线来完成的。一个卫星的通信装置可以包括一个或多个转发器，每个转发器能同时接收和转发多个地球站的信号。

② 地面段是指各类地球站。它们是微波无线电收、发信机，用户通过它们接入卫星线路进行通信。

③ 控制段包括跟踪遥测指令分系统与控制分系统。控制段的任务是对卫星进行跟踪测量，控制其准确进入静止轨道上的指定位置；待卫星正常运行后，要定期对卫星进行轨道修正和位置保持，并对定点的卫星在业务开通前、后进行通信性能的监测和控制。例如，对卫星转发器功率、卫星天线增益，以及地球站发射的功率、射频频率和带宽等基本通信

参数进行监控，以保证正常通信。

7.2.2 通信卫星的组成

一个典型的通信卫星由五部分组成，即天线分系统、通信分系统、控制分系统，以及跟踪、遥测、指令分系统和电源分系统，卫星的基本组成如图 7-6 所示。

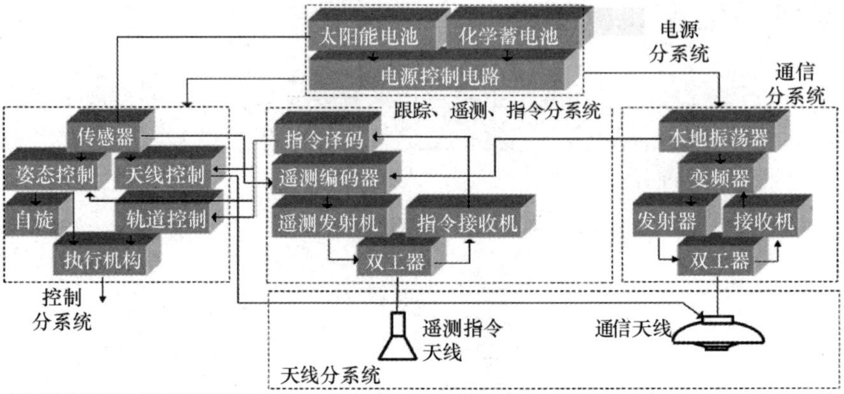

图 7-6　卫星的基本组成

1．电源分系统

星载供电能力是大功率卫星平台的基础，卫星上电子设备工作的主要电源是通过太阳能电池获得的，目前的太阳能电池主要有硅太阳能电池或砷化钾太阳能电池两种，单个电池只能产生少量的功率，因此为获得大功率电源，需要使用通过串并联连接起来的电池阵列，一颗卫星的太阳能电池帆板，上面贴满了由硅或砷化钾晶体制成的薄片，可以将太阳能转化成电能。在卫星发射阶段必须先将太阳能帆板折叠起来，到了预定轨道后再展开，当整个太阳能电池帆板展开后，双翼长度最大可达数十米，提供的电源功率可达十几千瓦。

通信卫星的电源，要求体积小、重量轻、效率高，以减轻发射的负担，同时还要求能在卫星的整个寿命内保持足够的电能输出。

在每年的春分和秋分前后各约 23 天的时间内，卫星在每天都会有一段时间（最长达 72min）处于地球的阴影中，太阳能电池不能正常提供电能输出，为保证在此期间维持业务，必须通过蓄电池供电。早期卫星中主要使用的是镍镉和镍氢蓄电池，目前更多地使用效率高、体积小、重量轻的锂离子蓄电池。

2．控制分系统

卫星上控制分系统的功能可划分为 3 个部分，即姿态控制、位置保持和热控。

（1）姿态控制

卫星的姿态是指其在空间的指向，姿态控制用于确保星载通信天线的指向不偏离预定方向，卫星平台上装载的大部分设备是用于控制其姿态的。为进行姿态控制，通常采用各种传感器（地球传感器、太阳传感器、陀螺等）来测量或感知卫星在空间的指向及指向变化的趋势。当卫星指向发生的变化超出允许的范围时，控制系统将产生一个相应的控制信号，启动一次姿态机动过程，该调整可通过触发推进器喷气或动量轮有源控制力矩方法来完成。随着星载高增益、点波束大天线的使用，每个点波束宽度很窄，卫星姿态很小的变化都将可能导致卫星通信链路的剧烈变化，对卫星姿态控制技术提出更高的要求。

（2）位置保持

除了姿态控制，保持对地静止卫星在其正确的轨道位置上是非常重要的。地球的赤道椭圆性导致对地静止卫星缓慢地沿着轨道飘移到位于东经 75° 和西经 105° 的两个稳定点之一。为了抵消此飘移，要通过喷嘴向卫星施加一个相反方向的速度分量，这需要每两个或 3 个星期做一次。这使得卫星飘移回其标称的定点位置，停留一下，然后重新开始沿着轨道飘移，直到再次启动喷嘴。

标称为对地静止的卫星也在纬度方向上飘移，主要的摄动力是太阳和月亮的重力引力。这些力引起倾角以约 0.85° /年的速度变化。如果不对其进行纠正，飘移会导致倾角的周期变化，在 26.6 年内从 0° 变化到 14.67°，然后再回到 0°，以同样的周期重复。为防止倾角飘移超过规定的极限，必须在适当的时候启动喷嘴以便把倾角退回到 0°。当倾角在 0° 时，必须启动反作用的喷嘴使倾角变化暂停。这些机动称为南北位置保持机动，它们消耗的燃料要比东西位置保持机动时多很多。通常情况下，南北位置保持的容限与东西位置保持的相同，在 C 波段为±0.1°，Ku 波段为±0.05°。

（3）热控

通信卫星在太空中遭受很大的热量梯度，星体的一面直接接受太阳的照射，而另一面却面对着温度约−270° 的冷空，两面的温差非常大。另外，星载器件数量众多，功能强大，通信卫星的功率越来越大，电子器件产生的热量也越来越多，由于产生的热量较难排出，因此限制了卫星功率的进一步增加。热控技术就是通过采取恰当的措施，控制卫星各部分的温度尽量工作在稳定温度环境中，保证卫星上各种仪器设备的正常工作。

卫星上的温度控制可分为消极温度控制和积极温度控制两种方式：其中，消极温度控制是指利用涂层、绝热和吸热等方法通过传导和辐射来传递热量，积极温度控制则是通过自动控制器来实现对卫星所受的热进行传热平衡的方法。例如，当转发器关闭导致热量降低时，必须打开加热器，利用热敏元器件来开关加热器和集热器等。

3．跟踪、遥测、指令分系统

可以把遥测和指令看成是互补或对称的功能。遥测子系统把有关卫星的信息发送给地球站，而指令子系统接收来自地球站的指令信号，并且指令信号经常是对遥测信息的响应。指令子系统解调并解码指令信号，把指令信号送到需要执行必要操作的相应设备。这样，可以改变姿态、打开或关闭通信转发器电路、使天线重新指向及根据指令执行位置保持机动等。

卫星的跟踪是通过卫星发射信标信号而由 TT&C 地球站接收来实现的。显然，在卫星发射的转移和飘移轨道阶段，保持对卫星的跟踪是非常重要的。

4．通信分系统

通信分系统由卫星上的通信转发器组成，转发器是构成通信卫星中接收和发射天线之间通信信道的互相连接部件的集合。一条给定信道中由转发器使用的某些部件对许多转发器而言都可能是公共的。因此，虽然可能只说到一个特定的转发器，但这必须要被看成是一个设备通道而不是单个设备项。按卫星上对通信信号处理的方式划分，通信转发器可分为透明转发器和处理转发器。

（1）透明转发器

透明转发器仅对信号的频谱进行搬移和放大，不对信号进行任何处理，便经卫星进行转发。这种转发器仍然是目前大多数商用转发器的形式。但是由于星上高功放的非线性特点（图 7-7 所示的是星上功放的典型输入–输出曲线），这种转发器的应用需要进行严格的功率控制。在军事应用中，考虑到敌方上行干扰信号，纯透明转发器在实际系统中几乎没有被采用的。通常在信号进入高功放前加一级非线性限幅，使得进入的信号在任何情况下都不会将高功放推入过饱合状态。根据采用非线性方式的不同，透明转发器有硬限幅转发器、软限幅转发器和 SMART AGC 等。

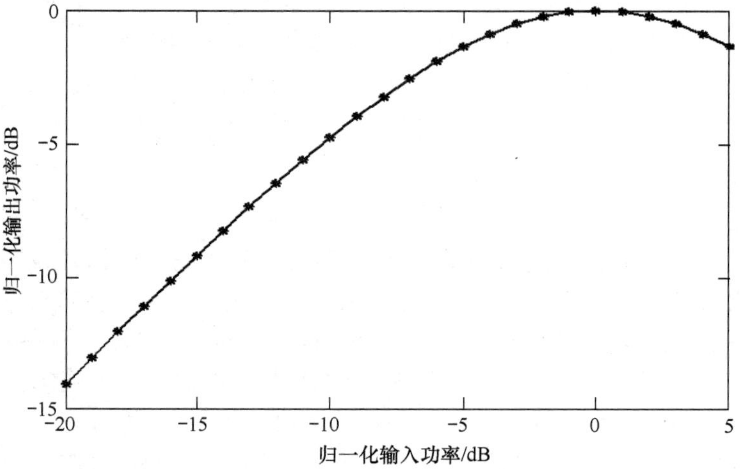

图 7-7　星上功放的典型输入–输出特性曲线

（2）处理转发器

与透明转发器不同，处理转发器在星上对上行信号进行频域或时域的处理，识别信号，并按照下行要求的格式进行转发。根据星上是否恢复出上行的数字信号来划分，处理转发器又可以划分为非再生式处理转发器和再生式处理转发器。

① 非再生式处理转发器：非再生式处理转发器根据上行信号的格式，在星上对上行信号仅进行一些简单的频域或时域的处理，但不恢复原始比特流。非再生式处理转发器的主要形式有上行 TDMA 到下行 TDMA 变换，例如，通过时分交换矩阵实现的星上交换时分多址 SS/TDMA，该技术最早在 INTELSAT 卫星上实现；上行 FDM 到下行 FDM 的变换，采用上行滤波（可以用数字电路来实现）和下行频分复用技术实现；在抗干扰系统中，跳频信号上行解跳不解调处理，下行重新跳频转发，该方式具有接近于星上全处理方式下的抗干扰性能。采用非再生处理转发器的主要特点是上行信号不进行解调处理，处理主要是在中频或射频上进行。这种转发器一般同多波束天线结合使用，主要用于解决多波束系统内不同波束用户的互联。

② 再生式处理转发器：再生式处理转发器在星上对上行信号解调，再生数字流，在下行对数字信号重新调制。由于星上再生的存在，使得星上可以对信号进行一系列复杂的处理，如星上交换、复用、改变下行调制/编码方式、加密等。再生式处理转发器是目前军用和商用卫星通信的发展方向，它不仅可以提高星上功率的利用，解决波束之间互联的难题，而且是提高卫星通信抗干扰能力的必然途径。在商用卫星通信系统中，星上处理已广泛应用于移动卫星通信系统、多媒体卫星通信系统。在军事上，再生式转发器由于不存在星上功率掠夺现象，其抗干扰能力要大大优于其他转发器形式。另外，星载多波束天线、星际链路的广泛采用也要求采用星上再生式处理转发器，这样可以实现星上资源最佳利用和波束间的业务交换。

5. 天线分系统

星载天线承担了接收上行链路信号和发射下行链路信号的双重任务。天线的类型包括从需要全向特性的偶极子天线到用于通信、电视转播的方向性很强的天线。随着卫星通信技术的发展，星载天线技术成为卫星通信领域的一个重要发展方向，特别是在军事应用领域，天线技术成为提高抗干扰能力、系统容量和通信能力的重要手段。目前，通信卫星上使用的天线主要有喇叭天线、反射面天线、透镜天线、阵列天线等几种。

喇叭天线是最简单的一种反射面天线，主要用于提供全球波束，可覆盖卫星对地球的整个视区，波束宽度较大，可达18°。

反射面天线是目前最广泛使用的一种天线，主要用于提供赋形波束和点波束。赋形波束的覆盖区域轮廓不规则，可以根据服务区的边界（如某一国家的边界）进行设计，利用多个馈源从不同的方向、不同排列来照射反射器，由反射器产生多个波束的组合形状来实现波束的覆盖。点波束天线覆盖区域小，具有较高的天线增益，能把辐射的能量集中于很小的区域内，提高系统容量。

透镜天线是利用一个透镜把多个馈源辐射的电磁波聚焦来形成波束的，其体积和重量均较大，目前主要用于军用，如美军的国防卫星通信系统III（DSCS-III），透镜天线对天线的方向图进行重新构造，可以把某个方向上的天线增益调整为零，用于军用卫星通信的抗干扰。

阵列天线是用许多馈源组成的一个馈源阵，通过对馈源阵辐射的电磁波的幅度和相位进行加权叠加就可得到其天线的方向图。通过调整各个馈源的有关参数就可实时改变天线的方向图，如扫描波束天线、跳波束天线和多波束天线。

天线是卫星通信系统最具特色的设备。卫星天线按功能分为两大类：一类是遥测、指令和信标天线，它们一般是全向天线，以便可靠地接收指令以及向地面发射遥测数据和信标；另一类是通信天线，按其波束覆盖区的大小，可分为全球波束天线、点波束天线和区域波束天线（这种天线往往按地域的形状进行波束赋形，又称为赋形波束天线）。

卫星通信天线，除了波束覆盖区的形状和面积应满足整个系统的要求，还应具有以下特性。

① 一定的指向精度。卫星上除了全球波束天线的最大辐射方向是针对卫星下方的整个地球视场，其他波束天线都是指向地面特定区域的，所以有一个指向要求。例如，我国国

内卫星的区域波束最大辐射方向是在西安地区。卫星通信中的一个重要参数——等效全向辐射功率（EIRP）定义为卫星上发射机的辐射功率 P 与该方向上天线增益 G 的乘积，因此最大 EIRP 值就是辐射功率与最大辐射方向上天线增益的乘积，也是有方向性的。通常要求指向误差小于波束宽度的 10%，以保证波束能够始终覆盖服务区域。

② 足够的频带宽度，以满足大容量通信的要求。由于卫星通信上、下行频率往往相差较大，因此卫星天线往往是收、发分用的；即使是共用一副天线主结构，馈源也往往是收、发分用的。

③ 必要的星上交换设备，以实现波束之间的交换。目前，星上交换设备主要包括微波或中频开关矩阵（MSM）和基带处理器（BBP）。

④ 适当的极化方式。一般地说，频率低于 10GHz 时，大都使用圆极化，有利于克服电离层的法拉第旋转效应，但对于 C 波段，后来的实践表明此效应并不严重，因此也有很多系统是使用线极化的；频率高于 10GHz 时，大都使用线极化，以简化馈源结构。

⑤ 必要的消旋措施。为克服太阳辐射等外力的影响使卫星姿态保持稳定，处于静止轨道的卫星一般采取自旋稳定方式。因此，天线必须要有消旋措施，保证波束不随星体旋转。

⑥ 频率复用技术和多波束技术。频率复用技术是指在不同波束的重叠覆盖区内可以同时使用同一频率的两个独立信号而相互不干扰。这种技术可以使通信容量成倍增加，最常用的频率复用技术是采用两个正交极化来实现。例如，线极化时，一个波束采用垂直极化波，另一波束采用水平极化波；圆极化时，一个波束采用左旋极化波，另一个波束采用右旋极化波。频率复用技术要求具有高极化纯度和高交叉极化隔离度，才能使两个信道之间互不干扰。

多波束技术是指一副天线产生多个波束，它具有空间分隔的特性，一般包括波束相对固定和波束快速跳变两种方式。前者可以通过偏焦的各个馈源来形成独立的波束，也可以由多波束形成网络构成一个或多个赋形波束。后者是在已经设置的 M 个独立波束中采用电子扫描技术使每一个波束快速连续跳变跨越 N 个不同的位置，从而构成 $M \times N$ 个虚拟波束的多波束卫星通信系统。多波束技术不仅能减少天线数量，而且能极大提高通信容量，这对体积和重量都受限制的卫星来说是非常重要的。目前多波束技术已经成为通信卫星一个至关重要的发展方向，在军事通信卫星中，还可利用卫星多波束天线，结合阵列信号处理技术实现自适应调零天线抗干扰，从而极大地提高军事通信卫星的抗干扰能力。

7.2.3 地球站的分类及组成

地面段由完成通信任务的各种各样的地球站组成，包括地面的、空中的、水面的、水下的各种站型。

1. 地球站的分类

地球站通常按照天线的口径来分类，但是国际并没有一个统一的地球站分类方法，很多划分方法都是基于商业标准，如 INTELSAT、INMARSAT 的划分方法。国际通信卫星组织（INTELSAT）是世界上最早成立的也是成员范围最广的国际卫星通信组织，在商用领域中，地球站分类的主要依据是 INTELSAT 地球站标准，一切入网的地球站都必须满足其

IESS（Intelsat Earth Station Standard）。表 7-3 给出了 INTELSAT 系统内关于地球站类型的划分方法。

表 7-3　INTELSAT 标准地球站类型

地球站类型	频率/GHz	天线直径/m	G/T/（dB/K）	使用业务
A	4/6	15～18	35.0	所有业务
B	4/6	10～13	31.7	除 FDM/FM 和 TDMA/DSI 之外的所有业务
C	（11～12）/14	11～13	37	所有业务
D1	4/6	4.5～6	22.7	VSAT
D2	4/6	11	31.7	VSAT
E1	（11～12）/14	3.5～4.5	25.0	IBS
E2	（11～12）/14	5.5～6.5	29.0	IDR
E3	（11～12）/14	8～10	34.0	IBS、IDR
F1	4/6	4.5～5.0	22.7	IBS
F2	4/6	7～8	27.0	IBS、IDR
F3	4/6	9～10	29.0	IBS、IDR、CFDM/FM

与商用地球站不同，军用卫星地球站主要按作战使用方式或装载平台来划分，相同口径的站型可能承担的作战任务也明显不同。按使用方式来划分，军用卫星地球站可划分为固定站、机动站、移动站、背负站、便携站和手持站。

① 固定站：天线口径大、发送能力强、通信方向多、与地面接口种类丰富是这些站型的共同特点。主要提供的业务接口一般以 E1、同步数据、LAN 接口为主，速率在 2Mb/s 以上。C 频段站型天线口径一般在 4.5～10m 之间，Ku 频段站型天线口径一般在 2.4～7m 之间，Ka 频段站型天线口径的典型值在 1.8～4.5m 之间。

② 机动站：车载运输、静止下通信的站型，它既满足作战机动性要求，又不需要成本高的自动跟踪设备。机动站型主要用于为地域通信网节点提供超视距的通信链路，解决微波中继链路视距传输和容易受到视距障碍遮挡的影响。军事卫星通信系统中，网管管理中心是系统运行的神经中枢，一旦被毁整个系统无法正常运行，为了提高网管中心的抗毁能力，系统可为网管中心站设置机动的备份中心站。受装载和运输的限制，机动站型的天线口径一般在 2.4m 以下，最大不超过 4.5m。

③ 移动站：移动型地球站同机动站的最大区别在于它可以在运动中通信，即人们常说的“动中通”，典型的移动站有车载站、舰载站、机载站等。为了实现“动中通”，移动站必须使用天线自动跟踪设备或采用宽波束天线。移动站型的天线口径一般在 1.8m 以下。

④ 背负站与便携站：这两种站型一般都是由单兵携带（最多可由双人携带），但使用方式上有明显的不同，背负站可实现士兵在行进中的通信，而便携站则必须停下后展开，完成对星等一系列操作后才能进行通信。天线口径一般在 1m 以下，以声码话和低速数据业务为主。

⑤ 手持站：单人手持完成通信的地球站。手持站一般采用全向天线，以声码话、短消息业务为主。

2. 地球站的组成

一个典型的地球站由接口设备，信道终端设备，发送接收设备，天线、馈线设备，伺服跟踪设备和电源设备组成，如图 7-8 所示。

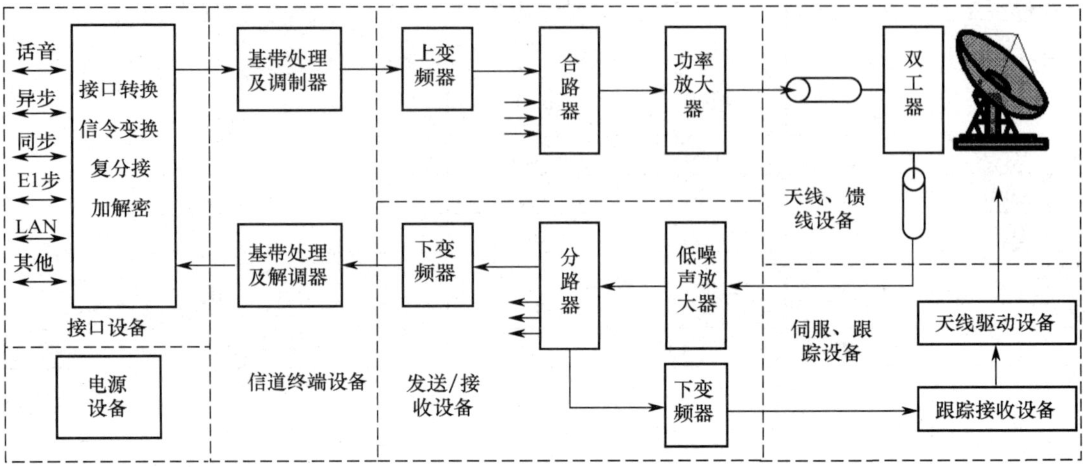

图 7-8　卫星地球站的组成框图

① 接口设备：处理来自用户的信息，完成电平变换、信令接收、信源编码、信道加密、速率变换、复接、缓冲等功能，并送往卫星信道设备；同时将来自信道终端设备的接收信息进行反变换，并送给用户。

② 信道终端设备：处理来自接口设备的用户信息，完成编码、成帧、扰码、成形滤波、调制等功能，以使其适合在卫星线路上传输；同时将来自卫星线路上的信息进行反变换，使之成为可为接口设备接收的信息。

③ 发送接收设备：将已调制的中频信号变为射频信号，并进行功率放大，必要时进行合路；对来自天线的信号进行低噪声放大，并将射频信号转换为中频信号送入解调器，必要时进行分路。

④ 天线、馈线设备：将来自功率放大器的射频信号变成定向辐射的电磁波；同时收集卫星发来的电磁波，送至低噪声放大器。

⑤ 伺服跟踪设备：即使是静止卫星，也不是绝对静止，而是在一个几立方千米的区域中随机飘移。对于方向性较强的天线，必须随时校正自己的方位角与仰角以对准卫星。

⑥ 电源设备：卫星通信系统的电源要求较高的可靠性。特别是大型站，一般有几组电源，除市电之外，还应有柴油发电机和蓄电池。

3. 地球站的基本性能

衡量一个地球站的性能指标有很多，不同的系统有不同的指标形式，但对于所有的地球站，以下 5 个性能指标要求都是必须具备的。

① 地球站的品质因数 G/T：必须满足该工作频段对应天线口径的 G/T 值要求，如果低于所要求的额定值会降低该地球站的接收性能。

② 地球站的等效全向辐射功率及其稳定度：为了保证传送信号的质量，每个地球站都必须能够向空中辐射稳定的功率。辐射功率的抖动不仅会导致接收端信噪比的变化，而且由于信道 AM/PM 转换效应的存在，还会形成干扰。一般要求辐射功率变化在额定值±0.5dB。

③ 发射频率精度：地球站发射的射频频率必须精确，如有较大的偏移，不但会影响接收端正常的接收，而且还会降低转发器的利用率。

④ 发射射频能量扩散：为了减少互调干扰，地球站必须对发射的射频功率谱密度加以限制，为了满足这一指标，必须在地球站发射电路中加入能量扩散信号，对于数字传输体制通常使用扰码作为能量扩散信号。

⑤ 干扰波辐射：为了防止干扰波对卫星转发器和其他微波通信系统造成干扰，规定地球站因多载波引起的交调干扰应小于 23dBW/4kHz，总的辐射功率应小于 4dBW/4kHz。

7.2.4 工作原理

卫星通信就是利用人造地球卫星作为中继站的中继转发系统，因此卫星通信的通信过程为地球站发射经过编码调制后的信号，通过卫星天线发送到卫星，卫星接收来自地球站的信号，经过变频、放大等处理，然后重新通过卫星天线发射到地面，地球站接收来自卫星的信号，进行解调译码等处理，这就是一个完整的单向通信过程。卫星通信线路构成如图 7-9 所示。

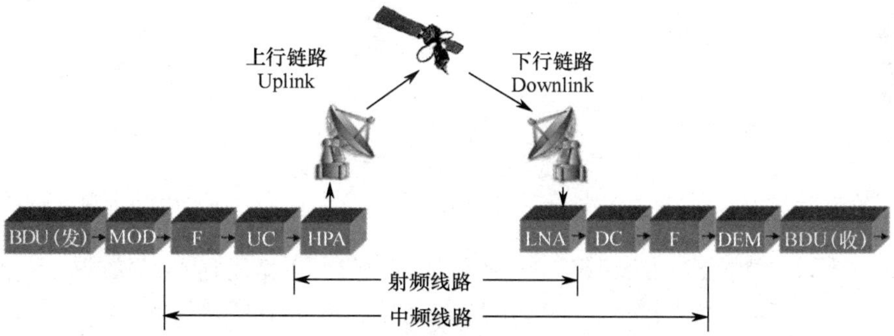

图 7-9　卫星通信线路构成示意图

BDU（发）—发基带处理器；MOD—调制器；F—中频滤波器；UC—上行变频器；HPA—功率放大器；LNA—低噪声放大器；DC—下行变频器；DEM—解调器；BDU（收）—收基带处理器

在一个卫星通信系统中，经过卫星转发器可以组成很多条单跳或双跳的卫星通信线路。整个系统的全部通信任务，就是分别利用这些线路来实现的。从发射天线到卫星的空间路径，就构成信号的上行线路（或称上行链路）；由卫星到地球站接收天线的空间路径，就构成信号的下行线路（也称下行链路），二者合起来就构成一条单跳卫星通信线路。当地球站有收、发设备和相应的信道终端时，加上收、发共用天线，便可组成双工卫星通信线路。实际上，双工线路就是两条共用一个卫星但传输方向相反的单工线路的组合。

7.3 卫星通信系统的体制

体制是描述事物的组织方式、组织结构，那么通信体制就是一个通信系统的组织方式与组织结构。通信的组织方式和结构与通信系统的功能或任务有关。通信是传输信息，如果是点对点的通信，就是传输信息，如果不是点对点，而是一个系统、一个网络，有多个用户，那么还需要交换，所以说通信系统的基本任务是传输与交换含有用户信息的信号。因此，通信体制就是通信系统所采用的信号传输方式和信号交换方式。具体到卫星通信系统，其系统体制包括系统网络结构、传输体制、多址体制和分配体制。

7.3.1 卫星通信系统的网络结构

1. 星状网结构

通常星状网由一个主站（中心站）对应若干小站（远端站）组成，小站只能与主站通信，小站之间的通信要通过主站转接，经过双跳形式才能通信，如图 7-10 所示。

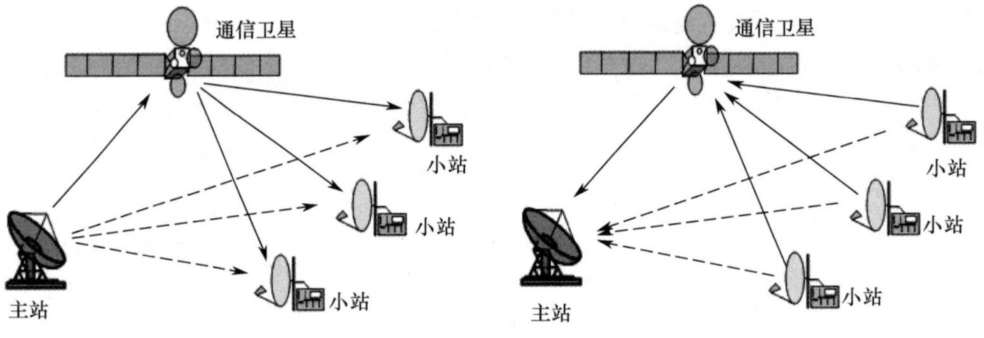

图 7-10 星状单向网结构示意图

星状网主要有以下形式。

① 星状单向广播网。主站和小站之间是单向通信，主站发送小站接收，卫星电视广播系统就是一个典型的星状广播网。该网络结构充分利用了卫星通信的广播优势，在军事上主要用于战场态势信息的广播与分发。主站将侦察信息、情报信息、气象信息，以及其他战场态势等各种信息通过卫星不断向战场广播，大大提高了作战方的态势感知能力，使前方的指战员能够得到战场的全景图像。

② 星状信息采集网。主站和小站之间是单向通信，小站发送主站接收，气象信息收集网就是典型的星状信息采集网。该网络结构充分利用了卫星通信的覆盖优势，可以将分布范围广的众多采集点的信息汇集到主站。在军事上，该网络结构主要用于气象信息的采集、位置信息及情报信息的回传。

③ 双向星状网，主站和小站之间通过卫星双向通信，小站可以接收来自主站的信息，同时也可以发送信息到主站，如图 7-11 所示。各小站之间不能直接通信，一定要经过主站转接。商用的许多 VSAT 通信系统、卫星数字广播系统 DVB-RCS 就是典型的双向星状网结构。双向星状网结构在军事上主要用于战术通信系统中，通过该结构可实现小口径战术终端之间的通信。但该结构增加小站之间的通信时延，特别是对时延敏感的语音业务。

2. 网状网结构

网状网内的各站均可进行双向通信，它是目前军事卫星通信系统中最常见的组网应用方式，如图 7-12 所示。网状网结构的形成通常有两种方式：一种是预分配方式，一种是按需分配方式。在网状网结构中，通常有一个承担网络控制管理任务的主站，称为中央站，它负责完成全网地球站的监控和管理；对于按需分配建立的网状网结构，中央站还承担了根据各站业务的需要为地球站分配信道的任务。从业务信息的流向来看网络是网状网，但管理信息又是以中央站为中心的星状网。

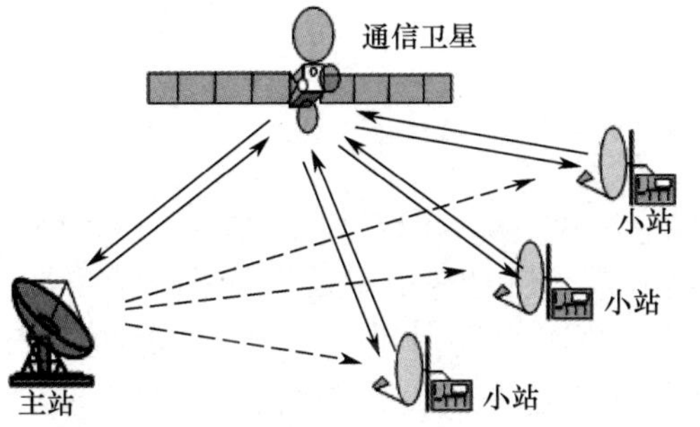

图 7-11　双向星状网状结构示意图

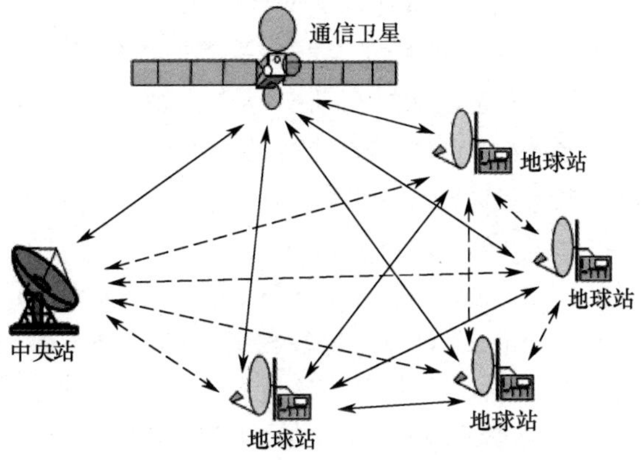

图 7-12　网状网结构示意图

3. 混合网结构

混合网是星状网和网状网的组合，如图 7-13 所示，在一个较大的系统中，根据各站型的业务关系既存在星状网结构同时也存在网状网结构。在实际系统中，星状网结构主要应用于数据通信，而网状网结构主要应用于语音通信和综合业务。

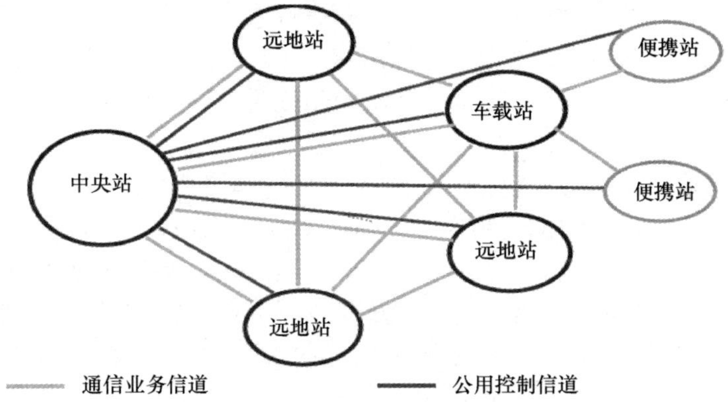

图 7-13　混合网结构示意图

7.3.2　卫星通信系统的传输体制

1. 调制体制

（1）调制方式的选取

选择调制方式的原则不仅要考虑已调信号与信道相匹配，而且要考虑系统站型特征及作战使用方式，这样才能获得较好的整体系统性能。

对于卫星通信系统，调制方式的选择主要服从以下原则。

① 抗噪声性能。抗噪声性能决定着卫星和地面终端的功率利用率，决定着终端小型化和传输速率，是选择调制编码方式需要考虑的重要因素，门限信噪比越低，抗噪声性能越好。

② 频谱利用率。频谱利用率决定着在有限的频带内终端的信息速率和系统容量，因此也是选择调制编码方式需要考虑的因素。

③ 终端实现的复杂度。对于调制编码方式的选取，还必须考虑到具体终端实现的复杂度。

④ 适应具体终端的应用环境。例如，对于高动态条件下的终端，存在大的多普勒频移和多普勒率，就需要能够快速捕获与跟踪信号。

⑤ 考虑是加性高斯白噪声信道还是衰落信道。

⑥ 考虑信道非线性特性的影响。

（2）卫星通信的调制方式

① 功率有效调制方式。

二进制相移键控 BPSK（Binary Phase Shift Keying）和四进制相移键控 QPSK（Quaternary Phase Shift Keying）是各种通信系统最常见的调制方式，也是在卫星通信系统中使用最多的调制方式，其中 QPSK 功率效率和频带效率都比较好。由于相邻码元间存在相位跳变，其频谱旁瓣衰减较慢；由于存在较大的包络起伏，当通过非线性信道时，性能恶化比较严重。

在具有多普勒频移的移动通信系统中，能够跟踪多普勒频移的载波恢复相当复杂，如果加上移动信道下多径引起的信道衰落，恢复相干载波几乎不可能。此时，省略相干载波提取的差分二进制相移键控 DBPSK（Differential BPSK）和差分四进制相移键控 DQPSK（Differential QPSK）成为移动卫星通信系统的选择。

为了降低 QPSK 的包络起伏，人们又引入了偏置四进制相移键控 OQPSK（Offset QPSK），它的相位转换点只有±90°相位的跳变，可以减少信号在非线性信道上传输的恶化量。

为了进一步改善在具有非线性特性移动信道下的性能，人们又采用了一种包络起伏小而且不需要提取相干载波的调制方式，称为π/4 差分四进制相移键控 DQPSK，它的相邻符号间的相位跳变为±π/4、±π3/4。

B/QPSK 调制及其改进方式仍然存在相位跳变和包络起伏，造成功率利用率低和邻道之间的相互干扰。连续相位的恒包络体制 CPM（Continous Phase Modulation）在卫星通信系统中被广泛采用，其中典型的调制方式有 MSK、GMSK 等。特别是常用的 MSK 调制，它的频带利用率低于 QPSK，功率效率与 QPSK 相同，但其抗非线性性能要优于 QPSK，也优于 OQPSK 和π/4-DQPSK。为了进一步降低 MSK 信号的带外辐射，减小邻道干扰，在 MSK 的基础上又发展了 GMSK 调制方式。

② 频带有效调制方式。

a．M 进制相移键控 MPSK（M-ary Phase Shift Keying）。当 M 为 8、16、32 时，其频带效率分别是 QPSK 的 1.5 倍、2 倍和 2.5 倍。这就意味着相同带宽内可以传送更高的信息速率，但其功率效率低于 QPSK。M 越大，功率效率就越低，这意味着同样发送 1 比特信息高阶调制需要更多的功率。

b．M 进制正交幅度调制 MQAM（M-ary Quadrature Amplitude Modulation）。这是一种将幅度调制与相位调制相结合的方式，它的优点是当其频带效率与 MPSK 的频带效率相同时，其功率效率要高于 MPSK。但由于信号具有幅度调制的特征，不适合在具有非线性和衰落的信道中传输，因为信道的非线性具有 AM/PM 转换效应，衰落会引起信号包络的变化，不利于接收端对信号的幅度进行正确判决。但研究表明，在直射波较强的信道中，这种有着较高频带效率和功率效率的调制方式仍具有实用价值。图 7-14 所示为 MPSK 和

MQAM 的频谱效率和功率效率的关系图。

c．多进制连续相位调制。如果既期望保持恒包络特性又能够获得较高的频带利用率，多进制连续相位调制（CPM）就是一个很好的选择，美军在其 UHF 战术卫星通信系统中，已开始采用多调制指数的连续相位调制（Multi-h CPM）来提供中速率业务。

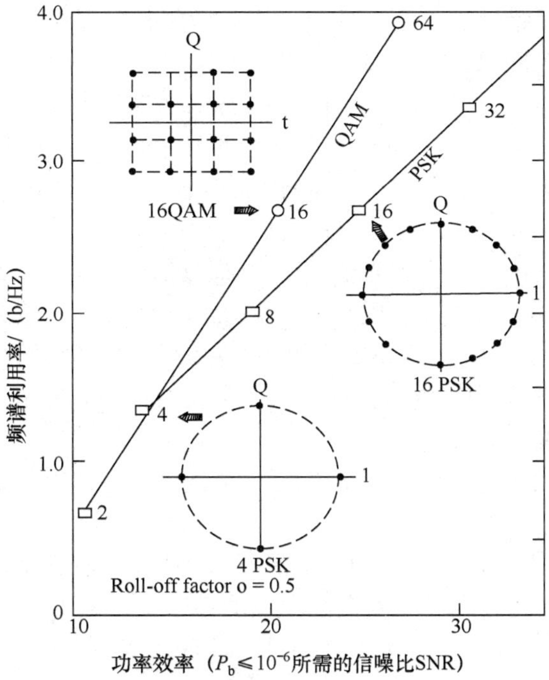

图 7-14　MPSK 和 MQAM 频谱效率和功率效率的关系图

卫星信道的信道条件对应用高阶调制技术提供了很好的条件，特别是现代战场通信对卫星通信的传输速率提出了越来越高的要求，迫切需要在有限的带宽内给战场提供更高的传输能力。MPSK 和 MQAM 在卫星通信中获得了更广泛的应用，在数据分发系统、干线通信链路上越来越多地采用高阶调制技术。

表 7-4 给出了上述主要调制方式的频带利用率、功率利用率，以及其在卫星通信系统中的应用和典型应用系统。

表 7-4　卫星通信系统中常用的调制方式（10^{-5}）

	调制方式	频带利用率/（b/Hz）	功率利用率/dB	主要用途	典型应用系统
功率有效方式	BPSK	1.0(ρ=0)	9.6	干线通信链路	DSCS
	QPSK	2.0(ρ=0)	9.6		
	OQPSK	2.0(ρ=0)		战术通信链路	美军 UFO
	π/4-DQPSK	2.0(ρ=0)	11.9		ACTS
	BFSK	0.5(h=0.5)	12.6	战术卫星通信跳频抗干扰	Milstar AEHF
	MSK	0.67	12.6		
	GMSK	1.1(BT=0.3)			
频带有效方式	8PSK	3.0(ρ=0)	18.0	大容量干线链路数据广播系统	DVB-S2
	16QAM	4.0(ρ=0)	19.8		
	M 进制 CPM			战术卫星通信	美军 UFO

2. 编码方式

由于卫星通信系统是功率受限系统，通过增加$[E_b/N_0]$来降低比特错误概率（P_b）是非常困难的，这意味着需要增加终端的发送功率，或者降低接收机的噪声温度，但这两种方法都受到成本、体积等因素的限制。而差错控制编码技术提供了一种有效降低比特错误概率（P_b）的途径。差错控制有两种功能：错误检测和错误纠正。大多数编码既可以检错也可以纠错，但不一定同时进行检错和纠错。通常，一种编码方式能够检测错码的数目多于它能够纠正的错码的数目。如果只使用检错码，那么接收机就需要具备请求重发功能（这种技术被称为自动重发请求或 ARQ）。这种方式在卫星通信中使用时有一定的限制，因为对地静止卫星的传输延迟较大。另一种前向纠错（FEC）方法可以纠正误码，无须重发，但是它实现的复杂度及成本都高于 ARQ 方式。

目前，在卫星通信中，常用的 FEC 编码方式包括卷积码、级联码、TPC 码、Turbo 码和 LDPC 码，这几种编码方式基本的编译码算法都比较成熟，但其编码增益、实现复杂度和应用特点都不同。因此，对于具体的应用环境，编码方式的设计主要考虑以下几个方面。

① 编码增益的要求。根据终端的通信需求和支持能力，确定所需要的编码增益，根据编码增益确定具体的编译码方式。

② 具有应用方式的需求。针对不同的通信方式、业务速率、分组长度等特点选择适合的编译码方式。

③ 考虑不同编码方式对调制解调技术的要求。高编码增益编码方式接收的门限信噪比比较低，对解调的要求比较高，尤其在高动态的条件下要求更高。

④ 实现复杂度的要求。还要考虑终端对实现复杂度的要求。

7.3.3 卫星通信系统的多址体制

卫星上的一个转发器通道可以被来自地球站的一个发送信号全部占用，这种方式称为单址接入工作模式。但更为常见的是，多个载波可能共用一个转发器，这些载波可能来自地理上相隔很远的许多地球站，每个地球站可能发射一个或多个载波，这种工作模式被称为多址接入。

1. 频分多址

频分多址是把卫星转发器的频带分成各自独立互不重叠的若干子带，这些子带在频分多址下称为信道，分配给各地球站使用。接收地球站通过滤波器（模拟的和数字的）来选择想要接收信道内的信号。

FDMA 体制应用最多的是单路单载波 SCPC 和多路单载波 MCPC，SCPC 系统中每一个载波传送一路语音和数据业务，在军事上，SCPC 方式与按需分配方式相结合主要应用于战术通信系统中；MCPC 系统中地球站采用多路复用技术，在一个载波上传送多路语音或数据业务，在接收端，解调器送出的数字信号通过解复用恢复出各路信号。在军事上，MCPC 方式与预分配方式相结合主要应用于战略通信系统中，用于支持 E1 等群路业务完成战场节点之间的固定连接。

优点：FDMA 技术比较成熟，设备简单，操作灵活，相对于其他体制所需发送功率低，适用于小口径终端为主的战术通信系统。

缺点：卫星转发器多载波工作，容易产生互调干扰，转发器利用率低，需要功率补偿；不适用于一点到多点应用；分配带宽难以动态调整，数据业务时利用率低。

FDMA 方式下的功率受限与频带受限描述如下。

一个转发器的总带宽为 W，很显然，在 FDMA 方式下它限制了能接入转发器的载波的数目。例如，如果有 K 个载波，每个载波的带宽为 B，那么能得到的最好结果是 $K=W/B$。转发器 EIRP 的增加并不能增加系统可容纳的载波数，这样的系统被称为带宽受限系统。同样对于数字系统，比特速率是由带宽确定的，其允许的最大比特速率也由 BTR 确定。

功率受限发生在 EIRP 不足以满足整个链路[C/N]的要求时。当信号带宽近似等于噪声带宽时，若 EIRP 低于某一电平，则不得不相应减小带宽来使得[C/N]维持在所要求的电平上。

2. 时分多址

TDMA 方式依据信道按时间分割的原理。它分配给各地球站的不再是 FDMA 方式的特定载波，而是一个特定的时间间隔。各地球站在定时同步系统的控制下，只能在指定的时隙内向卫星发射信号，时间上互不重叠，卫星转发器将各地球站发来的信号按时序转发出去。由于是单载波工作，且任何时刻只转发一个站的信号，因此 TDMA 方式不存在 FDMA 的载波间互调问题，它允许星上转发器的宽带功放（常用行波管放大器）工作在近饱和状态，因而功率效益增加。

对于时分多址接入方式，在任意时刻只有一个载波使用转发器，因此不存在多载波情况下由于非线性放大所造成的互调分量。这种特性是 TDMA 的一个最重要的优点之一，即转发器行波管（TWT）可以工作在最大输出功率或饱和功率上。

由于信息是按突发方式来发送的，TDMA 只适合于数字信号。通过使用数字缓冲储存器，数字数据可以被组合成突发格式来发送，也可以从接收突发中还原出数据。

图 7-15 说明了 TDMA 的基本概念，在图中各站按顺序发送突发。在 TDMA 方式中需要有突发同步，在图 7-16 所示的系统中，一个站被专门指派用来发送参考突发，其他站都同步到该参考突发上。从一个参考突发的开始到下一参考突发开始之间的时间间隔称为一帧。一帧中包括参考突发 R 和来自其他地球站的突发，这些站在图 7-16 中分别用 A、B、C 和 D 表示。

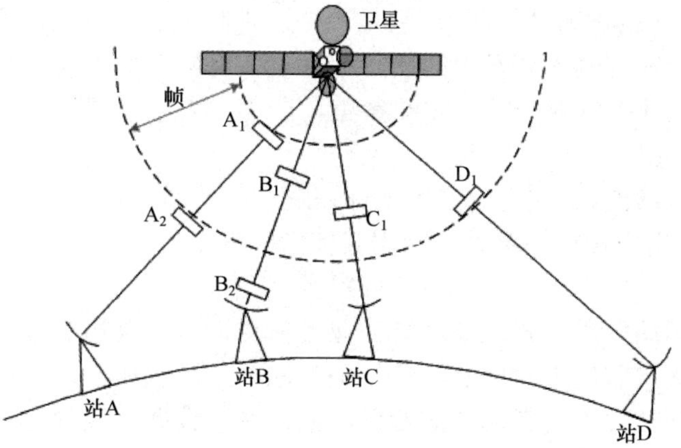

图 7-15　TDMA 系统示意图

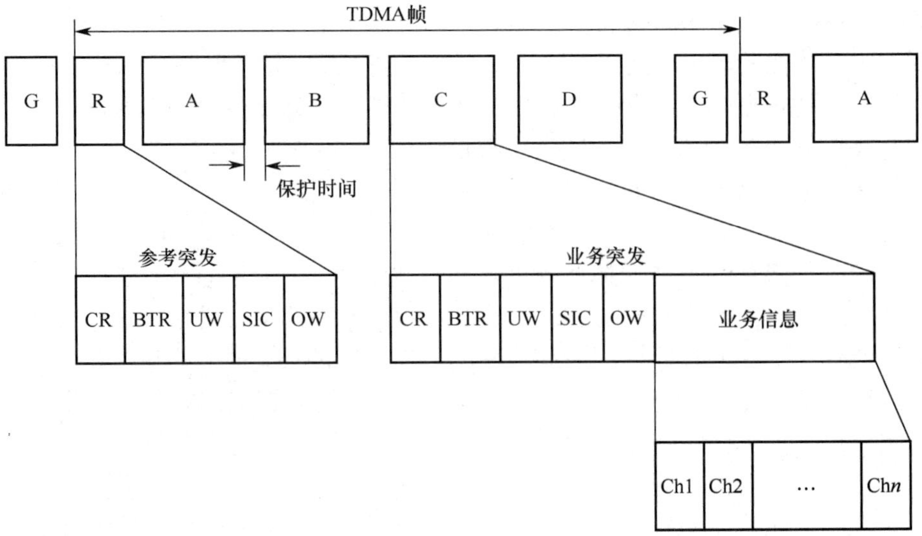

图 7-16　TDMA 方式下的帧结构

CR—载波恢复；BTR—比特定时恢复；UW—独特码；SIC—地球站标识码；OW—指令；SC—勤务联络信号

TDMA 系统的每个站的突发是以帧为周期组织的，帧是系统分配时隙的最小周期。帧内是来自系统内各站的同步、控制和业务突发，在帧的基础上还可以组成超帧。

（1）参考突发

参考突发标志一个帧开始，提供 TDMA 系统突发同步的基准，各站以参考突发为基准占用指定的突发位置。参考突发被划分为用作不同用途的时隙或信道。这对于不同的网络可能有所不同，这些信道可归纳如下。

① 保护时间（G）。相邻突发之间的保护时间对于防止突发间重叠是必要的。不同突发的保护时间可能不一样，它依赖于各种突发在每帧内定位的精度。

② 载波和比特定时恢复（CR 与 BTR）。为了对相位调制的载波进行相干解调，必须首先从突发中恢复出相干载波信号。在 CBR 时隙的第一部分是一个未调载波信号，它用作检测器内本地振荡器的同步参考信号，这个本振产生一个与接收载波相干的输出信号。CBR 时隙的后面部分的载波被一个已知相位变化的序列所调制，它可以帮助恢复位定时信号。对载波恢复更详细的描述参见数字通信技术等教材。

③ 突发码（UW）（也称为独特码）。它是一个二进制码字，储存在每一个地球站内。通过将本地储存的 BCW 与输入突发中的比特相比较来检测一组接收比特 BCW 匹配的时刻，这用来产生突发在帧中位置的精确时间参考。在 BCW 中也携带了已知的比特序列，这有助于解决相干检测中的相位模糊问题。

④ 地球站标识码（SIC）。这个码字用来标识发送的地球站。

⑤ 指令（OW）。用来传送参考站到网内其他站的信令。

（2）业务突发

业务突发内是地球站发送到其他地球站的业务信息，它具有和参考突发相同的前导结构，即有保护时间、载波和位定时恢复、独特码、地球站标识和指令等部分，所不同的是业务突发承载有该地球站发送到其他站的业务，如语音、数据、视频等。同一地球站到不同站的业务信息可在同一业务突发内发送，它们占用不同的时隙。

（3）网同步

为保证每个突发在正确的时隙到达卫星，网络同步是必要的。正如前面提到的，定时标记是由参考突发来提供的，它由一个高稳定时钟驱动，并通过卫星链路转发到各业务站。在任何给定的业务站，通过检测参考突发中的独特码（突发码）来表示接收帧的开始（SORF），这个帧起始标记是与独特码的最后一比特对齐的。

网络同步可以分为两个过程：初始捕获和同步保持。怎样保证突发正确地进入指定的时隙，而不会误入其他时隙造成干扰，就是初始捕获问题；当正常工作后，怎样维持突发间正确的时间关系，就是同步保持问题。初始捕获是系统同步的初级阶段，它的作用使得系统各站发送的数据能够指定在一个时隙单元的内部，不会落入其他的时隙内。同步保持阶段是系统同步的高级阶段，它的作用使得系统终端站发送的数据能够保持在该时隙内，不会对其他站发送的数据造成冲突。

初始捕获和同步保持是 TDMA 系统必须解决的问题，这两个问题解决不好系统将无法工作。准确地估算星地传输时延并跟踪传输时延的变化，相应地调整发送突发时刻是初始捕获和同步保持的关键。关于网络同步的具体方法请参考有关卫星通信系统的相关文献。

（4）TDMA 信道速率及发送 EIRP

在时分多址接入方式中，在时间上相互错开的上行链路突发经过卫星转发后就好像组合成一个时分复用信号。在这种情况下，上行链路的比特速率等于下行链路的比特速率，用 RTDMA 表示。在每个地球站，为了将输入比特速率 R_b 转换为发送比特速率 RTDMA，就需要压缩缓冲器。

由于 TDMA 地球站传输的速率要高于 FDMA，因此需要较高的[EIRP]。由于

$$\left[\frac{C}{N_0}\right]=\left[\frac{E_b}{N_0}\right]+[R] \tag{7-3}$$

在相同信噪比要求的条件下，TDMA 地球站的$[\mathrm{EIRP}]_{\mathrm{TDMA}}$与$[\mathrm{EIRP}]_{\mathrm{FDMA}}$的关系如下。

$$\frac{\mathrm{EIRP}_{\mathrm{TDMA}}}{\mathrm{EIRP}_{\mathrm{FDMA}}}=\frac{R_{\mathrm{TDMA}}}{R_b} \tag{7-4}$$

优点：没有互调问题，卫星的功率和频带能充分利用；上行功率不需要严格控制，便于大、小站兼容；能够实现一点到多点的传输，不需要多台调制解调设备；能够实现信道带宽的动态分配，便于数据业务的组网应用。

缺点：需要精确的网同步，低业务量的用户也需要与大站相同的 EIRP 发送能力。

3. 码分多址

CDMA 是依据信道按信号码型不同而被分割的原理。其基本思想是靠不同的地址码（一般选用 PN 码）来区分地球站的地址。每个站配有不同的地址码，各站所发射的载波（为同一载波）既受基带数字信号调制，又受地址码调制。接收时，只有确知其配给地址码的接收机，才能解调出相应的基带信号，而其他接收机因地址码不同，无法解调出信号。由于此种多址方式具有扩频的性质，因此最适合用于军事通信。

优点：无须在各站之间进行频率和时间上的协调，接续灵活方便；抗干扰能力强，由于采用了扩频技术从而具有强的抑制敌方干扰的能力；信号功率谱密度低，隐蔽性好，抗截获能力强；具有克服信道多径传输所带来不利影响的能力。

缺点：需要对系统内地球站进行严格的发送功率控制；频带利用率低，通信容量较小；地址码选择较难，地址码捕获复杂。

4．空分多址

SDMA 方式是以卫星上许多指向不同空间的波束来区分（或覆盖）不同地域内地球站的地址的，如图 7-17 所示。为实现多波束系统，必须采用多波束的天线系统，同一波束内可用 FDMA、TDMA、CDMA 方式来区分用户，不同波束间则通过波束的空间隔离来区分，即不同波束的用户可以使用相同的频率、相同的码字在相同的时间发送信息，而不会相互干扰。

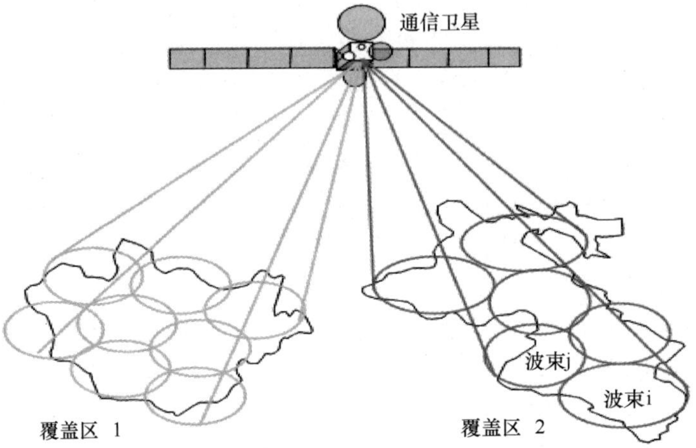

图 7-17　SDMA 多址方式示意图

SDMA 方式已经成为目前卫星通信系统提高容量的必然手段，在大容量静止轨道卫星通信系统中，低轨星座卫星通信系统中都采用了空分多址方式，如 IPSTAR、ACeS、Thuraya、Inmarsat、Anik、Iridium、Globalstar 等。ACeS 系统使用了一对口径 12m 的大型收发天线，可在地面产生 140 个点波束覆盖；Thuraya 卫星使用 12.25m 的大型可展开 L 频段天线，在地面生成 250～300 个点波束覆盖，而且覆盖范围可以动态调整。

优点：可以提高卫星频带利用，增加系统容量；提高卫星的 EIRP 和 G/T 值，降低地球站的发送要求。

缺点：对卫星控制技术要求严格；需要波束之间进行交换，星上设备更复杂。

7.3.4　卫星通信系统的分配体制

与多址相关的另外一个问题就是信道分配方式，多址体制确定了信道的划分方式，频域的、时域的、空域的、码域的等，但如何将这些信道分配给用户使用是有限星上资源卫星通信系统必须要解决的问题，特别是当用户数目远超过可分配信道数目时。

在军事卫星通信系统中，常用的信道分配方式有预分配、随机分配、按需分配和动态按需分配。

1．预分配

预分配方式是按事先约定，半永久地给每个地球站或指定地球站分配收发信道，各地球站只能使用分给它的这些特定信道和有关地球站通信，其他地球站不能占用这些信道。在不同的多址体制下，分配给用户信道的表现形式是不一样的，在 FDMA 方式下，是载波频率和带宽；在 TDMA 方式下，则是指定的时隙。

这种分配方式的优点是：由于信道是专用的，地球站间建立连接简单、迅速，基本不需要控制设备。其主要缺点是：使用不灵活，网络调整比较麻烦；信道不能相互调剂，在业务量较轻时，信道利用率较低。该方式只有在每个信道大部分时间都在工作时，通信效率才高。

在军事卫星通信系统的组网应用中，该方式主要应用于节点间的中继链路，战场指挥所之间的互联链路。另外，作为网系内中心站到各远端站管理控制使用的内向信道和外向信道也是典型的预分配信道。

2．随机分配

纯 ALOHA：一种完全随机的信道使用方式，任何一个有业务需要发送的地球站都可以立即使用信道，全网不需要定时和同步。从全网来看，各站随机接入信道因此必然存在碰撞，但是当各站业务比较繁忙或用户数目增多时，发生碰撞的概率增大，一旦发生碰撞就必须重发。纯 ALOHA 的信道利用率最高为 18.4%，当信道利用率接近该值时，大量重传的发生会使系统出现不稳定现象。ALOHA 工作过程如图 7-18 所示。

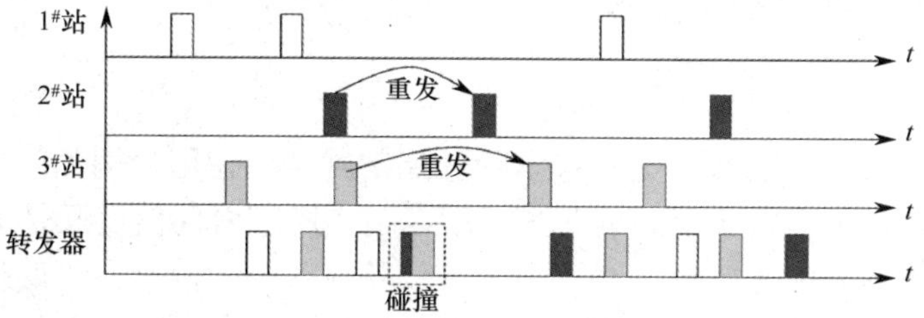

图 7-18　ALOHA 工作过程

纯 ALOHA 方式主要应用于系统中各站的业务量较轻，且每次发送数据包相对较短的场合，军事卫星通信系统中常用作各站向中心站的请求信道。

时隙 ALOHA：在纯 ALOHA 中，两个用户的信息发生碰撞时，即使两个数据包碰撞上很小的一部分，都会造成两个数据包同时重传，为了提高 ALOHA 方式的利用率，人们又发明了时隙 ALOHA 方式，这种方式的特点是以星上转发器的时间为参考时间，把转发器的时间等间隔地划分为连续不断的时隙。各站发送的数据必须落入其中的某一个时隙，每个数据段的时间基本占满时隙。

时隙 ALOHA 的碰撞概率要比纯 ALOHA 小，最大信道利用率可提高一倍；但全网需要定时和同步，每个数据段的时间长度固定。当系统的实际利用率接近最大利用率时，系统会出现不稳定现象。

3．按需分配

采用预分配方式对于轻业务量站型会造成较大的信道资源浪费，例如，对于单路语音业务，在一天内每个地球站使用信道的时间是非常有限的，如果此时仍然分配给该地球站固定的信道，就会造成信道资源部分时间处于空闲状态，而其他用户还无法使用。由于系统资源浪费，造成系统所能容纳的用户数大大降低，因此对于业务量小且地球站数目较多的卫星通信网，最好采用按需分配制度（Demand Assignment，DA）。它是对固定预分配的一项重大改进，每个站只有在有业务传送需求时，向管理中心站申请，由中心站根据当前的信道使用情况临时为其分配信道。通信完毕后又被收归公用，可以分配给后续用户的业务请求使用。

按需分配是目前军用卫星通信系统中最常见的多址分配方式，特别适用于用户数目众多，每个用户业务量较低的战术卫星通信系统。

4. 动态按需分配

无论是固定分配还是按需分配，用户一旦获得分配的信道后，信道就被该用户独享，即使该用户没有信息发送其他用户也不能占用，对于突发性很强的数据业务必然造成信道资源的浪费。例如，浏览网页时当下载一个网页时需要使用信道，而在观看这个网页时信道则是空闲的，这时信道资源如果不能给其他用户使用，就会造成很大的浪费。动态按需分配就是解决信道资源浪费的一种信道分配方式，它体现在两个方面：一是初始信道分配时的带宽可以和网管中心协商确定，如可以按预期的平均信息速率分配带宽；二是工作过程中信道带宽可以动态调整，即当用户的业务速率较高时，可以提高分配信道的带宽，当用户速率降低时可以减小信道的带宽。由于实现上的困难，动态按需分配技术主要与 TDMA 多址方式结合使用。

5. 多址分配方式的组合使用

在一个实际系统中，通常情况都是多种分配制度结合使用。例如，在一个战术卫星通信系统中，网管外向信道是典型的单向预分配信道，网管内向信道又是 ALOHA 方式，而业务信道则采用按需分配方式。当网管系统失效和被毁时，没有网管的控制业务信道则转为固定预分配方式。图 7-19 所示为 FDMA 多址方式下信道分配方式综合应用示意图。

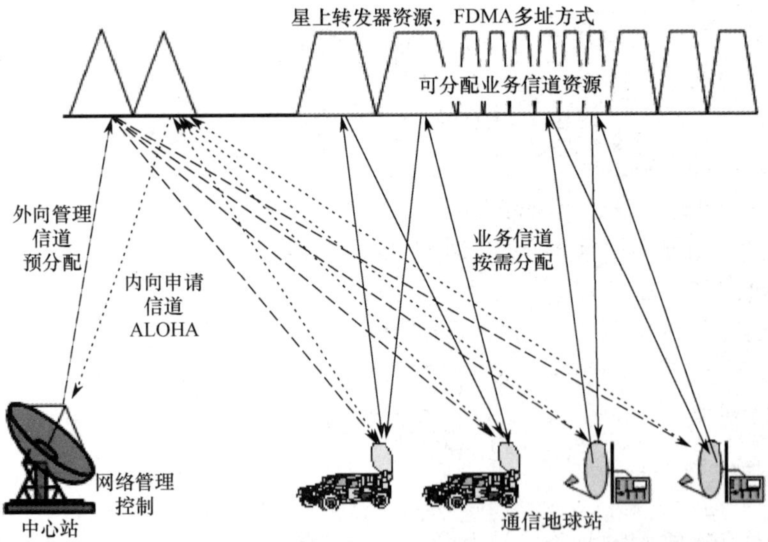

图 7-19　FDMA 多址方式下信道分配方式综合应用示意图

在 TDMA 系统中，网管信道被分配为固定的时隙，内向申请时隙可以按轮询方式使用，也可以按 ALOHA 方式使用。而业务时隙则采用动态按需分配方式分配给用户。图 7-20 所示为 TDMA 多址方式下信道分配方式综合应用示意图。

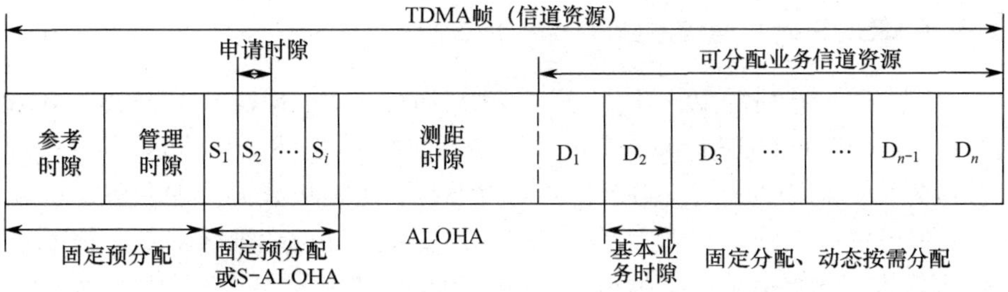

图 7-20　TDMA 多址方式下信道分配方式综合应用示意图

7.4　军事卫星通信典型系统及发展趋势

美国作为世界上的超级大国，在军事卫星通信系统规划、建设及相关技术研究等方面始终处于领先地位，代表了世界发展的最新趋势和最高水平。下面以美军军事卫星通信系统为例介绍军事卫星通信的典型系统。

美军卫星通信系统由窄带通信系统、宽带通信系统和抗干扰卫星通信系统组成，可满足不同作战条件下、各种战略战术用户的需求。全窄带移动用户的需求主要由 UHF 频段系统来支持，系统由早期的 FLTSAT 卫星、目前的 UFO 组成，该系统是美国海、空军使用的主要系统。为进一步增强全球范围内的窄带通信能力，美军目前正在建设 MUOS 系统。宽带通信系统目前主要由 DSCS 系统组成，在轨卫星由 DSCS Ⅱ、DSCSⅢ和 DSCS SLEP 组成，为了进一步提高宽带通信能力和战场数据分发能力，美军正在部署 WGS 卫星和 GBS 卫星。抗干扰通信系统用于完成恶劣作战条件下战略战术最核心任务，系统由 MILSTAR Ⅰ和 MILSTAR Ⅱ卫星组成，为了进一步增强其抗干扰通信能力，美军正在研究部署 AEHF 卫星和 Adv Polar 卫星。

7.4.1　窄带移动卫星通信系统

1. 系统特点

窄带移动卫星通信系统主要用于满足大地域范围内指挥控制、武器平台“动中通”的需求，系统具有地球站天线口径小、发送能力差、移动速度快、传输速率较低的特点。随着数字化战场对移动通信需求的不断增强，单兵手持地球站的出现及通信终端同各种武器平台的集成成为窄带移动通信系统的一个重要发展方式。

窄带移动通信系统的作战使用方式如下。

① 用户到地域通信网的远距离接入。

② 面向单兵的指挥通信及单兵间的通信。

③ 海、空军大地域范围内的窄带广播。

④ 海军舰艇编队的指挥通信。

⑤ 空军的远距离指挥通信。

⑥ 对潜通信。

2. 美军 MUOS 战术通信系统

美国军方正在研制的新一代的窄带战术通信系统 MUOS（Mobile User Objective System）卫星是 UFO（UHF Follow On）卫星的后续星，仍然采用了适用于战术通信的 UHF 频段，它将为美军和盟军提供 64Kb/s 以下的语音、视频和数据传输业务。星上采用口径为 12.5m 的大型可展开天线，每颗星使用 16 个点波束提供对地视区覆盖。该系统中，除了波束覆盖范围较大（直径接近 3000km），每个 MUOS 波束相当于地面网络的一个蜂窝小区。每个波束内使用两个 5MHz 带宽的 WCDMA（Wideband Code Division Multiple Access）U2B（User- to-Base）上行链路。该系统采用第三代移动通信中的 WCDMA 技术为用户提供多种服务，包括语音、数据和视频等。大量的小型化终端将被应用在各种作战平台上，如战舰、潜艇、飞机、坦克、装甲车等。

7.4.2 宽带机动卫星通信系统

1. 系统特点

宽带机动卫星通信系统主要用于为战场提供大容量的通信链路，作为前方机动通信网与后方固定通信网互联、地面网链路的备份、地域通信网节点间超视距连接、海军岸舰通信等主要手段。系统以固定站和机动站为主，兼顾某些大型移动平台，具有天线口径较大、传输速率较高等特点。

宽带机动卫星通信系统的使用方式如下。

① 用于前方基地和后方支援基地的通信。

② 战场地域通信系统中节点之间的链路，解决超高频视距通信的不足。

③ 用于数字化战场的延伸通信，扩大战术互联网的作用范围。

④ 用于海军岸站到舰艇编队的指挥通信。

⑤ 用于海军舰艇编队的协同通信。

⑥ 保障空军指挥机、预警机、无人机的通信。

2. 美军宽带填隙卫星

宽带填隙卫星（WGS）是美军继 DSCSⅢ、DSCS SLEP 后最新一代的宽带通信卫星，第一颗卫星于 2007 年 9 月发射成功，单颗卫星就达到了 DSCS Ⅲ整个星座的通信能力。之所以称为填隙，是填补 DSCS Ⅲ与下一代转型通信卫星 TSAT 之间的时间空隙，后续将被 TSAT 卫星替代。

WGS 卫星保留了 X 频段载荷，用于继续支持目前使用 DSCS 卫星转发器的地面设备，增加了全球广播业务（GBS）载荷，该载荷同目前搭载在 UFO 卫星上的 GBS 载荷兼容。重要的是在 WGS 卫星上增加双向的 Ka 频段有效载荷，用于为战术用户和平台提供高速数据传输能力。WGS 卫星共使用 19 个波束来提供对地面的覆盖，其中，Ka 频段 10 个波束，X 频段 9 个波束。在 Ka 频段的波束中，8 个波束覆盖面积为 70 万平方千米，两个为 650 万平方千米；X 频段的 9 个波束中，8 个波束由一个收发分开的相控阵天线产生，一个全球波束由一个角锥喇叭产生。

新系统主要采用的技术如下。

① 点波束和相控阵天线。

② 星上处理、再生和星上微波交换技术。

③ 大功率卫星平台。

④ 电子推进系统。

7.4.3 抗干扰卫星通信系统

1. 系统特点

抗干扰能力是军事通信系统的核心需求。由于卫星通信在战场通信中的作用越来越重要，在现代战争中必然成为敌方攻击的首要目标，而电子干扰是目前攻击卫星通信的主要手段。通信卫星暴露于空中，其轨道位置、工作频率、卫星的 G/T 值、EIRP 甚至波束覆盖等参数都很易于被敌方获得，这些信息的获得对敌方实施干扰是有利的，为抗干扰卫星通信系统的设计提出了挑战。抗干扰卫星通信系统就是要在战场复杂电磁环境下，保障战略战术核心任务的不间断通信需求。

抗干扰卫星通信系统的使用方式如下。

① 保障对战略导弹部队、核潜艇、战略轰炸机等战略力量的最低限度不间断通信能力。

② 扩大战场地域通信网的应用范围。

③ 高级指挥人员间的抗干扰通信。

④ 三军协同下的抗干扰通信。

⑤ 特种作战人员的通信。

⑥ 到某些特定武器平台的指挥控制。

2. 典型抗干扰通信系统

1982 年，美国国防部开始研制三军通用的“战略、战术和数据中继卫星”，简称“军事星”（Milstar）卫星。其目的是建立一个能在核战争条件下生存并具有抗干扰能力、可靠性高的战略与战术通信卫星系统。冷战结束后，美军对 Milstar 的任务和能力做了进一步的调整，增加了中数据速率（MDR）抗干扰载荷。根据转型通信的需要，下一代抗干扰卫星（AEHF）对抗干扰通信能力做了进一步提升，从 Milstar II 的 1.544Mb/s 提高到 8Mb/s。

Milstar 卫星具有以下特点。

① 采用 EHF 频段，能用较小尺寸的天线阵获得高方向性的传输，增加了敌方截收信号的困难。另外，EHF 可以有效对抗核辐射。

② 采用宽频段跳频技术，上行链路在 2GHz 带宽上进行全频段快速跳频，下行链路采用 TDM，并进行快速跳频。

③ 采用波束自适应调零天线技术，它在感受到敌方干扰后，能通过幅相控制迅速将天线方向图的零点指向敌方干扰机。

④ 星上处理、星上交换、星间链路和卫星自主控制能力。

表 7-5 所示为 MilstarⅠ、MilstarⅡ和 AEHF 的主要技术特点。

表 7-5 美军抗干扰系统的技术特点

	Milstar Ⅰ	Milstar Ⅱ	AEHF
波束形式	点波束 跳波束	点波束 调零波束 跳波束	点波束 调零波束 跳波束
工作频段	上行：43.5～45.5GHz 下行：20.2～21.7GHz	上行：43.5～45.5GHz 下行：20.2～21.7GHz	上行：43.5～45.5GHz 下行：20.2～21.7GHz
上行体制	FDMA/TDMA/FH 跳速>4000 跳/秒 跳频带宽：2GHz	FDMA/TDMA/FH 跳速>4000 跳/秒 跳频带宽：2GHz	FDMA/TDMA/FH 跳速>4000 跳/秒 跳频带宽：2GHz
下行体制	TDM/FH 跳速：大于 1 万跳 跳频带宽：1.5GHz	TDM/FH 跳速：大于 1 万跳 跳频带宽：1.5GHz	TDM/FH 跳速：大于 1 万跳 跳频带宽：1.5GHz
业务速率	75b/s～2.4kb/s	LDR：75b/s～2.4kb/s MDR：4.8kb/s～1.544mb/s	LDR：75b/s～2.4kb/s MDR：4.8kb/s～8mb/s
信道数	192	LDR：192 MDR：32	未知

从表 7-5 中可以看出，在 Milstar Ⅰ 卫星的基础上，在 Milstar Ⅱ 上增加了中速率有限载荷，最高链路的速率达到 1.544mb/s，满足了中继链路抗干扰能力需求。其最新的系统是 AEHF 系统，该系统采用星上处理技术、星际链路技术，以及轻型多功能通信天线的组合阵列和宽带频率合成技术等，并在 Milstar Ⅱ 的基础上进一步增强抗干扰通信能力，将单信道抗干扰链路的速率提高到 8Mb/s，整星容量为 Milstar Ⅱ 的 10 倍，即使发生灾难事件，该系统也可以提供可生存的、全球的安全通信。

主要采用的技术如下。

① 点波束天线和调零天线。

② 多波束跳变技术。

③ 星地一体化宽带跳频技术（上行 2GHz，下行 1GHz）。

④ 星上处理和星上交换技术。

⑤ 星上网控、路由、加密及自主控制技术。

⑥ 与 UHF 交链技术。

⑦ 星际链路。

7.4.4 全球广播业务

全球广播业务（Global Broadcast Service，GBS）为美军提供一种将分布范围极广的获取信息，通过高速数据广播向分散在战场各个角落的士兵分发的手段，士兵可以通过成本低廉的小口径终端直接接收这些广播信息，通过 GBS 系统大大增强了美军的战场态势感知能力。GBS 系统广播的数据包括图像、后勤信息、气象数据、作战地图、作战指令和视频。GBS 系统被用来分发实时的联合监视和目标攻击雷达系统图像、活动目标指示数据、合成孔径雷达数据、无人驾驶飞行器图像和监测数据、情报等宽带数据，GBS 所提供的宽带数据能力，能够使用户接收多方位数据，实时显示作战图形。

GBS 系统由空间段、主上行注入站、战术上行注入站、广播管理设备，以及各种固定、机动和移动接收地球站组成。图 7-21 所示为 GBS 系统的组成示意图。

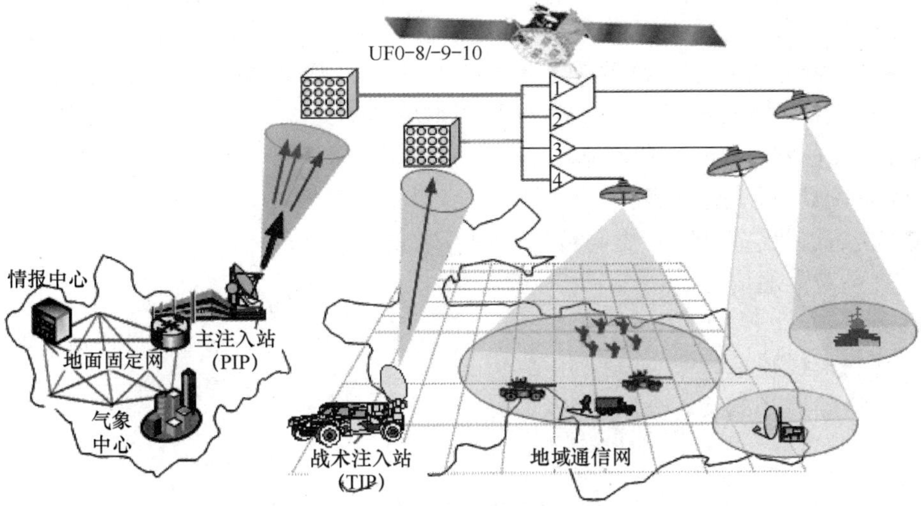

图 7-21　GBS 系统的组成示意图

GBS 主注入站（Primary Injection Point，PIP）是大型固定站，工作在 30GHz，在每个具有 GBS 能力的卫星覆盖范围内都有一个 PIP 地球站，PIP 站位于美国本土或其海外军事基地。主注入站同地面固定网互联，接收来自各种信息源的信息。

战术注入站（Tactical Injection Point，TIP）采用机动站型，既可以在陆地，也可以在空中。它能够向 GBS 有效载荷注入广播信息，发送多媒体数据。同时在战场配置一个广播管理器来负责 TIP 的数据分发。在美军的作战使用中，还要求 TIP 具有使用商用转发器的能力。

卫星广播管理（Satellite Broadcasting Management，SBM）负责从国家情报网络和战场接收、协调、打包信息，采用广播、智能推送和按请求发送的方式向指定的地域广播信息。广播管理是整个 GBS 系统的智能控制中心，承担了高效使用 GBS 的任务，提供标准的用户接口和协议，完成接收信息的过滤、优先级的协调，将信息流发送到合适的注入站从而通过卫星广播。广播管理的目标是最佳利用星上资源、天线覆盖调整、转发器的配置等，能够在不同优先级、不同业务、不同加密等级的各种用户间共享和动态分配广播带宽。

7.4.5　军事卫星通信的发展趋势

20 世纪 90 年代，由于宽带光纤技术的发展和广泛运用，给卫星通信带来了极大的挑战，干线通信逐渐由光纤线路承担，卫星通信只能向干线备份、支线通信和机动通信方面发展。当前，随着空间技术、信息技术的进一步发展，卫星通信在星体技术、发射技术、轨道控制技术、天线技术、编码与调制解调技术等各个方面都有突飞猛进的发展，卫星通信重新焕发了勃勃生机。卫星通信在高技术局部战争中获得的巨大军事效益，将卫星通信应用推进到一个崭新的时代。

鉴于空间独特的地位和在未来信息化战争中的重要作用，空间优势将成为 21 世纪军事战略的重要组成部分。以卫星为主体的航天信息系统将是一体化全球信息感知、全球指挥控制系统的核心，全球卫星导航定位系统将成为未来中远程精确打击和精确兵力投送的关键装备。因此，航天信息系统也成为各国竞相发展的技术制高点。作为航天信息系统的重要组成部分——卫星通信，其在现代战争中发挥着越来越大的作用。美军对卫星通信的依赖性日益增强，对其军事卫星通信发展高度重视，其发展水平代表了世界先进水平。

考虑到现有系统的性能下降将无法满足未来战场和天基系统对信息传输的需求，美军大力增强现有系统的通信能力，大力发展新型卫星通信系统。对于这些新系统，要求其具有支持全球信息栅格（GIG）和网络中心战的能力。

这些新系统具有以下显著特点。

① 更大容量、更宽带宽、更高数据率和吞吐量。

② 大容量激光通信。

③ 动中通。

④ 先进的天线技术。

⑤ 面向基层战斗部队、分队服务。

本章小结

卫星通信作为现代战争重要的信息传输手段，有着独特的优势，具有其他通信手段不可替代的地位，其在军事通信中的应用也越来越广泛。本章阐述了卫星通信系统的组成、系统体制、链路计算、网络管理、安全防护技术及典型系统，旨在使读者对军事卫星通信系统有一个比较全面的了解。

习　　题

7-1　什么是卫星通信？军事卫星通信系统使用的主要频段有哪些？

7-2　卫星通信系统由哪几部分组成？其基本工作原理是什么？

7-3　卫星通信网络拓扑结构有哪几种？它们的特点是什么？

7-4　卫星通信的常用频段有哪些？举例说明 Ka 频段与 C 频段相比有哪些特点？

7-5　卫星通信主要有哪几种多址方式？TDMA 与 FDMA 的主要区别是什么？

7-6　卫星通信有哪几种分配方式？

7-7　列举几种典型的军事卫星通信系统。

7-8　卫星通信的发展趋势体现在哪些方面？

参考文献

[1]　吕海寰. 卫星通信系统. 修订版. 北京：人民邮电出版社，2003.

[2] 张杭，张邦宁，郭道省，等. 数字通信技术. 北京：人民邮电出版社，2008.
[3] Louis J，Ippolito Jr. 卫星通信系统工程. 孙宝升，译. 北京：国防工业出版社，2012.
[4] Roddy D. 卫星通信. 郑宝玉，译. 北京：机械工业出版社，2011.
[5] Maral G，Bousquet M. Satellite Communications Systems，John Wiley & Sins Ltd, 1998.
[6] 王丽娜. 卫星通信系统. 北京：国防工业出版社，2012.
[7] 刘功亮. 卫星通信网络技术. 北京：人民邮电出版社，2015.
[8] 花江. 卫星通信新技术与展望，电讯技术，2014，54（5）：674-681.
[9] Zhili Sun. 卫星组网的原理与协议. 刘华峰，译. 北京：国防工业出版社，2016.
[10] 林卫民. 信息化战争与卫星通信. 北京：解放军出版社，2005.
[11] 张邦宁，魏安全，郭道省. 通信抗干扰技术. 北京：机械工业出版社，2006.

第 8 章　军事通信系统综合应用

在实际的军事应用中，军事通信系统往往是多种通信系统综合应用的产物，以“网”的形式存在。因此，在学习各种通信系统的知识之后，有必要将“系统”的知识提升到“网”的层次上来，以便更好地联系军事应用实际，完整地理解军事通信系统及军事通信网。

8.1　军事通信网概述

点与点之间建立通信系统是通信的最基本形式，尽管这样的通信系统有很多，但还不能称为通信网，只有将多个通信系统（传输系统）通过交换系统按一定的拓扑模式组合在一起才能称为通信网。

通信网可以描述为是由一定数量的节点（包括终端设备和交换设备）相互有机地组合在一起，以实现两个或多个规定节点间信息传输的通信体系。也就是说，通信网是相互依存、相互制约的许多要素组成的有机整体，用以完成规定的功能。通信网的功能就是要适应用户呼叫的需要，以用户满意的程度传输网内任意两个或多个用户之间的信息。

从以上通信系统和通信网的描述中，已经明显地突出了两种概念及它们之间的密切关系。用通信系统来构架，通信网即为通信系统的集，或者是各种通信系统的综合，通信网是各种通信系统综合应用的产物。通信网来源于通信系统又高于通信系统，但是不论网的种类、功能和技术如何复杂，从物理上的硬件设施分析，通信系统是各种网不可缺少的物质基础，这是一种自然发展规律，没有线就不能成网，因此通信网是通信系统发展的必然结果。

通信系统可以独立地存在，然而一个通信网是通信系统的扩充，是多节点各通信系统的综合，通信网不能离开系统而单独存在。前面已经讲述的经常使用的通信系统就可构成各种各样的通信网。

军事通信是随着战争的出现而产生的，在很多方面有别于民用通信。特别是在现代战争中，军事通信网需要在极为严峻的环境下工作，需要抵抗敌方实施的截收、破译、测向、干扰及各种破坏性攻击，因而要求军事通信网具有较强的互通性、生存性及安全性。军事通信与民用通信的差异促使当今世界大多数国家建立了独立于国家通信网之外的国防通信系统，并以它作为军队指挥系统的重要组成部分。

8.1.1　军事通信网的组成

从通信网的定义可以看出，通信网在硬件设备方面的构成要素是终端设备、传输系统和交换设备，如图 8-1 所示。

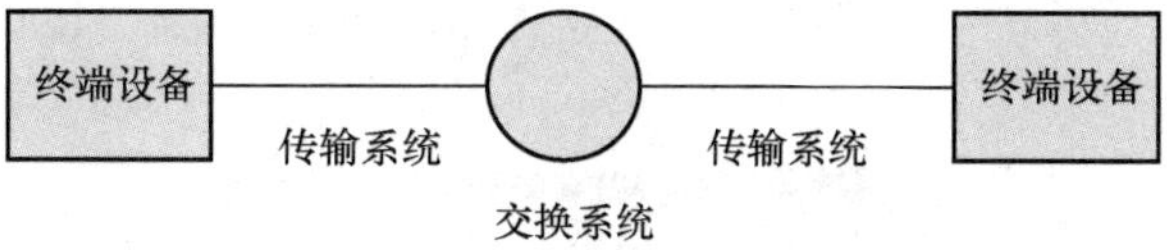

图 8-1　交换系统、传输系统和终端设备的关系

为了使全网协调合理地工作，还要有各种规定，如信令方案、各种协议、网络结构、路由方案、编号方案、资费制度与质量标准等，这些均属于软件。也就是说，一个完整的通信网除了包括硬件，还要有相应的软件。下面简单介绍构成通信网的硬件设备。

1．终端设备

终端设备是用户与通信网之间的接口设备，其功能有以下几个。

① 将待传送的信息和在传输链路上传送的信号进行转换。在发送端，将信源产生的信息转换为适用于在传输链路上传送的信号，而在接收端则完成相反的变换。

② 将信号与传输链路相匹配，这将由信号处理设备完成。

③ 信令的产生和识别，即用来产生和识别网内所需的信令，以完成一系列控制作用。

2．传输链路

传输链路是信息的传输通道，通常也称为信道，是连接网络节点的媒介。信道有狭义信道和广义信道之分，其中狭义信道是单纯的传输媒介（如一条电缆），广义信道除传输媒介之外，还包括相应的变换设备。由此可见，这里说的传输链路指的是广义信道。传输链路可以分为不同的类型，且各有不同的实现方式和适用范围。

3．交换设备

交换设备是构成通信网的核心要素。它的基本功能是完成接入交换节点链路的汇集、转接接续和分配。实现一个呼叫终端（用户）和它所要求的另一个或多个终端之间的路由选择和连接。

交换设备的交换方式可以分为两大类：电路交换方式和存储转发方式。

在实际的应用中，网络的拓扑结构有网形网、星形网、环形网、线形网，以及前面几种网组合成的复合型网。例如，网形网和星形网复合而成的是市话网，这种以星形网为基础并在通信量较大区间构成的网形网结构兼取了上述两种网络的优点，比较经济合理且有一定的可靠性。又如，环形网和线形网常用于陆地微波中继通信系统和光纤通信系统。

8.1.2　军事通信网的分类

通信网作为传输信息的网络体系，从系统工程观点看是一个大系统，其下分许多子系统，也就是分成许多子网，因此有不同的分类形式。军事通信网按照保障范围的不同，传统上可分为战略通信网、战役通信网、战术通信网。图 8-2 所示为各种通信系统在战场组织中应用示意图。从图中可以看出，光纤通信系统、散射通信系统是构成战略通信网的主要手段，微波通信则是构成地域通信网的骨干路由，完成战役通信功能。移动通信系统、超短波通信系统则主要面向各种移动平台，是战术通信的主要手段。卫星通信系统则可以覆盖战场的固定段、机动段和运动段，既可作为战略通信手段，也可作为战术通信手段。

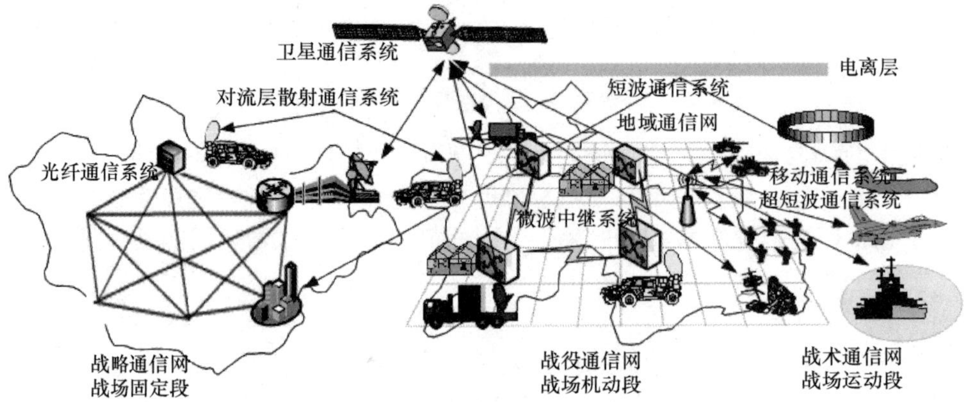

图 8-2　战场通信系统组织应用示意图

1．战略通信网

战略通信网一般是指为国家最高指挥当局、各军兵种和战区级指挥系统服务的提供长途定点通信的固定通信系统，是实施战略级指挥控制的必要手段。战略通信网一般由末端、传输和交换 3 个系统组成，其主要特点是覆盖广大的地域以组成全军公用的通信网。在战略通信网中，用户配置于固定的地理位置，传输线路连接方案基本固定，核心网部分也是固定的。网络平时采用的线路有地下电缆、光缆、微波接力线路、固定的对流层散射、短波、卫星通信线路等，战时还可以采用可搬移的对流层散射设备、可搬移的核心网设备等手段来改变网络结构。此外，它还为陆、海、空军的移动战术部队提供干线网络。

2．战役通信网

战役通信的使命是在作战地区（海域、空域）保障战役指挥。它通常保障旅以上部队遂行战役作战。按战役规模，战役通信分为战区、方面军战役通信及集团军战役通信，以及相应规模的海军、空军、火箭军战役通信。战区战役通信网以固定通信设施为主体，结合机动通信装备组成；方面军战役通信网以固定通信设施为基础，结合野战通信装备组成；而集团军战役通信网则以野战通信装备为主体，结合固定通信设施组成；海军、空军及火箭军战役通信网的组成分别和上述规模的网络对应。

战役通信网中的固定通信设施是战略通信网的组成部分，而机动部分则是战区在战时开设的。

3．战术通信网

战术通信网是为保障战斗地区而在其内部建立的通信网络，按战斗规模可分为旅、营战术通信网和相应规模的军兵种部队战术通信网。战术通信网是以野战通信装备为主，并利用战斗地区的既有通信设施。它主要由无线电台、有线电通信、无线接力通信和野战光缆通信设备组成，区域机动网设备也可用于旅级战术通信。

8.1.3 通信网的质量要求

为了使通信网能快速且有效可靠地传递信息，充分发挥其作用，对通信网一般提出 3 个要求：接通的任意性与快速性；信号传输的透明性与传输质量的一致性；网络的可靠性与经济合理性。

1. 接通的任意性与快速性

接通的任意性与快速性是指网内的一个用户应能快速地接通网内任一其他用户。如果有些用户不能与其他用户通信，则这些用户必定不在同一个网内，而如果不能快速地接通，有时会使要传送的信息失去价值，这种接通将是无效的。

影响接通的任意性与快速性的主要因素如下。

① 通信网络的拓扑结构。如果网络的拓扑结构不合理就会增加转接次数，使阻塞率上升、时延增大。

② 通信网的网络资源。网络资源不足的后果是增加阻塞概率。

③ 通信网的可靠性。可靠性低会造成传输链路或交换设备出现故障，甚至丧失其应有的功能。

2. 信号传输的透明性与传输质量的一致性

透明性是指在规定业务范围内的信息都可以在网内传输，对用户不加任何限制。传输质量的一致性是指网内任何两个用户通信时，应具有相同或相仿的传输质量，而与用户之间的距离无关。通信网的传输质量直接影响通信的效果，不符合传输质量要求的通信网有时是没有意义的，因此要制定传输质量标准并进行合理分配，使网中的各部分均满足传输质量指标的要求。

3. 网络的可靠性与经济合理性

可靠性对通信网是至关重要的，一个可靠性不高的网会经常出现故障乃至通信中断，这样的网是不能用的，但绝对可靠的网是不存在的。可靠是指在概率的意义上，使平均故障间隔时间（两个相邻故障间隔时间的平均值）达到要求。可靠性必须与经济合理性结合起来，提高可靠性往往要增加投资，但造价太高又不易实现，因此应根据实际需要在可靠性与经济性之间取得折中和平衡。

以上是对通信网的基本要求，除此之外，人们还会对通信网提出一些其他要求，而且对于不同业务的通信网，对上述各项要求的侧重点也是有差别的。

8.2 典型应用举例

由于战略通信网的体制、结构和所采用的技术和民用通信网大致相同，不少部分甚至为军民合用，因此军事通信网中最具特色的部分体现在战役和战术部分，以联合战术通信系统为代表。

8.2.1 联合战术通信系统的基本概念

20 世纪 90 年代以后，以互联网技术、无线通信技术为代表的信息网络技术迅猛发展，从根本上改变了传统的战争样式，逐步形成了以战术互联网为主体的新一代战役战术通信系统。联合战术通信系统就是以战术互联网为主体，综合集成全军通用数据链、机动卫星通信、综合移动通信、无人机升空中继通信等手段，并与固定通信网无缝互联，构建面向数字化部队联合作战的一体化机动通信系统，为战场各类传感器系统、武器平台系统、指挥控制系统提供信息传输与交换的公共平台。

联合战术通信系统以统一的技术体制、统一的装备序列来构建横向涵盖数字化机步旅各兵种，纵向贯通统帅部联指到武器平台的安全、可靠、高度机动的一体化扁平网络，实现复杂电磁环境条件下的“动中通、抗中通、扰中通”，保障一体化联合作战中的通信联络。系统通过构建具有高度机动能力和不间断通信能力的公共信息传输与交换平台，保障各类指挥控制信息的及时传送。

1. 系统组成

联合战术通信系统的组成包括多个功能子系统，其基本组成内容如图 8-3 所示。

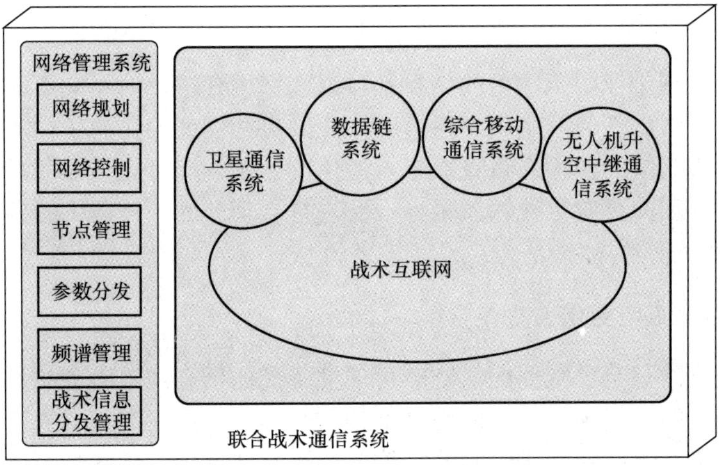

图 8-3　联合战术通信系统基本组成

（1）战术互联网

战术互联网（TI）是联合战术通信系统最根本的组成部分，也是网系互联的基础和骨干平台。它以无线通信技术和互联网技术为基础，通过网络互联协议（IP 协议），采用超短波、微波、卫星等多种通信手段，将战术无线电设备、传输设备、交换设备、各种终端，以及应用系统等相互连接而构成的一体化传输与交换网络，是一个多手段、多层次的战术通信系统。

目前，各国战术互联网大都采用栅格化骨干网+接入网（含分组无线网、无线局域网等）的典型组网结构，构成栅格化的战术互联网骨干网络，覆盖整个作战区域。战术互联网面向数字化战场和网络中心战，有机融合了野战综合业务数字网和战术电台互联网，形成多层分布式网络架构，如图 8-4 所示。

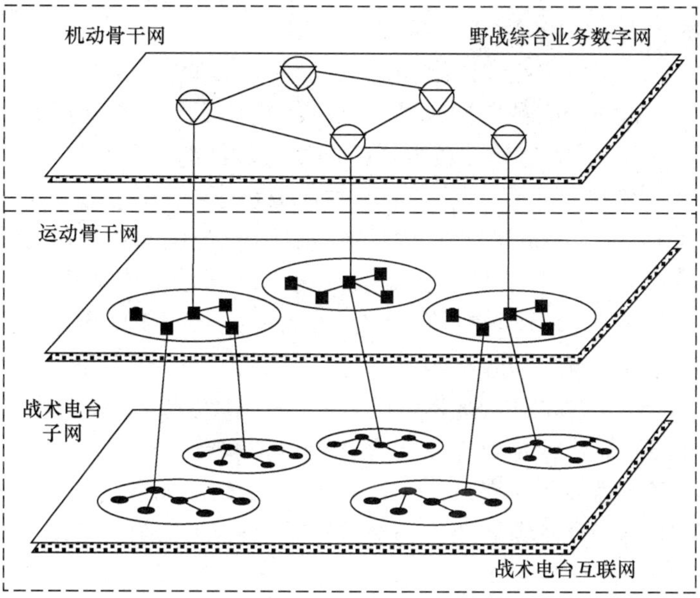

图 8-4　战术互联网网络架构

① 野战综合业务数字网。

野战综合业务数字网是作战部队在野战条件下开设的一种机动部署的综合业务信息网，是数字化战场的宽带公共信息传输交换平台，可提供语音、数据、图像、多媒体等战场综合业务，是部队遂行作战任务的基础骨干通信网络。综合业务数字网在指定地域内部署若干骨干节点，通过微波传输设备将骨干节点与接入节点互联，实现节点间的大容量、远距离群路数据传输，形成覆盖多维战场的一体化公共信息传输骨干网络。通过对网络拓扑的科学规划和对网络节点的合理布设，构建分布式、栅格化机动骨干网，形成对整个作战地域的有效覆盖。

② 战术电台互联网。

战术电台互联网采用分层的协议体系结构，通过网络互联协议将各种战术电台连接在一起，形成无缝隙的整体移动网络，其作战使命是为旅级作战地域内机动作战的各要素之间提供基本的战场态势、指挥控制和语音通信能力，保障各作战要素之间纵向和横向的信息传输。战术电台互联网按照采用的装备和组织形式不同，可以分为具有整体移动能力的运动骨干网，以及具有抗毁、抗扰、自愈、保密能力的多跳战术电台子网。两级网络均支持移动用户间的语音和数据通信，网络之间通过若干节点相互连接，满足各类信息的传输需要。

（2）卫星通信系统

卫星通信系统也是联合战术通信系统的重要组成部分之一，它采用军事卫星通信的机动地面站部分，并进行了性能适应性提升改造，便于与战术互联网综合集成。通过在接入节点车上集成车载动中通卫星通信设备，可用于大地域范围内通信节点间的运动中组网，提供“动中通”的干线网络，实现网络的快速展开和伴随保障；也可以将联合战术通信系统方便快捷地接入战略网，实现战略网的各种业务和应用向战术级延伸，形成战略、战役、战术多个层次信息的横向与纵向贯通；还可以采用便携式卫星地面站，为特种作战分队提供远程接入联合战术通信系统的能力。

（3）数据链系统

联合战术通信系统集成了三军联合信息分发系统（JIDS）和综合数据链 I 型两种数据链接入系统，可以将战场中的预警指挥中心、各级指挥所、各参战部队和武器平台连接在一起，构成陆、海、空、天一体化的数据通信网络。数据链接入系统通常配置在旅指挥所、防空团和直升机营指挥所等地域，保障高实时性的格式化信息传输需要，提高师、营级指挥所的战场态势感知与协同作战能力。通过接收预警机提供的各类预警信息，获取大范围战场态势和预警情报等格式化信息，实现数字化部队与陆军作战集团、联指、特种作战集团、海军、空军的互联，以及与空军、海军作战飞机和陆航实现战术协同和信息共享。

（4）综合移动通信系统

军用综合移动通信系统是联合战术通信系统的有机组成部分，为旅基指、后装指挥所、陆航场站、勤务支援保障作业场所提供个人移动通信服务。军用综合移动通信系统是将野战移动分系统、数字集群分系统和宽带无线接入分系统集成于一体，通过统一的移动交换平台，实现多模体制的融合，满足战时和平时对军用移动通信的需求。

（5）无人机升空中继通信系统

无人机升空中继通信系统由无人机平台、空中通信载荷与地面配套保障车辆等组成，是联合战术通信系统的重要组成部分。系统搭载多信道实时信息分发载荷，主要完成指挥所战场综合态势、防空兵远程预警、电子对抗电磁态势、特种侦察分队侦察情报等信息向各级指挥所、指挥平台、作战分队、火炮、导弹等的实时分发，保证信息的及时传送。系统也可以对超短波电台链路进行中继，实现超视距通信，扩大联合战术通信系统的覆盖范围和在山地等复杂地形环境下的可部署能力。

（6）网络管理系统

联合战术通信网络管理系统以战术互联网网络管理系统为基础进行提升，主要由网络规划设备、网络控制设备、节点管理设备、通用参数分发设备和战术信息分发管理子系统构成，如图 8-5 所示。

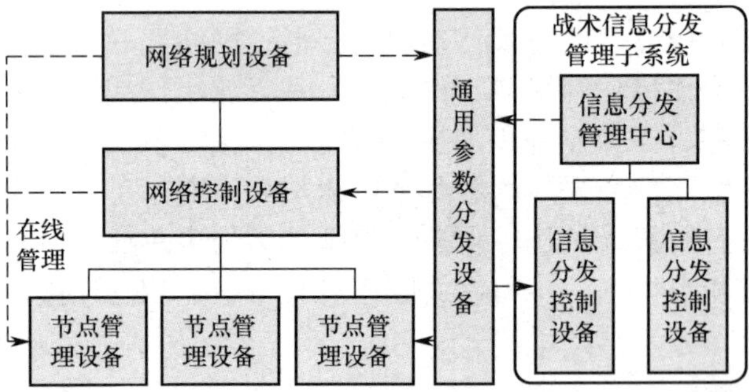

图 8-5　网络管理系统基本组成

网络管理系统采用分级分布式管理体制，有效实现对战术互联网、卫星通信设备、数据链接入设备、综合移动通信系统和无人机升空中继通信系统等多种设备的集中统一管理。

2. 系统特点

为适应全球安全挑战的多变性和不确定性，军事领域提出了一体化联合作战、网络中心战、分布式网络化作战等一系列作战理论和作战样式，要求各级各类作战人员和武器平台充分利用信息这一关键要素，确保及时、可信的信息在需要的地点和需要的时候提供给需要的人。美军的全球信息栅格（Global Information Grid，GIG）计划正是在这种背景下产生的。美军试图通过 GIG 整合现有各种信息资源，建立起一个供美国陆、海、空三军通用的全球通信网络，并以此为中介，把美军散布在全球范围内的传感器网、计算机网和武器平台网联为一体，最终形成一个全时、全维、全频谱和全球性的用于信息化作战的立体互联网，为美军实现互联互通、互操作奠定基础。

更高的作战需求和能力要求使得联合战术通信系统必须具备系统设计体系化、网络结构立体化、业务应用多样化、通信服务栅格化、网络运作智能化、动中通信宽带化和通信对抗综合化等特点。

（1）系统设计体系化

联合战术通信系统设计首先要能实现多网系的互联互通，能支持陆、海、空、天等作战要素之间的无缝组网，实现信息的无缝快速流通，实现陆、海、空军诸军兵种一体化，战略通信、战役通信和战术通信三个层次一体化，固定通信与机动通信一体。通过系统体系化设计，联合战术通信系统能够达到两个方面的能力：一方面是横向上，形成多军兵种一体化联合战斗力所要求的多军兵种信息系统互联互通的能力；另一方面是纵向上，为保证联合战斗力实施和信息优势的获取，实现各级指挥信息系统网络可视、可用和可控的集成能力。

（2）网络结构立体化

联合战术通信系统具有空、天、地分层网络结构特征，突破地面网络在传输容量、用户容量、地域覆盖、用户移动、装备保障等方面的制约、大幅提升战术环境下信息传递速率、服务质量等性能。系统综合利用地面通信节点、升空通信平台、临近空间通信平台和太空通信平台，构成在空间上的多层次战术信息服务网络，对战场空间提供无缝的空间覆盖，使分散在战场陆、海、空、天各个局部区域的作战要素能通过系统实现信息共享与作战协同。

（3）业务应用多样化

联合战术通信系统采用业务与呼叫控制分离、呼叫控制与承载分离的技术体制，提供统一承载能力和服务质量保证能力，为作战部队提供语音、传真、数据、图像、视频等综合业务，能够满足因信息化联合作战而不断发展的传感器、武器平台、指控平台等新的多样化业务通信需求，具有新应用开发和部署扩展能力。

（4）通信服务栅格化

联合战术通信系统能够使被服务的用户采用适当的方式及时发现和使用通信系统提供的资源，实现通信资源的及时、按需和动态分配与调度，并为应用业务提供有保证的服务质量。用户在部署和运动的过程中，能够迅速接入栅格化战术通信网络并保持连接，并用能够根据用户具备的手段提供足够的可用带宽，分散的用户能够组成动态的协作团体，对共享和服务的访问不受指挥链、地理位置或网络状态的制约，从而实现高效的联合作战。

（5）网络运作智能化

联合战术通信系统的网络管理、信息防护、信息分发管理可以实现自配置、自管理、自恢复、自防御等智能化动作。网络运作智能化要求网络具有较高的智能认知能力，网络能够智能适应不同的作战环境，能够在地形条件、部署位置、用户规模、组网方式等发生改变时，自动快速地进行适应、配置和重组；网络能够根据用户业务需求和网络的当前状态，自动调整传输控制策略和资源调度策略，确保网络运行状态良好，优化资源利用；网络能够对关键的安全和性能问题做出实时、动态的响应，实现全面、有保证的信息共享和协作决策。

（6）动中通信宽带化

联合战术通信系统能够适应作战平台高速移动、高速率传输技术及设备，适应用户高机动作战通信的需求。系统以大容量动中通卫星、动中通宽带网络电台为基础，实现同机动网向全移动网络的转变，全面提升高速机动作战条件下的不间断宽带动中通能力。系统的传输宽带化主要通过采用先进的认知无线电技术、空分智能天线技术、MIMO 技术、OFDM 技术、卫星动中通天线技术来实现。

（7）通信对抗综合化

联合战术通信系统除了在传统的电磁干扰对抗能力上进行提高，还从体系结构的高度上对各种对抗措施进行体系化设计，从设备级、平台级和系统级多角度采用不同的对抗技术，大力发展抗截获、抗网络攻击、抗网络利用、抗电磁脉冲攻击的综合对抗能力，全面提升战场生存能力。

8.2.2 联合战术通信系统典型运用

联合战术通信系统是一种新型的面向数字化部队联合作战的一体化机动通信系统，为数字化部队战场感知、指挥控制、火力打击、电子对抗、综合保障等系统提供信息传输与分发公共平台，因此联合战术通信系统应根据数字化部队作战任务、指挥组织和编成部署的实际情况，进行灵活运用。

以典型的陆军某集团军为例，通常下辖 6 个合成作战旅，以及特战、炮兵、陆航、防空、支援、工化 6 个支援旅，按照联合战术通信系统的典型配置方式，其基本的网络组织形式如图 8-6 所示。

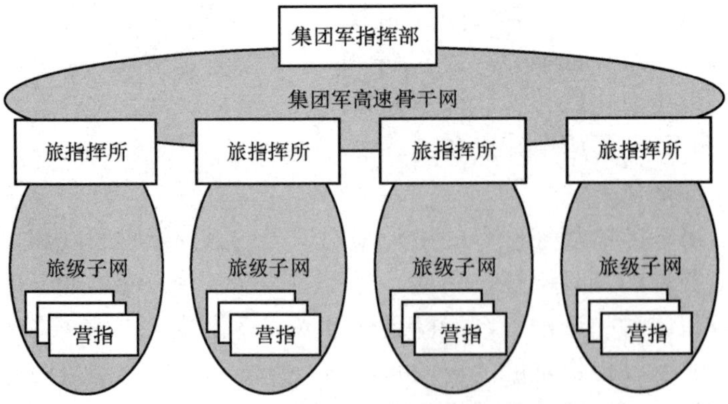

图 8-6　联合战术通信系统基本网络组织

按照网络结构的不同层次和开设应用场合，联合战术通信系统的网络组织形式主要包括骨干网、接入网、指挥所网、营连子网等，以及其他相对独立的系统和设备。系统全网开通后的网络典型运用方式如图 8-7 所示。

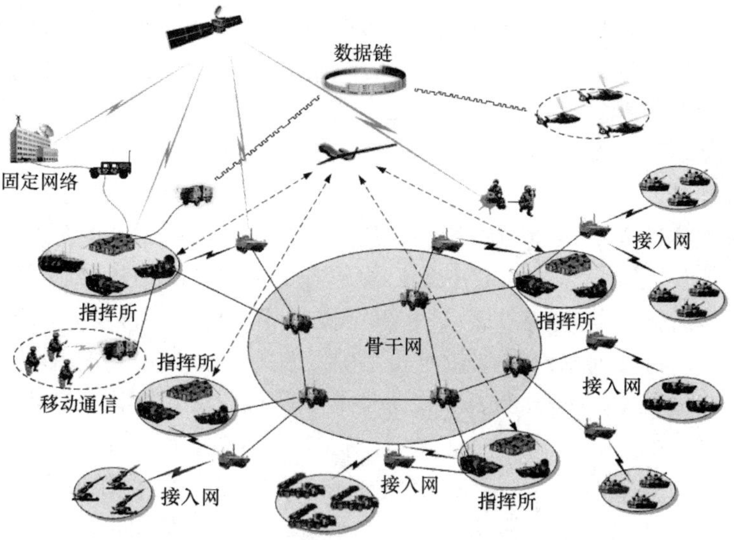

图 8-7　联合战术通信系统典型运用方式

其中，高速骨干网依托网络核心交换设备，采用“动中通”卫星或微波设备提供宽带中继链路，在作战地域内构建栅格状、分布式的传输交换网络，为旅、营指挥所及重要作战要素提供公共传输平台，满足综合通信业务需求。

接入网是各级终端用户接入骨干网使用。终端用户主要包括超短波战术电台、卫星终端、综合移动通信终端等，可以分别通过无线电接入节点、用户节点、综合移动通信基站，连接各级指挥所用户和骨干网之间的链路，实现用户的随机接入、远程接入、多手段接入等功能。

指挥所网是指旅、营级指挥所内部网络，提供指挥所地域内的多手段网络信号覆盖。在驻车条件下通常采用光环网或有线远传组网，搭建宽带高速网络；在指挥所机动条件下采用高速数据电台、指挥所无线局域网，或者超短波电台网等手段，构建基本的数据、语音通道。

营连子网一般情况下由超短波电台构建，采用分组网模式工作，提供语音通信和速率相对较低的数据通信能力，并能够通过关口设备连接到上级指挥所网或接入网。其子网通信协议一般采用无中心的分布式自组织网络协议，以增强网络的抗毁性与机动通信能力。

此外，联合战术通信系统应通过卫星、短波等远程无线链路手段实现与上级指挥机构的连接。条件具备时，可以使用野战光缆就近接入光纤网，实现与军用自动电话交换网、军事综合信息网和指挥专网等固定网的宽带连接。

系统可以利用数据链综合接入车，接入全军通用数据链系统，获取多源实时信息，实现多军兵种的战术协同；系统通过无人机升空中继通信系统，可以实现战场实时信息分发；在旅、营指挥所等定点作业场所可以开设综合移动通信系统，保障指挥调度通信需求。

本章小结

所有的军事通信系统，从古代的旗语到近代的基于计算机的系统，都只不过是在给相互之间超出视野外的作战人员和组织传送信息这一主题上的技术进步（摘自美军战斗条例）。

在漫长的历史长河中，军事通信经历了运动通信、简易信号通信、电通信等发展阶段，它的中心任务并没有改变。经过多年的建设，我军通信装备已经走在了以自行研制为主的发展道路。现在全军已基本建成了平时和战时结合，有线通信与无线通信等多种手段综合使用的军事通信系统。

随着战争形式的改变、战争节奏的加快，指挥员对信息的需求已经由“数量上的多”转向“质量上的高”。因此，美军参谋长联席会议在2000年发表的《2020年联合构想》中，将“谋求信息优势”的目标改为“谋求决策优势”，相应地将手段从“四个任何”，即在任何时刻，任何地点，将任何信息送到任何人手中，改为“五个恰当”，即在恰当的时间，恰当的地点，将恰当的信息，以恰当的形式送交恰当的接收者，同时要压制敌方谋求同样能力的企图。

在新需求逐步扩展的基础上，新的通信技术不断产生，为了实现日益提高军事通信能力，需要引入一体化通信网络的概念。一体化军事通信网络是根据现代战争的特点，针对以信息服务为中心的通信新需求而提出的，其最终目标是建立一个全球（全国或某区域）信息网，以提高各级指挥员所需的信息服务。在确定一体化通信网络的功能协议体系结构的基础上采用各项先进技术，完成各种不同系统间的集成，最后形成的通信网能互联互通，提供多业务、多种功能的综合服务，整个网在统一的安全机制和统一的网络管理下，高效、可靠地运行。新的通信技术、新的承载平台将使得整个国防体系形成一个有机的整体。

习　题

8-1　与民用通信相比，军事通信有哪些特点？

8-2　军事通信网网络拓扑结构有哪些？

8-3　通信网与通信系统的关系是什么？

8-4　联合战术通信系统有哪些组成部分？

8-5　联合战术通信系统有哪些特点？

参考文献

[1] 王兴亮，高利平. 通信系统概论. 西安：西安电子科技大学出版社，2008.

[2] 张冬辰，周吉. 军事通信——信息化战争的神经网络. 北京：国防工业出版社，2008.

[3] 吴诗其，朱立东. 通信系统概论. 北京：清华大学出版社，2005.

[4] 尤增录. 战术互联网. 北京：解放军出版社，2010.

[5] 李云茹. 联合战术信息系统及其技术发展. 指挥信息系统与技术，2017，8（1）：9-14.

[6] [美]艾尔马瑟瑞. 战术无线通信与网络——设计概念与挑战. 曾浩洋，田永春，译. 北京：国防工业出版社，2014.